Heft 80 · Jahrgang 40 · Nummer 2/2024

Schöpfung als Wohltat

Karl Barths Provokation

EVANGELISCHE VERLAGSANSTALT
Leipzig

Zeitschrift für Dialektische Theologie   ISSN 0169-7536
Journal of Dialectical Theology

Gründer
Gerrit Neven (Kampen)

Herausgeber
Georg Plasger (Siegen), Gregor Etzelmüller (Osnabrück) und Günter Thomas (Bochum)

Erweiterter Herausgeberkreis:
Kait Dugan (Princeton), Marco Hofheinz (Hannover), Bruce McCormack (Princeton), Edward van 't Slot (Amsterdam) und Matthias Wüthrich (Zürich)

Layout
Anna Lena Schwarz (Siegen)

Redaktionsanschrift
Universität Siegen
Prof. Dr. Georg Plasger
D - 57068 Siegen
zdth@uni-siegen.de

Abonnementskosten:
Preise inkl. MwSt.: Einzelheft & Einzelheft zur Fortsetzung: € 25,00, Rabatt für Mitglieder der Karl Barth-Gesellschaft e.V. & für Studierende: 25 %, jeweils zzgl. Versandkosten (Nachweis erforderlich). Die Fortsetzung läuft immer unbefristet, ist aber jederzeit kündbar.

Bestellservice: Leipziger Kommissions- und Großbuchhandelsgesellschaft (LKG)
An der Südspitze 1-12, 04579 Espenhain
Tel. +49 34206 65-116, Fax +49 34206 65-250. E-Mail: KS-team04@lkg.eu

© 2024 by Evangelische Verlagsanstalt GmbH · Leipzig
Printed in Germany

Das Werk einschließlich aller seiner Teile ist urheberrechtlich geschützt.
Jede Verwertung außerhalb der Grenzen des Urheberrechtsgesetzes ist ohne Zustimmung des Verlags unzulässig und strafbar. Das gilt insbesondere für Vervielfältigungen, Übersetzungen, Mikroverfilmungen und die Einspeicherung und Verarbeitung in elektronischen Systemen.
Das Buch wurde auf alterungsbeständigem Papier gedruckt.

Cover: Kai-Michael Gustmann, Leipzig
Satz: Anna Lena Schwarz, Siegen
Drucken und Binden: Beltz Grafische Betriebe GmbH, Bad Langensalza
ISBN 978-3-374-07730-4
www.eva-leipzig.de

Inhalt / Content

Vorwort 5

Günter Thomas
Einführung 7

Matthias D. Wüthrich
„[A]uf seinen Tod und seine Auferstehung hin geschaffen"
Zu Karl Barths Verständnis der Güte der Schöpfung
in KD III/1, §42 11

Dirk Evers
„Er hat uns allen wohlgetan ..."
Barths Skizze eines erwählungstheologischen Optimismus
nach KD III/1, §42 34

Raphaela Meyer zu Hörste-Bührer
Bedroht? Bewahrt? Bejaht
Barths Rede von der Schöpfung vor dem Hintergrund
gegenwärtiger Umweltdiskurse 58

Christopher Southgate
Glory and suffering in an evolving creation 78

Iwand-Symposion 2023

Emmanuel L. Rehfeld
„Recht auf Heimat"?
Biblisch-theologische Akzente in Hans Joachim Iwands Sicht
auf Flucht und Vertreibung nach 1945 95

Margit Ernst-Habib
Heimat – Himmel – Niemandsland
Beobachtungen zu Iwands Sprechweisen im Zusammenhang
von Migration und Heimat 123

Michael Basse
Praxis der Versöhnung
Hans Joachim Iwands Engagement für Flüchtlinge
und Vertriebene 144

Kai-Ole Eberhardt
Von ernsthaftem Fragen und prophetisch-apostolischer Art
Reformationsgedenken und Lutherhermeneutik bei Karl Barth
1920 und 1933.. 166

Verzeichnis der Autorinnen und Autoren..................... 190

Vorwort

Liebe Leserin, lieber Leser,

die Ihnen hier vorliegende Ausgabe der Zeitschrift für Dialektische Theologie enthält zunächst die Vorträge der Internationalen Karl Barth-Tagung 2023, die erstmals auf St. Chrischona in Basel und nicht mehr auf dem Leuenberg stattfand (dazu etwas mehr in der Einleitung von Günter Thomas; es gibt auch in der Zeitschrift zeitzeichen einen Bericht von Reinhard Mawick über die Tagung[1]). Das Thema der Tagung war „Schöpfung als Wohltat" – und Sie finden die überarbeiteten Vorträge von Matthias D. Wüthrich (Zürich), Dirk Evers (Halle), Raphaela Meyer zu Hörste-Bührer (Mainz/Hannover) und Christopher Southgate (Exeter) in dieser Ausgabe.

Ebenfalls finden Sie in dieser Nummer drei Vorträge, die auf dem 37. Iwand-Symposium „Flucht, Vertreibung, Heimat. Hans Joachim Iwand als Theologe, Prediger und Seelsorger einer theologia viatorum" in Uelzen gehalten wurden; Emmanuel Rehfeld, Margit Ernst-Habib und Michael Basse beschreiben jeweils aus verschiedenen Perspektiven Akzente und Hintergründe, die auch für Gegenwartsfragestellungen wichtige Impulse bieten.

Den Abschluss bildet ein spannender Aufsatz von Kai-Ole Eberhardt (Hannover) mit dem Thema „Reformationsgedenken und Lutherhermeneutik bei Karl Barth 1920 und 1933".

Allen Leserinnen und Lesern wünsche ich im Namen des Herausgeberteams eine fruchtbare Lektüre,

Georg Plasger

---

1 https://zeitzeichen.net/node/10621.

Günter Thomas

Einführung

Ganz herzlich willkommen, hier auf der 53. Internationalen Karl-Barth-Tagung!

Früher, ja, früher hätte ich die vertraute Formulierung verwendet: Liebe Leuenberg-Fahrer und Leuenberg-Fahrerinnen. Nun trifft sich zum ersten Mal der sogenannte „Leuenberg" hier auf dem Chrischona-Berg. Also: Herzlich willkommen hier im Chrischona-Tagungszentrum, dem anderen theologischen Berg.

Nach vier Jahren Pause treffen wir uns zum ersten Mal wieder als theologische Lerngemeinschaft in leiblicher Präsenz. Im Jahr 2020 waren wir alle in der Corona-Unsicherheitsstarre. 2021 mussten wir aufgrund der großen Planungsunsicherheit in den digitalen Raum ausweichen. Und letztes Jahr überraschte uns der kurzfristige Konkurs des Leuenbergs, so dass wir mit einer hybriden Gestalt das Beste aus der ungeplanten Organisationsnot machten. Darum – und ich denke, ich darf hier für alle hier sprechen – freuen wir uns umso mehr, wieder in echter Präsenz zusammen zu sein.

Was dürfen Sie erwarten? Drei Tage einer theologischen Arbeitsgemeinschaft. Drei Tage konzentriertes Ringen mit einem Thema. Drei Tage mit einer Mischung aus Vorträgen, Diskussionen, theologischen Gesprächen, Andachten, freier Geselligkeit, einem Kennenlernen neuer Gesichter und Menschen, drei Tage Arbeitsgruppen, und ich bin sicher, auch drei Tage mit gutem Essen.

Schöpfung als Wohltat, dieser etwas altertümlich klingende und zugleich provozierende Titel steht über unserer Tagung. Die Corona-Pandemie hat so manche Frage aufgeworfen. Eine davon ist unstrittig die nach der Güte der Schöpfung. Als auf Intensivstationen um das Leben von Menschen gerungen wurde und mitten im Leben stehende Menschen binnen weniger Tage vom Virus dahingerafft wurden, da rückte für manche Christinnen und Christen eine Frage in den Vordergrund: Ist die naturale Seite der Schöpfung tatsächlich nur gut? Gilt das „Siehe, es war sehr gut" aus dem Buch Genesis tatsächlich der ganzen heutigen naturalen Schöpfung? Gilt dies auch für die

Welt tödlicher Krankheit, für die Welt der Viren, die den sogenannten Selektionsdruck erhöhen? Was heißt dies für unser theologisches Verstehen der Güte Gottes und des Gutseins der Natur, wenn dies auch dazu gehört? Und wenn das Leiden der menschlichen und nicht-menschlichen Natur nicht zur guten Schöpfung gehört: Was sagt dies dann über den Schöpfer aus? Ist Gott unfähig oder unwillig, eine bessere Welt zu schaffen?

Inmitten der Teile der Natur gefährdenden oder gar zerstörenden Aktivitäten der Menschen des neunzehnten, zwanzigsten und einundzwanzigsten Jahrhunderts hat die Theologie das Gutsein der Natur vis-á-vis der menschlichen Zerstörungsmacht herausgestrichen. Dass die Schöpfung gut und bewahrenswert ist – abgesehen vom Menschen –, dies war jahrzehntelang von vielen Kanzeln zu hören.

Provozierte die Pandemie an dieser Stelle eine neue Erkenntnis? Ich denke nein! Die Pandemie erinnerte an ein daueraktuelles Thema. Sie rückte mit der Frage nach der Güte der Schöpfung ein Thema in den Vordergrund, das die gesamte Geschichte der Christenheit begleitet und weit in den Glauben Israels zurückreicht. Ja, man könnte von einem der Dramen der Theologiegeschichte sprechen.

Schon rund einhundert Jahre nach der Kreuzigung des Mannes aus Nazareth positioniert der Reeder und Theologe Markion den bisher unbekannten jesuanischen Gott der Liebe gegenüber dem bekannten Demiurgen, der eine defizitäre und minderwertige Welt geschaffen hat – voller Leiden und Zerstörung. In der formativen Phase des Christentums radikalisiert Markion die Frage nach der Güte der Schöpfung und vertritt eine einfache Antwort: Der Schöpfer der materiellen Welt mit all ihrem Elend, ihrem Leiden und ihrer Prägung durch den Tod hat nichts mit dem Gott der Liebe und der Barmherzigkeit zu tun. Zwei Götter, so seine so radikale wie suggestivschlichte Einsicht. Seitdem verbindet sich die Verdunklung Gottes aufgrund einer Verdunklung der Schöpfung mit dem Namen Markion.

So erfolgreich der Ausschluss der markionitischen Häresie im Hauptstrom des Christentums auch war, so wenig konnten die von ihm aufgeworfenen Fragen einfach ausgelöscht werden. Die Frage nach der moralischen Kohärenz Gottes angesichts der naturalen Übel der Welt begleitet alles trinitätstheologische Denken. Noch für Johannes Calvin gilt für Christen, dass sie dem Kerker des geschöpflichen Leibes entfliehen sollen und dürfen. Im Raum der reformatorischen Theologie werden die Anthropologie und die Sündenlehre ein Ort, an dem die Güte der naturalen Welt intensiv verhandelt

Einführung

wird. Und: Ist die naturale Welt in den Prozess der Erlösung mit eingeschlossen? Und wenn ja, warum sollte sie es sein, und vor allem wie?

Gegenläufig dazu ist es das vielstimmige Lob Gottes des Schöpfers in den Texten des Alten Testaments, das vergegenwärtigt, was es heißt, an den allmächtigen Schöpfer des Himmels und der Erde zu glauben. In unseren Gesangbüchern erinnern unter anderem die Lieder Paul Gerhardts auf wunderbare Weise an diese Tradition. Die Natur ist so schön, dass sie Gleichnis des Heils werden kann. Beide Testamente sind voll solcher Vergleiche. Aus guten Gründen sagten die Theologen der frühen Kirche Nein zu Markion. Aber das Drama ist weder in der naturalen Welt noch in den Debatten über sie stillzustellen.

Mit Charles Darwin betritt dann eine neue Figur die kulturell-theologische Bühne. Darwin wirbelt das Arrangement einer Theologie, die aus der Wohlordnung der Welt ein Argument für die Existenz Gottes gewinnen möchte, durcheinander. Die mit Darwin verbundene Herausforderung für die Theologie ist eine doppelte:

Die erste, für die viel Druckerschwärze verwendet wurde, ist die nach dem Ursprung der Schöpfung. Die Evolutionstheorie im Raum der Biologie stellt die klassische Unterteilung einer *creatio originalis* (als *creatio ex nihilo* begriffen) und einer *creatio continua* in Frage.

Die zweite Herausforderung wirkt aber subtiler und langfristig korrodierender: Ist die Schöpfung gut, wenn Zerstörung, Täuschung, verschwenderische Vernichtung, Verdrängung und Tod die notwendige Rückseite einer großartigen Kreativität darstellen? Diese Frage lässt sich auch durch die endlos wiederholte ökumenische Beschwörungsformel „Gerechtigkeit, Frieden und Bewahrung der Schöpfung" nicht stillstellen. Wieviel Gewalt gehört zur „Integrity of Creation"? Dies ist der mit dem Namen Charles Darwin verbundene neue Horizont unserer daueraktuellen Frage. „Schöpfung als Wohltat" – mit oder ohne Fragezeichen?

Vor diesem weiten Problemhorizont schreckt die klassisch liberale und hermeneutische Theologie ängstlich zurück. Was sie in aller berechtigten Kritik an einer Erlösung *aus* der Natur anbieten kann, ist nur eine Erlösung *ohne* Natur. Weil dies zu wenig ist, darum lesen wir die nächsten Tage Karl Barth. Vor dem Hintergrund des Horrors der Geschichte, der Entfesselung der Gewalt im Zweiten Weltkrieg und nicht zuletzt eines auch dort wirkmächtig gewordenen Darwinismus entfaltet Karl Barth seine Schöpfungslehre.

Wir werden bis zum Donnerstag einen weiten Kreis abschreiten. Matthias Wüthrich startet mit einer theologischen Karte zur Problematik der Schöpfung und Schöpfungsgüte – mit einer klaren Markierung des für Karl Barth charakteristischen Ansatzes. Morgen früh wird zunächst Dirk Evers eine dichte Analyse unseres sogenannten Basistextes unternehmen. „‚Er hat uns allen wohlgetan…' Barths Skizze eines gebrochenen Optimismus." Die innere Komplexität der Barthschen Theologie gilt es auch dann zu würdigen, wenn man andere Wege geht. Aber ich kann Ihnen versprechen: Barth vermag auch heute noch zu überraschen – positiv wie negativ.

Raphaela Meyer zu Hörste-Bührer wird Karl Barth in eine Seitenbeleuchtung rücken. Wir sind hier zusammengekommen, nicht um ideengeschichtliche Archäologie zu betreiben. Wir fragen hier und heute, in unseren gegenwärtigen Umweltkrisen nach Barths Ideen und Vorschlägen. Darum der Vortrag „Bedroht? Bewahrt? Bejaht! – Barths Rede von der Schöpfung vor dem Hintergrund gegenwärtiger Umweltdiskurse".

Am Mittwochmorgen erwartet uns dann der Vortrag von Christopher Southgate. Dieser letzte Vortrag hat den Charakter eines Ausblicks. Bei allem Lernen durch, mit und an Barth sind wir als Theologinnen und Theologen aufgerufen, hier und heute, *fides quaerens intellectum* zu praktizieren. Hier und heute versuchen wir, den Glauben an den lebendigen Christus zu verstehen und theologisch auszuformulieren. Was ist heute theologisch zu unserem Tagungsthema zu sagen? Ich freue mich ganz besonders, dass Christopher Southgate sich aufgemacht hat, um nach einer langen Reise hier den Ausblickvortrag zu halten. „Seeing Goodness and Glory in an Evolving Creation". Wenn der gegenwärtig am meisten ausgewiesene konstruktive Theologe zum Dreieck Evolution, Theologie und Umweltethik unter uns ist, dann dürfen wir mit Fug und Recht etwas erwarten.

Matthias D. Wüthrich

„[A]uf seinen Tod und seine Auferstehung hin geschaffen"

Zu Karl Barths Verständnis der Güte der Schöpfung in KD III/1, §42

„Göttliches Schaffen ist göttliche *Wohltat*. Was in ihm Gestalt gewinnt, das ist die *Güte* Gottes."[1] Dieses programmatische Zitat stammt aus dem ersten Band der Schöpfungslehre, der 1945 erschienen ist. Wie konnte Barth gegen Ende des 2. Weltkrieges so von der in der Güte Gottes begründeten Güte der Schöpfung reden? Und man fragt sich auch im Blick auf unsere gegenwärtige Situation, ob die Schöpfung denn tatsächlich gut ist. Eine Umweltkatastrophe jagt die andere, das Klima spielt verrückt. Natürlich wird man auf der bisherigen Linie ökotheologischer Argumentation ganz zu Recht darauf hinweisen, dass im sog. Anthropozän gerade wir Menschen es sind, die Mitverursacher solcher Krisenphänomene sind. Im Kontext der globalen Covid-19 Pandemie hat sich jedoch auch eine massive Gefährdung des Menschen gezeigt, nicht nur in wirtschaftlicher und psychischer, sondern zuerst in medizinischer bzw. biologischer Hinsicht. Menschen stellen nicht nur eine Gefährdung der ökologischen Systeme der Erde dar, sie sind auch selbst durch sie gefährdete Lebewesen. Diese Einsicht ist an sich alles andere als neu. Neu war die tragische Intensität, in der sie weltweit evident wurde, nachdem sie in den wohlhabenderen Gesellschaften weithin erfolgreich verdrängt worden ist. Die beschriebene, teilweise auch selbstverschuldete „Gefährdung des Gefährders" verweist auf eine tieferliegende, grundsätzliche Bedrohtheit und Fragilität allen Lebens.[2] Aus theologischer Sicht verweist sie auf eine Ambi-

---

1   Karl Barth, *Die Kirchliche Dogmatik*, Zürich 1932–1967, im Folgenden abgekürzt als „KD", hier: KD III/1, 378.
2   Zur Rede von der „Gefährdung des Gefährders" vgl. Günter Thomas, Schöpfung, Risiko und Corona. Theologische Modelle der Desensibilisierung gegenüber der Gefährdung des Gefährders, in: *ThLZ* 147 (6/2022), 519–534. Thomas hat jüngst mehrfach auf diese Gefährdung hingewiesen, zuletzt in: ders., *Chaos und Erbarmen. Gesundheit und Krank-*

valenz, ja ein problematisches Moment alles Geschaffenen. Die Frage verschärft sich also gegenwärtig: Ist die gute Schöpfung wirklich gut? Barths Schöpfungslehre wurde viel kritisiert. Sie gilt gemeinhin nicht als das Glanzstück der Kirchlichen Dogmatik.[3] Wie Barth selber im Vorwort zu KD III/1 andeutet, scheint er sich mit der Schöpfungslehre tatsächlich schwer getan zu haben, da er sich auf ihrem Gebiet „weniger vertraut und sicher fühle"[4]. Und wir wissen mittlerweile, dass Barth in seinen Vorlesungen im Sommersemester 1943 und im Wintersemester 1943/44 einen Text vorgetragen hat, den er unter dem Titel „Der Schöpfer und seine Offenbarung" als §42 im Rahmen seiner Kirchlichen Dogmatik zu publizieren gedachte. Doch schließlich fanden nur einige Teile jenes §42 in gründlicher Überarbeitung Eingang in die finale Publikation von KD III/1.[5]

All diesen erheblichen Anfragen und Vorbehalten zum Trotz möchte ich in diesem Beitrag dafür plädieren, dass Barths Schöpfungslehre, was ihre Interpretation der *Schöpfungsgüte* in KD III/1, §42 angeht, systematisch-theologisch durchaus relevant ist!

Um dieses Plädoyer zu plausibilisieren, sind zunächst wichtige Vorentscheidungen im Kontext der Schöpfungslehre zu skizzieren (Kap. 1), vor deren Hintergrund Barths These von der spezifischen Güte der Schöpfung verständlich wird und sich in ihren wesentlichen Aussagen rekonstruieren lässt (Kap. 2). In einem weiteren Schritt werden die Aussagen zur Güte der Schöpfung vor dem Hintergrund späterer Aussagen in der Kirchlichen Dogmatik profiliert (Kap. 3). In einem letzten Schritt wird dann eine kritische Würdigung von Barths Ansatz – auch bezüglich weiterer Ansätze im 20. Jahrhundert – vorgenommen (Kap. 4).

---

heit in Karl Barths Theologie, Zürich 2023. Auch Ulrich H.J. Körtner rückt in seinem eben erschienenen Buch die Fragilität insbesondere in der Gestalt der Vergänglichkeit der Schöpfung stärker in den Vordergrund: vgl. ders., *Vergängliche Schöpfung. Schöpfungsglaube und Gottvertrauen in der Klimakrise*, Leipzig 2024.

3   Zur Kritik an Barths Schöpfungslehre vgl. das 4. Kapitel in diesem Beitrag.
4   KD III/1, Vorwort.
5   Zu den Hintergründen: Matthias D. Wüthrich, Das „fremde Geheimnis des wirklich Nichtigen". Karl Barths einsamer Denkweg in der Frage des Bösen, in: Michael Beintker/Christian Link/Michael Trowitzsch (Hg.), *Karl Barth im europäischen Zeitgeschehen (1935–1950). Widerstand – Bewährung – Orientierung*, Zürich 2010, 395–411, 405–410. Vgl. auch Karl Barth, *Unveröffentlichte Texte zur Kirchlichen Dogmatik*, hg. von Hinrich Stoevesandt und Michael Trowitzsch, Zürich 2014, 5–304.

1. Wichtige Vorentscheidungen

Im Folgenden werden nur diejenigen Weichenstellungen Barths referiert, die für sein Verständnis der Schöpfungsgüte in KD III/1, §42 *unmittelbar* bedeutsam sind. Es geht also nicht darum, die Grundentscheidungen von KD III/1 insgesamt, geschweige denn diejenigen der Schöpfungsbände KD III/1 – III/4 zu referieren. Es ist freilich auch für dieses kleinteiligere Unterfangen unvermeidlich, die vorangehenden Paragraphen 40 und 41 mitzuberücksichtigen, wenn auch nur sehr selektiv.

1.1 Rede von der Schöpfung als Glaubens- und Bekenntnisaussage

Barth beginnt seine Schöpfungslehre in KD III/1 mit dem Hinweis auf den 1. Artikel des Apostolischen Glaubensbekenntnisses: „Ich glaube an Gott den Allmächtigen, den Vater, den Schöpfer des Himmels und der Erde."[6] Damit ist bereits eine Weichenstellung von erheblicher Bedeutung vollzogen. Barths Schöpfungstheologie nimmt ihren Ausgang nicht bei der zeitgenössischen Natur- und Welterkenntnis. Keine Gesamtsicht auf die Welt, keine Naturbetrachtung, keine Kosmologie und erst recht nicht irgend ein vermeintlich ‚christliches Weltbild'[7] steht am Anfang dieser Schöpfungslehre, sondern ein Kapitel über den „Glaube[n] an Gott den Schöpfer"[8]. Nicht mit einer irgendwie vorgegebenen Schöpfung, sondern mit der Glaubenserkenntnis des Schöpfers ist zu beginnen. Barth hält fest:

> „Die Lehre von der Schöpfung ist nicht weniger als der ganze übrige Inhalt des christlichen Bekenntnisses *Glaubens*artikel, d.h. die Wiedergabe einer Erkenntnis, die kein Mensch jemals sich selbst verschafft hat noch verschaffen wird – die ihm weder angeboren noch auf dem Wege der Wahrnehmung und des verknüpfenden Denkens zugänglich ist – für die er kein Organ und keine Fähigkeit besitzt, sondern die er ganz allein im Glauben faktisch vollziehen *kann*, im Glauben aber, d.h. im Empfang und in Beantwortung des göttlichen Selbstzeugnisses faktisch *vollzieht*: in seiner Ohnmacht mächtig, in seiner Blindheit sehend, in seiner Taubheit hörend gemacht durch den, der laut der

---

6   KD III/1,1 bei Barth in anderer Reihenfolge.
7   Barth wehrt sich an verschiedenen Stellen gegen die Annahme einer spezifisch *christlichen* Weltanschauung bzw. eines christlichen Weltbildes (vgl. KD III/2, 4–12).
8   So die Überschrift zu §40.

Ostergeschichte, wenn er sich des Menschen annimmt, durch verschlossene Türen geht."⁹

Mit dieser Anspielung auf Joh 20,26 wird klar: Es ist der auferstandene Jesus Christus, er ist das Selbstzeugnis des Schöpfers, in ihm werden wir sehend und hörend, in ihm erkennt der Glaube Gott als Schöpfer und von da aus dann auch die Welt als Schöpfung. Barth beginnt seine Schöpfungslehre also mit jener christozentrischen Denkfigur, die bereits für die Prolegomena in KD I und die Gotteslehre in KD II prägend geworden ist. Und diese Denkfigur impliziert eben auch die Ablehnung jeglicher natürlicher Theologie. Es gibt vom Menschen her keine allgemeine Evidenz für Schöpfung als solche, die Erkenntnis der Natur als Schöpfung erschließt sich weder über Gesetze und Ordnungen, ein Naturrecht, eine besondere Naturspiritualität oder das Licht der Vernunft. Die Schöpfung ist ein Geheimnis und Jesus Christus ist – wie Barth sagt – „geradezu *der* Schlüssel zum Geheimnis der Schöpfung"¹⁰

1.2 Jesus Christus als Erkenntnisgrund und Realgrund der Schöpfung

Bereits aus den Ausführungen zur ersten Grundentscheidung ist deutlich geworden: Der erste Glaubensartikel wird bei Barth dahingehend präzisiert, „daß die Wirklichkeit der Schöpfung in der Person Jesu Christi *erkannt*, und zwar in ihr allein klar und gewiß erkannt wird"¹¹, welches der „Aufweis des noetischen Zusammenhanges zwischen Jesus Christus und der Schöpfung"¹² ist. Doch es gibt nach Barth nicht nur einen noetischen, sondern auch einen „ontischen Zusammenhang zwischen Jesus Christus und der Schöpfung"¹³. Die ontische Begründung der Schöpfung in Jesus Christus steht bei Barth im Kontext seiner Auslegung der neutestamentlichen Stellen zur Schöpfungsmittlerschaft (wie Kol 1; Joh 1; 1 Kor 8,6, Hebr 1 usw.). Barth erörtert dort, inwiefern Gottvater *in, mit* und *durch* seinen Sohn, sein Wort die Welt schafft.¹⁴ Er schreibt: „Im Blick auf diesen seinen Sohn, der Mensch und Träger der menschlichen Sünde werden sollte, hat Gott den Menschen und mit

---

9 KD III/1, 1f.
10 KD III/1, 30.
11 KD III/1, 29.
12 KD III/1, 30
13 KD III/1, 54, vgl. 29.
14 Vgl. KD III/1, 53; 54–59.

dem Menschen seine ganze Welt von Ewigkeit her, noch ehe er sie schuf, geliebt, trotz und in ihrer ganzen Niedrigkeit, Nicht-Göttlichkeit, ja Wider-Göttlichkeit – und hat er sie *geschaffen* [...]. Der Blick Gottes auf diesen seinen Sohn, den Menschensohn, das Wort im Fleische, ist der echte Realgrund der Schöpfung [...]."[15]

Barth verankert diese ontischen Aussagen im Rahmen seiner trinitätstheologischen Ausführungen zur Schöpfungstheologie, die deutlich über die klassische Appropriationslehre hinausführen.[16] Doch Barths Argumentationsinteresse liegt nicht darin, eine differenzierte trinitätstheologische Schöpfungslehre zu entwickeln. Es geht ihm nicht darum zu entfalten, *welche* göttliche Person nun *wie* schafft und wie mit der Schöpfung interagiert. Vielmehr nimmt Barth die Trinitätslehre an dieser Stelle mit dem Anliegen auf, die Schöpfung von ihrem Anfang her an den Heilsratschluss und Bundeswillen Gottes zurückzubinden.[17] Barth bewegt sich dabei in den Bahnen der reformierten Dekretenlehre,[18] spitzt den Heilsratschluss freilich diese korrigierend im Sinne der in KD II/2 entfalteten Gnadenwahl zu: Es ist wirklich die Erwählung *Jesu Christi*, die die Schöpfung ermöglicht und durchformt. Die Schöpfung steht darum, wie Christian Link treffend formuliert hat, von Anfang an „im Zeichen des *Evangeliums*"[19]. Die Schöpfung ist also nicht das Produkt eines blinden Zufalls, eines dunklen Schicksals, einer deterministischen Notwendigkeit, sondern sie ist fundiert im freien und gnädigen Heilswillen Gottes.

Von diesen erwählungstheologischen Voraussetzungen her wird nun auch das Verhältnis von Schöpfung und Bund nachvollziehbar. Denn wenn Barth von „Bund" spricht, dann meint er eben jenes in der Erwählung verankerte Heilsgeschehen, das im Raum der Schöpfung in der Geschichte Israels anhebt und in der Versöhnung in Jesus Christus zur Erfüllung kommt.

---

15 KD III/1, 53f; vgl. 32; 57–59.
16 Vgl. KD III/1, 51–63, vgl. 10–14. Das ist besonders da deutlich, wo Barth den Sohn, Jesus Christus, selbst als „Schöpfer aller Dinge" bezeichnet (KD III/1, 59).
17 Denn die Zusammengehörigkeit von Schöpfung und Bund ist entscheidend verankert in der Erkenntnis, „daß Gott der Schöpfer der *dreieinige* Gott ist, Vater, Sohn und Heiliger Geist" (KD III/1, 51).
18 So auch Christian Link, *Schöpfung. Schöpfungstheologie in reformatorischer Tradition* (HSTh 7/1), Gütersloh 1991, 271f.
19 A.a.O., 275.

1.3 Schöpfung als äußerer Grund des Bundes, der Bund als innerer Grund der Schöpfung

Schöpfung und Bund sind bei Barth streng und in differenzierter Weise aufeinander bezogen. Barth operiert zur Näherbestimmung ihres Verhältnisses mit zwei Formeln. Die erste lautet: *Die Schöpfung ist der äußere Grund des Bundes (§41.2)*. Damit ist gemeint: Die Schöpfung ist die „technische Ermöglichung, die Bereitstellung und Ausstattung des Raumes"[20] für die Geschichte des Gnadenbundes. Sie bildet die „Voraussetzung" des Bundes, sie ist „Weg und Mittel zum Bunde"[21]. Die zweite Formel lautet: *Der Bund ist der innere Grund der Schöpfung (§41.3)*. Gemeint ist: Der Bund bildet „das *Ziel* der Schöpfung"[22]. Vom Bund her erschließt sich die eigentliche Bestimmung der Schöpfung, die Schöpfung ist auf den Bund hin angelegt. Die Schöpfung geht zwar geschichtlich dem Bund voran, doch sie ist sachlich durch den Bund bestimmt und bedingt: „Es war [...] der Bund, dessen Geschichte noch nicht begonnen hatte, sondern erst beginnen sollte, der als das der Schöpfung und dem Geschöpf gesetzte Ziel im voraus die Schöpfung nötig machte, und bedingte [...]."[23] Eberhard Jüngel bringt es auf den Punkt: „Die Schöpfung ist also die durch den Bund ermöglichte Möglichkeit für ihn. Der innere Grund ermöglicht den äußeren Grund und ermöglicht ihm damit, für den inneren Grund Möglichkeit zu sein."[24] In diesem Sinne allein kann dann auch von einer Analogie hinsichtlich Bund und Schöpfung gesprochen werden: nämlich als *analogia relationis*.[25]

Barth expliziert die Formel von der Schöpfung als dem äußeren Grund des Bundes in KD III/1 anhand einer sehr umfangreichen Auslegung des ersten Schöpfungsberichtes, Gen 1,1–2,4a.[26] Die Formel vom Bund als dem inneren Grund der Schöpfung entfaltet er hingegen anhand einer großen Auslegung von Gen 2,4b–25.[27]

---

20 KD III/1, 107, vgl. 46.
21 Alle Belege: KD III/1, 259.
22 KD III/1, 106, vgl. 262.
23 KD III/1, 262.
24 Eberhard Jüngel, Die Möglichkeit theologischer Anthropologie auf dem Grund der Analogie. Eine Untersuchung zum Analogieverständnis Karl Barths, in: *Barth-Studien* (Ökumenische Theologie 9), Gütersloh 1982, 233–245, 218. (Hervorhebungen gelöscht)
25 A.a.O., 219.
26 Vgl. KD III/1, 103–258.
27 Vgl. KD III/1, 258–377.

2. Die Güte der Schöpfung

Die entscheidenden Aussagen zur Güte der Schöpfung finden sich in KD III/1, §42. Was Barth in diesem Paragraphen vorträgt, stellt einerseits eine Sicherung des dogmatischen Ertrags seiner Auslegungen von Gen 1 und 2 dar, andererseits eine *weiterführende Vertiefung* des christozentrisch bestimmten Verhältnisses von Schöpfung und Bund, wie es in den Vorentscheidungen oben referiert wurde. Im Folgenden sollen wesentliche Aussagen zu Barths Verständnis der Güte der Schöpfung dargestellt und analysiert werden.

2.1 Schöpfung als Wohltat

Im Abschnitt §42.1 geht es Barth zunächst darum, den Charakter des göttlichen Schaffens zu erfassen – insofern es eben nach Absicht und Sinn auf den in Jesus Christus erfüllten Bund hin geschieht. Nach Barth bekommt dieses Schaffen so den Charakter des göttlichen *Ja*, der göttlichen *Wohltat*.[28] Wohltat bedeutet hier, „daß Gott sich in höchster Treue gegen sich selbst auch an einem Anderen, das als solches seines eigenen Wesens nicht teilhaftig ist, freut, auch ein solches Anderes in den Grenzen seines anderen Wesens ehrt, und also bejaht."[29] Auffällig an dieser Umschreibung ist, dass es in allem um ein Tun Gottes geht und nirgends um eine Eigenschaft oder ein Wesen der Schöpfung selbst. Der Titel „Schöpfung als Wohltat" in §42.1 bezeichnet also den wohlgefälligen, bejahenden Charakter des Aktes und des Resultates von Gottes Schöpferhandelns.

Die Wohltat besteht entscheidend in der Hinordnung der Schöpfung auf den in Jesus Christus erfüllten Bund, also die Versöhnung. Von dieser Hinordnung her gelesen haben nach Barth alle altkirchlichen und reformatorischen Ansätze ihr gutes Recht, die die Schöpfung als einen Akt göttlicher *gratia, misericordia, bonitas* gedeutet haben.[30] Wo dieser Zusammenhang von Schöpfung und Bund hingegen nicht gegeben ist oder negiert wird, da wird die Schöpfung zur „Übeltat"[31]. Diese Diagnose stellt Barth sowohl Marcion als auch Schopenhauer hinsichtlich ihres Pessimismus. Bei Marcion kommt nur der Bund in den Blick und wird die Schöpfung ausgeschieden,

---

28 Vgl. KD III/1, 378.
29 KD III/1, 379.
30 Vgl. KD III/1, 378, Barth bespricht diese Konzepte genauer in KD III/1, 30–33.
31 KD III/1, 382.

bei Schopenhauer hingegen kommt allein die Schöpfung in den Blick und wird der Bund ausgeschieden. Bei beiden verliert die Schöpfung ihren Charakter als Wohltat. Marcion und Schopenhauer dienen Barth als entgegengesetzte Negativbeispiele des Auseinanderreißens von Schöpfung und Bund.[32]

Dass Barth hier (wie dann auch später in KD III/3, §50[33]) auf Marcion rekurriert, nötigt zu einem *kurzen Exkurs*:

Seit dem Erscheinen des ersten Römerbriefes stand Barth in der Kritik, einen Markionismus zu vertreten. Dieser Vorwurf hat Barth irritiert und anders als Adolf von Harnack hat er sich davon stets kritisch distanziert. Er schreibt aber auch schon in seiner Göttinger Dogmatik (1924/25): „es hätte […] dem Protestantismus wohl angestanden, das Marcionproblem ernster zu nehmen, als es geschehen ist"[34]. Barth hat es ernst genommen: Bereits in der Göttinger Dogmatik entwickelt er eine Dialektik von Schöpfungspessimismus und -optimismus sowie Schatten- und Lichtseite.[35] Marcion steht dabei nach Barth auf der Seite des Pessimismus, während er die Aufklärung erst andeutungsweise auf der Seite des Optimismus verortet[36] – und die Bestimmung der Güte der Schöpfung jenseits dieser Dialektik.[37] In der Schöpfungslehre in KD III/1 nimmt dann die spätere, nicht nur kritische, sondern teilweise (insbesondere was Leibniz angeht) durchaus wertschätzende Auseinandersetzung mit dem Schöpfungsoptimismus noch einen viel breiteren Raum ein.[38] Die christologische Aufhebung der Dialektik von Schöpfungspessimismus und -optimismus gehört zu den grundlegenden Denkfiguren von Barths Schöpfungslehre. Rückblickend auf Barths schöpfungstheologische Entwicklung lässt sich festhalten: *Die Aufarbeitung des Marcionproblems war ein entscheidender genetischer Katalysator bei der Ausbildung der These von der Wohltat der Schöpfung in KD III/1, §42 – und auch für das große Gewicht, das Barth dem Güteprädikat beimisst.*[39]

---

32 Vgl. KD III/1, 388, vgl. 382–389
33 Vgl. KD III/3, 340.
34 Karl Barth, *Unterricht in der christlichen Religion. Band II: Die Lehre von Gott/Die Lehre vom Menschen. 1924/25* (GA II), hg. von Hinrich Stoevesandt, Zürich 1990, 291.
35 Vgl. a.a.O., 241.
36 Vgl. a.a.O., 244; Leibniz ist zumindest in diesem Kontext noch nicht explizit im Blickfeld Barths.
37 Vgl. Barth, a.a.O., 239, vgl. 237–245.
38 Vgl. KD III/1, 446–476.
39 Diese These wurde ausführlicher entwickelt in: Matthias D. Wüthrich, Marcionism in Barth's Theology. Clarifications and Developments, in: Christophe Chalamet/Andreas Dettwiler/Sarah Stewart-Kroeker (Hg.), *Karl Barth's Epistle to the Romans – Retrospect*

2.2 Schöpfung als Verwirklichung und Rechtfertigung

Die Wohltat der Schöpfung besteht nach Barth in ihrer Verwirklichung und Rechtfertigung.[40] Schöpfung als *Verwirklichung* bedeutet: Das Geschöpf darf wirklich *sein*, es ist kein Traum, kein Schein, keine Täuschung des Ichbewusstseins oder Weltbewusstseins.[41] Erst wo der in Jesus Christus erfüllte Bund als „Grund und Ziel" der Schöpfung erkannt wird, ist auch – wie Barth anhand einer ausführlichen Kritik an Descartes aufzeigt – der Schritt vom Zweifel zur Erkenntnis und Gewissheit der Existenz und Wirklichkeit des Schöpfers und seines Geschöpfes vollzogen.[42]

Schöpfung als *Rechtfertigung* bedeutet: Das Geschöpf „ist insofern gut, als es *ist* und also Gott und vor Gott, im Urteil dessen, dem es sein Sein verdankt, auch *recht* ist"[43].

Für die Bestimmung des Verständnisses der Güte der Schöpfung sind Barths Ausführungen zur Schöpfung als Rechtfertigung in §42.3 besonders wichtig. Sie sollen darum im Folgenden genauer analysiert werden:

Die Rechtfertigung des Geschöpfs meint, dass es im Urteil Gottes recht ist, ja, „als solches gut ist"[44]. Die Güte der Schöpfung ist also bestimmt durch ihre Rechtfertigung seitens des Schöpfers.[45] Barth kommt in §42.3 mehrfach auf die Billigungsformel von Gen 1,31, „und siehe es war sehr gut", zu sprechen. Bereits in seinem exegetischen Teil sind insbesondere zwei charakteristische Merkmale der Barthschen Deutung des Güteurteils deutlich geworden:

1. Seine anthropozentrische Zuspitzung: Barth stellt heraus, dass sich das Güteurteil gerade auf den Menschen als Sinn und Spitze des gesamten Schöpfungswerkes bezieht – was heute ja oft bestritten wird.[46]

---

and Prospect (Theologische Bibliothek Töpelmann 196), Berlin/München/Boston 2022, 367–381.

40 KD III/1, 389. Mit diesen beiden Bestimmungen der Wohltat sind dann auch gleich die folgenden Kapitel §41.2/3 vorweggenommen – und es wird klar, dass der Begriff der Wohltat sachlich den ganzen §42 übergreift.
41 Vgl. KD III/1, 395, vgl. 389.418.
42 Vgl. KD III/1, 417f., vgl. 395ff., zur Kritik an Descartes 401–415.
43 KD III/1, 418.
44 KD III/1, 419.
45 Vgl. KD III/1, vgl. 377.389.418f
46 Vgl. KD III/1, 241. – Julia Enxing unterstreicht zum Beispiel, dass das Güteprädikat nicht dem Menschen als solchem zugesprochen ist, das Urteil aus Gen 1,31 also nicht ihm an der Spitze des Geschaffenen, sondern der vielfältigen Lebensgemeinschaft gilt und ent-

2. Seine funktional-zweckmäßige Hinordnung auf den Bund. Barth schreibt dazu: „‚Es war sehr gut‘ heißt konkret: Es [sc. das göttliche Werk der Schöpfung] war geeignet zu dem, was Gott mit ihm vorhatte, geeignet zum äußeren Grund seines Gnadenbundes."[47] In dieser funktionalen Zuordnung wird denn auch deutlich, dass es dabei nicht „um eine Glorifizierung der ethischen, ästhetischen oder sonstigen Güte der Kreatur als solcher"[48] geht. Eine der Schöpfung als solcher innewohnende, allgemein evidente Qualitätseigenschaft kommt für Barth nicht in Frage.

Auf der Linie dieser beiden Merkmale entwickelt Barth in §42.3 zwei weitere Merkmale des Güteurteils:

3. Das Güteurteil ist kein deskriptives, empirisches Urteil vom Standpunkt der natürlichen Vernunft aus. Es lässt sich auch nicht aus einem abstrakten theistischen Prädikat der Güte Gottes ableiten.[49] Das Güteurteil kann methodisch und noetisch nur aus der Bezogenheit der Schöpfung auf den Bund nachvollzogen werden als ein Glaubensurteil vom Standpunkt der Selbstoffenbarung Gottes in Jesus Christus her (vgl. oben 1.1).

4. Das Güteurteil ist als Aussage über die Wirklichkeit der Schöpfung zugleich ein göttliches Rechtfertigungsurteil, es hat die Form eines wohlgefälligen, anerkennenden Rechtszuspruches in Hinsicht auf die Versöhnung in Jesus Christus.

Das folgende Zitat zeigt den inneren Sachzusammenhang der vier Merkmale schön auf:

„Der Satz, daß Gott alles, was er gemacht hatte, sehr gut fand, darf ja schon Gen 1,31 nicht aus seinem Zusammenhang gelöst, nicht abstrakt als eine Beschreibung des Kosmos verstanden werden. Gewiß rechtfertigt der Schöpfer den Kosmos als solchen. Er tut es aber, weil er nach seinem Willen und Plan und also mit der Bestimmung für die Aufrichtung und den Vollzug des Bundes zwischen ihm und dem Menschen geschaffen ist. Er rechtfertigt ihn im Blick auf diesen Sinn und Zweck seiner Erschaffung, im Blick auf sein eigenes Handeln an ihm als seinem Bereich und an ihm als seinem Gegenstand. Die Geschöpfwelt ist darum recht so wie sie ist, weil sie in ihrem Bestand und in ihrer

---

sprechend auch nicht der Mensch die Krone der Schöpfung darstellt, sondern der Sabbat (vgl. Julia Enxing, *Und Gott sah, dass es schlecht war. Warum uns der christliche Glaube verpflichtet, die Schöpfung zu bewahren*, München 2022, 31f.41).

47 KD III/1, 240.
48 KD III/1, 41.
49 Auch Barth referiert auf die Güte Gottes (vgl. KD III/1, 419) – doch diese ist ja ihrerseits christologisch zu bestimmen.

Struktur der rechte Ort, das rechte Werkzeug, weil der Mensch mitten in dieser Geschöpfwelt der rechte Gegenstand des göttlichen Werkes ist, das in Jesus Christus seinen Anfang, seine Mitte und sein Ziel hat. Ihre Gerechtigkeit, Güte, Würde, Vollkommenheit besteht in ihrer Entsprechung zu dem von Gott von Ewigkeit her beschlossenen und in der Zeit geschehenen Werk dieses seines eigenen Sohnes."[50]

2.3 Der Doppelaspekt der Schöpfung und seine Aufhebung

Barth unterscheidet in §42.3 zwischen einer Licht- und einer Schattenseite. Es gibt ein Ja in der Schöpfung, es gibt Sonnenschein, Freude, Jubel, Schönheit, Harmonie, Ordnung, geistige Einsicht usw. Das sind alles Elemente der *Lichtseite* der Schöpfung.[51] Passend dazu zitiert Barth Paul Gerhardts „Geh aus mein Herz und suche Freud"[52]. Doch daneben gibt es nach Barth auch die *Schattenseite* der Schöpfung: Es gibt ein Nein, Dunkelheit, innere Verlorenheit des Daseins, Verzweiflung an seinem Sinn, eine Hinfälligkeit und ein Ende aller Dinge, Jammer, Traurigkeit, Leid und Tod.[53]

Wie hängen nun Licht- und Schattenseite mit der oben besprochenen Rechtfertigung zusammen bzw. wie sind sie auf die Selbstbekundung Gottes in Jesus Christus hingeordnet? Und wie ist von dieser Hinordnung her dann wiederum das Verhältnis von Licht- und Schattenseite genauerhin zu bestimmen? Barths Antwort erfolgt in vier Punkten. Ich erläutere nur die ersten drei, da diese besonders aufschlussreich sind im Blick auf das Verständnis der Güte der Schöpfung:

1. In einem *ersten Punkt* streicht Barth heraus, dass die Selbstbekundung Gottes des Schöpfers eine „*Bestätigung*"[54] der beiden Daseinsaspekte der Schöpfung, also der Licht- und Schattenseite, darstellt. Er führt dabei aus, dass die Schöpfung ihren „letzten Zweck" „zum vornherein" in einer „doppelte[n] Bestimmung" hat: Sie ist bestimmt zu „*Erheblichkeit* und *Würdigkeit*", das ist ihre Lichtseite, und sie ist bestimmt zu „*Bedürftigkeit* und *Gefährdung*", das ist ihre Schattenseite.[55] Dass das Geschöpf zu „Erheblichkeit und Würdigkeit" bestimmt ist, mag ja noch nachvollziehbar sein.

---

50 KD III/1, 422f., vgl. 419.
51 Vgl. KD III/1, 424–426.
52 KD III/1, 424.
53 Vgl. KD III/1, 426–429.
54 KD III/1, 430.
55 Alle Zitate KD III/1, 430.

Doch warum ist es zu „Bedürftigkeit und Gefährdung" bestimmt? Barths steile Antwort ist nach allem nicht mehr erstaunlich:

> „Um ihn in seinem eigenen Sohn zur Gemeinschaft mit sich selbst zu erheben, hat Gott den Menschen geschaffen: das ist der *positive* Sinn seines Daseins und alles Daseins. Eben diese Erhebung hat aber zur Voraussetzung seine und des ganzen Daseins von Gottes eigenem Sohn zu teilende und zu ertragende Niedrigkeit: das ist der *negative* Sinn des Geschöpfs. Indem Alles auf Jesus Christus, auf seinen Tod und seine Auferstehung hin geschaffen ist, muß Alles zum vornherein unter dieser doppelten, entgegenstehenden Bestimmung stehen: es ist *nicht Nichts*, sondern Etwas, aber *Etwas* am *Rande* des Nichts, ein dem Nichts benachbartes und von ihm bedrohtes und aus und durch sich selbst dieser Bedrohung nicht gewachsenes Etwas."[56]

Dass die Schöpfung sowohl eine Schatten- wie Lichtseite hat, hat also ihren „Grund"[57] – man müsste sogar sagen ihren ontischen Realgrund (vgl. oben 1.2) – darin, dass sie auf Jesu Christi *Tod und Auferstehung* hin geschaffen ist. Der Schatten der Schattenseite der Schöpfung entsteht dadurch, dass sie am Rande des Nichts steht und von diesem Nichts her bedroht und gefährdet ist. Wobei dieses bedrohliche Nichts im Kontext von KD III/1 nicht etwa „nichts" ist, es ist vielmehr identisch mit dem ausgeschiedenen Chaos, der Finsternis, der Urflut – also mit all den Elementen, die Barth später in KD III/3, §50 in den Begriff des Nichtigen fasst. Weil und sofern Gott in Jesus Christus dieses Nichts, dieses Nichtige in Tod und Auferstehung überwinden und besiegen will, darum gibt es überhaupt eine dieses Ereignis äußerlich ermöglichende Schöpfung in zwei Aspekten: eben eine Licht- und Schattenseite.[58] In der Doppelstruktur von Licht- und Schattenseite der Schöpfung zeigt sich erst die unglaublich steile Christo-Logik von Barths Schöpfungslehre: Die Schöpfung ist in der Versöhnung Christi „mitgesetzt"[59]. Gott wollte diese

---

56 KD III/1, 430f.
57 KD III/1, 431.
58 Barth hat diese spezifische, gefährdete Rand-Ständigkeit der Schöpfung bereits in seiner Auslegung von Gen 1,9–13 bzgl. des Verhältnisses von Chaos und Schöpfung zum Ausdruck gebracht: „Weil Gottes Gnadenbund der Sinn dieser Welt, weil Gottes freie Barmherzigkeit, sein überlegenes Helfen, Erretten, Befreien seine Absicht mit seinem Geschöpf ist, darum muß die Geschöpfwelt diesen Rand haben. Von der Existenz dieses Randes her wird es ja sichtbar, wie *gefährdet* das Geschöpf und daß ihm Barmherzigkeit, Hilfe, Errettung, Befreiung von *Nöten* ist. Wobei doch das Andere noch viel wichtiger ist: daß Barmherzigkeit, Hilfe, Errettung, Befreiung dem gefährdeten Geschöpf wirklich schon mit seiner Schöpfung vom Schöpfer zugesagt und also sicher sind." (KD III/1, 159)
59 Link, *Schöpfung* (Anm. 18), 294.

„[A]uf seinen Tod und seine Auferstehung hin geschaffen" 23

Welt in Jesus Christus mit sich versöhnen, und darum hat er sie auch allererst geschaffen! „*Weil servatio, darum creatio* [...]."[60] „Weil es [sc. das Geschöpf] *dabei sein* soll bei Gottes Errettungs- und Befreiungstat, darum darf es *da sein* [...]."[61] Die doppelaspektive Weise, wie das Geschöpf dabei sein darf, spiegelt den Modus jener Errettungs- und Befreiungstat. Insofern hat es durchaus Sinn, dass Barth in Gottes Selbstbekundung, in seiner Bejahung des Geschöpfes eine Bestätigung ihrer Licht- und Schattenseite sieht.

2. In einem *zweiten Punkt* führt Barth aus, dass Gottes rechtfertigende Selbstbekundung in Jesus Christus nun doch „nicht nur eine Bestätigung, sondern eine *Überbietung*"[62] jener beiden Daseinsaspekte darstellt. Gott belässt es – so Barth – nämlich nicht dabei, diese beiden Daseinsaspekte im Blick auf Jesu Christi Tod und Auferstehung hin zu schaffen. Er nimmt sich der Licht- und Schattenseite, der Würde und Gefährdung, dem Jubel und Jammer auch so an, dass er sie „sich zu eigen macht", ja, „sich selber zum Subjekt *beider* Aspekte des Daseins macht"[63], – eben in Jesus Christus. Kurz: Gott schafft die doppelt bestimmte Wirklichkeit auf Jesus Christus hin, um sich ihrer dann in ihm anzunehmen.

3. Der *dritte Punkt* ist der entscheidende. Wer von der Selbstbekundung Gottes in Jesus Christus her auf die beiden Daseinsaspekte schaut, wird gemäß Barth ihrer Rechtfertigung durch den Schöpfer gewahr, wird darin die „*Vollkommenheit* des Daseins" sehen, wird sehen: „daß es so recht ist, wie es ist, daß es in seiner Totalität *gut*, ja das *beste* ist"[64].

Das ist die Anhöhe, die Barth mit seiner Argumentation erreichen will. Doch zunächst setzt er weiter unten an: Denn er stellt fest, dass die beiden Daseinsaspekte untereinander in einem besonderen Verhältnis stehen: Sie stehen nämlich in einem „unauflöslichen Widerstreit"[65], ja „Widerspruch"[66] zueinander. Barth spricht sogar von einem „Daseinsproblem"[67], von der „Unvollkommenheit der Geschöpfwelt"[68]. Angesichts dieser Defizite fragt sich: Wie soll Schöpfung da gerechtfertigt sein, wie erst recht soll sie angesichts

---

60 KD III/3, 91.
61 Ebd.
62 KD III/1, 431.
63 KD III/1, 432, vgl. 431–433.
64 KD III/1, 433.
65 KD III/1, 435, vgl. 434.
66 KD III/1, 436f.
67 KD III/1, 437f.
68 KD III/1, 438f.

dieser widersprüchlichen Totalität vollkommen sein? Barths Antwort lautet so:
Man darf das Verhältnis der Licht- und Schattenseite nicht im Sinne einer abstrakten, starren und unauflösbaren Antinomie betrachten. Vielmehr muss man durch die Widersprüchlichkeit des Daseins gleichsam „[h]indurchsehen"[69] – nämlich hindurchsehen auf das Kampfes- und Siegesgeschehen von Tod und Auferstehung Jesu Christi. Im Spiegel dieses Geschehens erweist sich dann auch das Verhältnis der beiden Daseinsaspekte als ein asymmetrisches und dynamisches Verhältnis. Und zwar als ein Verhältnis, in dem es zur Aufhebung des Dualismus von Licht- und Schattenseite kommt.

„Man kann von da aus offenbar unmöglich von einem ewigen, man kann von da aus offenbar nur von einem in der *Aufhebung* begriffenen Dualismus jener beiden Aspekte reden. Kann man gerade von da aus unmöglich leugnen, daß sie beide tatsächlich vorhanden sind, so kann man sie doch von da aus unmöglich als zwei sich endgültig begrenzende, in gleicher Weise in sich ruhende und befestigte Bereiche verstehen. Hier wird ihr Nebeneinander vielmehr sichtbar als die Bewegung und Handlung jenes ‚wunderlichen Krieges, da Tod und Leben *rungen*', von dem doch zu sagen ist: ‚Das Leben behielt den *Sieg*, es hat den Tod *verschlungen*.' Das Geschehen dieses wunderlichen Krieges ist die Rechtfertigung des geschöpflichen Seins."[70]

Dieses Zitat ist in zweifacher Weise aufschlussreich: a) Es macht deutlich, dass Barth tatsächlich davon auszugehen scheint, dass der Dualismus von Licht- und Schattenseite aufgehoben wird durch die Sieges- und Überwindungsdynamik von Tod und Auferstehung Jesu Christi. (Dass es sich dabei um den Krieg und Sieg Jesu Christi handelt, zeigt sich nicht zuletzt am zitierten Text von Martin Luthers Lied: „Christ lag in Todesbanden", 1524, EKG 101, 4. Strophe.) Zunächst könnte man meinen, es gehe nur um eine Aufhebung des *Widerspruches*, des widerstreitenden Dualismus von Licht- und Schattenseite. Trotz Unschärfen scheint es mir von der bestimmungsmäßigen Hinordnung auf Jesu Christi Tod und Auferstehung her sinnvoller, Barths Aussagen so zu deuten, dass es um die Besiegung des Todes geht – und sich die Aufhebung entsprechend auf die *Schattenseite* der Schöpfung bezieht.[71] „Aufhebung" könnte ja auch „Aufbewahren" mitbedeuten – doch

---

69 KD III/1, 435.
70 KD III/1, 441.
71 Dasselbe könnte man von Gottes Ja und Nein sagen, die nicht in symmetrischer Weise Bestand haben (vgl. KD III/1, 439, vgl. 443) und die die beiden Daseinsaspekte prägen

Barth scheint hier keine hegelsche Denkfigur vorzuschweben, der dem Aufhebungsbegriff am nächsten stehende Begriff ist bei Barth vielmehr derjenige der „Überwindung"[72]. Im Hindurchsehen auf Kreuz und Auferstehung wird auch die Dynamik der Überwindung der Schattenseite der Schöpfung erkennbar.

b) Auch der letzte Satz des obigen Zitates ist aufschlussreich: Gemäß Barth besteht die Rechtfertigung der Schöpfung in genau jenem Kampfes- und Siegesgeschehen Jesu Christi. Ihre letzte Begründung findet die Rechtfertigung der Schöpfung darum in der „Auferweckung Jesu Christi von den Toten"[73], in der Auferweckung dessen, der selber Geschöpf war, sich der Geschöpflichkeit annahm und nun auch als Geschöpf ewig lebt.[74] Es gibt also durchaus eine Rechtfertigung der Schöpfung auch angesichts des Widerspruches der beiden Daseinsaspekte. Doch diese Rechtfertigung wird nur nachvollziehbar vor dem Hintergrund der Dynamik der Überwindung der Schattenseite der Schöpfung.

(vgl. KD III/1, 424–430). – Die Frage ist dann freilich, wie sich diese Aufhebung zur vorher behaupteten offenbarungstheologischen „Bestätigung" der beiden Daseinsaspekte verhält (s.o.)! – Auch Günter Thomas liest die eben besprochene Stelle im Sinne einer in Jesu Christi Tod und Auferstehung begründeten Überwindungsdynamik der Schattenseite (vgl. ders., *Neue Schöpfung. Systematisch-theologische Untersuchungen zur Hoffnung auf das „Leben in der zukünftigen Welt"*, Neukirchen-Vluyn 2009, 150–153).

72 KD III/1, 441. – Man hat Barth oft vorgeworfen, eine geschichtslose Schöpfung gedacht zu haben, weil sie nur als äußerer geschichtsloser Schauplatz, als Kulisse des Bundesdramas fungiere, ohne dass sie an diesem Drama selber teilhabe (so z.B. KD IV/3, 154). Vgl. schon Hendrik Berkhofs Kritik in: Hendrik Berkhof/Hans-Joachim Kraus, *Karl Barths Lichterlehre* (ThSt[B] 123), Zürich 1978, 32–35; Jürgen Moltmann, *Gott in der Schöpfung. Ökologische Schöpfungslehre*, München 1985, 74f.; vgl. hingegen das differenzierte Urteil von Christian Link, *Schöpfung* (Anm. 18), 278.303f.326f. – Dieser partiell berechtigte Vorwurf wird durch die Denkfigur der Aufhebung durchaus relativiert: Barths Zuordnung zu Kreuz und Auferweckung impliziert auch eine dramatische Geschichte der Schöpfung!

73 KD III/1, 442.

74 Vgl. KD III/1, 440f. – Es ist spannend, an dieser Stelle einen kurzen Vorblick in die Versöhnungslehre vorzunehmen: In KD IV/1, §59.3, überschrieben mit „Das Urteil des Vaters", interpretiert Barth die Auferweckung Jesu Christi als Rechtsakt: als Vollzug des richterlichen Urteils des Vaters, dass Jesu Christi Leiden, Tun und Tod nicht umsonst war, als Rechtfertigung Jesu Christi – aber zugleich als *Gottes Selbstrechtfertigung*, wobei in Jesu Christi Rechtfertigung zugleich die Rechtfertigung der Gesamtheit der sündigen Menschen und in Gottes, des Vaters, Rechtfertigung seine *Rechtfertigung als Schöpfer Himmels und der Erde* einbegriffen sind (vgl. KD IV/1, 337–341)!

Das Gleiche ist von der Vollkommenheit des Daseins zu sagen. Barth fragt eingangs des hier besprochenen dritten Punktes: „Ist ihre [sc. die geschöpfliche Wirklichkeit] doppelte Bestimmung [sc. als Licht- und Schattenseite] eine ewige Bestimmung?" Und stellt gleich darauf fest: „Von einer Vollkommenheit des Daseins würde man dann offenbar nicht reden können."[75] Doch eben: Weil Barth die Schattenseite in einer nur vorübergehenden, christologischen Überwindungsdynamik begriffen sieht, darf er dann doch – wie oben erwähnt – behaupten, dass die Schöpfung in ihrer Unvollkommenheit bereits an der Vollkommenheit Gottes teilhat. Barth zieht schließlich folgendes Fazit: Erkennt man die Schöpfung von Jesus Christus her, „so sieht man unfehlbar hindurch in ihre *Rechtfertigung* und also in ihre *Vollkommenheit*. Man erkennt dann ihren Charakter als die *beste* aller denkbaren Welten"[76]!

Ich fasse zusammen: Die Schöpfung ist gerechtfertigt, sie ist vollkommen, sie ist in der Totalität von Licht- und Schattenseite gut, ja die beste – sofern sie hingeordnet ist auf die dynamische Kampfes- und Siegesgeschichte in Tod und Auferweckung Jesu Christi, in der die Schattenseite nicht nur bestätigt, sondern auch aufgehoben wird.

Ich habe oben unter Kapitel 2.2 vier Merkmale des Güteurteils bezüglich der Schöpfung festgehalten. Aufgrund der Ausführungen in diesem Kapitel (2.3) lassen sich nun noch zwei weitere Merkmale festhalten:

5. Die Güte der Schöpfung umfasst nicht nur die Lichtseite der Schöpfung, sondern auch ihre Schattenseite – wenn auch im dynamischen Geschehen ihrer in Kreuz und Auferweckung vollzogenen (und sich weiterhin vollziehenden?) Aufhebung.

6. In der Glaubenserkenntnis dieses dynamischen Christusbezuges erweist sich die Schöpfung als Ganze als so gut, dass Barth sie sogar in leibnizscher Terminologie als beste, ja vollkommene Schöpfung bezeichnen kann. Insbesondere vor dem Hintergrund seiner Auseinandersetzung mit Gottfried Wilhelm Leibniz kann er sogar von einem kritisch präzisierten „*christlichen* Optimismus" sprechen.[77] Barths Verständnis der Güte der Schöpfung hat seine Spitze letztlich in der Osterfreude, im Anbruch der neuen Schöpfung.[78]

---

75 KD III/1, 433.
76 KD III/1, 441, vgl. 439.
77 KD III/1, 474, zur Auseinandersetzung mit Leibniz vgl. KD III/1, 446–476, bes. 446–451 und dann auch 463–476.
78 Vgl. Barths Hinweis auf 2 Kor 5,17 in seiner Auslegung von Gen 1,2, KD III/1, 121.

3. Wichtige Verschiebungen in späteren Texten der Kirchlichen Dogmatik

Wolf Krötke hat bereits vor Jahren kritisiert, dass bei Barth die Unterscheidung der Schattenseite vom Nichtigen unscharf bleibt und bleiben muss.[79] Das gilt in KD III/1 insbesondere für das Verhältnis der Schattenseiten der Schöpfung zum Chaos, zum Nichts, zur Finsternis, zum Tod – allesamt negative, die Schöpfung bedrohende, gefährdende Größen, die Barth später unter dem Begriff des Nichtigen zusammenfasst. Die Schattenseite scheint an einigen Stellen gleichsam als Rand bzw. als Grenze zum Nichtigen und nicht primär in Relation zur Lichtseite, sondern zum Nichtigen definiert zu sein.[80] Gerade aufgrund dieser programmatischen Unschärfe denkt Barth in KD III/1 die Rechtfertigung und also die Güte der Schöpfung nicht nur, aber auch als Aufhebung der Schattenseite!

Es ist freilich wichtig, sich vor Augen zu halten, dass Barth seine Rede vom Nichtigen und entsprechend die Differenzen von Nichtigem, Schattenseite und Lichtseite erst sukzessive entwickelt.[81] Am schärfsten ausgebildet sind diese Differenzen dann in der Lehre vom Nichtigen in KD III/3, §50, wo Barth die früheren Negativgrößen des Chaos, der Finsternis, des Übels, des Todes, des Teufels und der Dämonen und v.a. der Sünde ins Konzept des Nichtigen integriert. Auch in §50 nimmt Barth die Unterscheidung von der Licht- und Schattenseite der Schöpfung wieder auf.[82] Doch mit einem entscheidenden Unterschied zu KD III/1: In §50 wird der Gegensatz zwischen dem Nichtigen und der Schöpfung deutlich verschärft, während der innergeschöpfliche Widerspruch zwischen Licht- und Schattenseite relativiert wird. Barth macht nun deutlich: „Es ist aber *nicht* wahr, daß diese

---

79 Vgl. Wolf Krötke, *Sünde und Nichtiges bei Karl Barth* (NBST 3), Neukirchen-Vluyn ²1983, bes. 26f.38–41.
80 Vgl. KD III/1, 430.440.466. – Man hat zudem in Barths Auslegung von Gen 1 zuweilen den Eindruck, das Chaos werde im Schaffensprozess nicht nur ausgeschlossen, sondern in depotenzierter Weise in die Schöpfung integriert: als Meer, als Nacht... Vgl. dazu auch: Matthias D. Wüthrich, *Gott und das Nichtige. Eine Untersuchung zur Rede vom Nichtigen ausgehend von §50 der Kirchlichen Dogmatik Karl Barths*, Zürich 2006, 133–137. – Auch Günter Thomas geht davon aus, dass die Unterscheidung von Schattenseite und Nichtigem in KD III/1 erst unscharf ausgebildet ist (vgl. Thomas, *Neue Schöpfung* [Anm. 71], 150–153).
81 Zur These einer Genese der Rede vom Nichtigen in der Kirchlichen Dogmatik vgl. Wüthrich, *Gott und das Nichtige* (Anm. 80), 59–149.
82 Sogar unter explizitem Rückverweis auf KD III/1, §42.3: KD III/3, 335, vgl. 334–342.

Schattenseite mit dem Nichtigen *identisch* ist [...]."[83] Und entsprechend wird im Christusereignis dann auch nur das Nichtige besiegt, vernichtet – die Schattenseite aber bleibt. Und bei der eschatischen Wiederkunft Christi wird sich dann auch zeigen, dass die Schöpfung gerade in ihrem Doppelaspekt als Licht- *und* Schattenseite „sehr, sehr gut, [...] überaus herrlich gewesen ist"[84]. Man könnte im Blick auf die Bedeutung der Auferstehung Jesu Christi für die Schöpfung sehr vereinfacht sagen: Barth hat im Zuge der Ausbildung der Lehre vom Nichtigen von einem transformatorischen Schöpfungsmodell weitgehend auf ein noetisch-revelatorisches Modell umgestellt:[85] Die Auferstehung Jesu Christi ist nicht mehr die Aufhebung der Schattenseite, sie ist nur noch die Offenbarung der im Heilstod Christi vollzogenen Versöhnung[86] und damit zugleich die Offenbarung der stabilen Güte der Lichtseite und der Schattenseite.

Auch die *sog. Lichterlehre* Barths in KD IV/3, §69.2 impliziert keine Aufhebung der Schattenseite der Schöpfung mehr. Es geht ihr einzig um die Herausstellung der rechten Indienstnahme der geschöpflichen Lichter durch die Selbstoffenbarung Jesu Christi in seinem prophetischen Amt. Barth rekurriert auch hier explizit auf die Güte der Schöpfung in ihrer Gegensätzlichkeit von Licht- und Schattenseite. Er spricht da freilich nur noch von einer „relative(n) Gegensätzlichkeit"[87], ja sogar nur noch von „positiven und negativen Akzente[n]"[88]. Auch hier zeigt sich also die Verschiebung gegenüber KD III/1.

Die eben angesprochene Verschiebung ließe sich auch an Barths Deutung von Leibniz und Mozart zeigen und wäre zum Beispiel an Barths Aussagen zum Tod (insbes. in KD III/2, §47.5) und zur Krankheit (insbes. in

---

83 KD III/3, 335.
84 KD III/3, 336.
85 Für eine differenziertere Modellierung vgl. Benedikt Friedrich, *Modelle der Erlösung. Eschatologische Denkformen im Anschluss an die Theologie Karl Barths*, Göttingen 2024; im Hinblick auf die beiden von mir genannten Modelle vgl. insbesondere das Modell der teleologischen Eschatologie und der Chaosbegrenzung und -überwindung, 50–164.
86 Gemäß KD IV/1, 335–337, ist die Auferweckung Jesu Christi freilich nicht nur Offenbarung der Versöhnung im Heilstod, sondern auch ein Bekenntnisakt und anerkennender Rechtsakt im Urteil des Vaters angesichts des Gehorsams, Leidens und Tuns Jesu Christi.
87 KD IV/3, 164.
88 KD IV/3, 165, vgl. 164.

KD III/4, §55.1) weiter auszudifferenzieren.[89] Und entsprechend wäre dann jeweils kontextuell nachzufragen, wie die Güte der Schöpfung genauerhin verstanden wird. Damit verbunden wäre dann auch die Frage nach der Reichweite der Denkfigur der Aufhebung und ihrem Inhalt: Wie stellt sich Barth diese Überwindung der Schattenseite in Tod und Auferstehung Jesu Christi genauerhin vor? Haben wir es hier mit einem sich bis ins Eschaton erstreckenden Transformationsprozess der Schöpfung zu tun – und wie sieht dieser konkret aus?

4. Kritische Würdigung

Barths Schöpfungslehre KD III/1–4, aber auch nur der Teilband KD III/1, wurde oft kritisiert. Das Spektrum der Kritik reicht von einem Christomonismus, der die geschöpfliche Realität ausblende, über den sehr oft geäußerten Vorwurf des Anthropozentrismus, Barths patriarchal-hierarchische Verhältnisbestimmung von Mann und Frau, seine Unterbestimmung des Verhältnisses zu den Naturwissenschaften, der fehlende Einbezug der Schöpfung als Bühne, Kulisse, Theater ins eigentliche Heilsdrama Jesu Christi etc. Etliche dieser Vorwürfe wurden zu Recht erhoben, andere basieren auf verzerrten Interpretationen (v.a. der Vorwurf des Christomonismus[90]) – während etwa das Problem der pneumatologischen Unterbestimmung von Barths Schöpfungstheologie[91] noch zu wenig diskutiert wurde. Es ist hier nicht der Ort, sich mit der riesigen Menge an Sekundärliteratur dazu auseinanderzusetzen. Denn der Fokus dieses Beitrages lag nicht auf der Schöpfungslehre als solcher, sondern auf der spezifischen Frage nach der *Güte der Schöpfung* in KD III/1. Barth hebt sich nicht nur in Hinsicht auf seine inhaltliche Bestimmung der Güte der Schöpfung, sondern auch bezüglich der starken Gewichtung,

---

89 Vgl. dazu Wüthrich, *Gott und das Nichtige* (Anm. 80): zu Leibniz und Mozart: 137–141, zum Tod: 159–172; 259–261, zur Krankheit: 326–330; vgl. zu letzterem insbes. Günter Thomas, *Chaos und Erbarmen* (Anm. 2).

90 Vgl. den Widerlegungsversuch von David C. Chao, Barth on Creation, in: George Hunsinger/Keith L. Johnson (Hg.) *The Wiley Blackwell Companion to Karl Barth. Barth and Dogmatics*, Vol. I, Hoboken 2020, 113–124.

91 Vgl. andeutungsweise: David L. Clough, Creation, in: Paul Dafydd Jones/Paul T. Nimmo (Hg.), *The Oxford Handbook of Karl Barth*, Oxford Handbooks 2019, 341–353, 348. Vgl. Matthias D. Wüthrich, Pneumatologische Bezüge zur Schöpfungstheologie. Reflexionen aus einer reformierten Perspektive, in: Reinhard Feldmeier/Jörg Frey/Benjamin Schliesser (Hg.), *Geist | Ruach | Pneuma | Spiritus. Exegetische, theologische, religionsgeschichtliche und phänomenologische Perspektiven*, Tübingen, erscheint 2024.

die er ihr in seiner Schöpfungstheologie einräumt, von zeitgenössischen und späteren Entwürfen ab. Denn das 20. Jahrhundert hat sich – aus verschiedenen Gründen, auf die hier nicht eingegangen werden kann – ziemlich schwer damit getan, einen theologisch qualifizierten Begriff von der Güte der Schöpfung zu entwickeln:

– *Emil Brunner* verficht zwar ein klassisches Urstand-Fall-Modell hinsichtlich des Menschen mit entsprechender Urstandsgüte, doch im Blick auf die extrahumane Schöpfung spielt Gen 1,31 auffallenderweise keine Rolle. Das hängt damit zusammen, dass Brunner seine Schöpfungslehre dezidiert nicht an Gen 1, sondern an Joh 1 orientiert.[92]

– Bei *Paul Tillich* existiert das „sehr gut" aus Gen 1,31 nur als reine Potentialität – mit der Aktualisierung der Schöpfung, mit dem Übergang von der Essenz zur Existenz fällt auch die Schöpfung. Die Koinzidenz von Schöpfung und Fall führt dazu, dass die Güte der Schöpfung kaum reflektiert wird.[93]

– *Dietrich Bonhoeffers* Ausführungen zur Güte im ersten Schöpfungsbericht in „Schöpfung und Fall" sind durchaus tiefsinnig, zumal wenn man sie mit seiner Auslegung des zweiten Schöpfungsberichtes zusammenliest, doch sie bleiben letztlich aphoristisch.[94]

– Bei *Gerhard Ebeling* nimmt Gen 1,31 insofern keine große Bedeutung ein, als er die Lehre von der Schöpfung „im Zusammenhang des gesamtbiblischen Offenbarungszeugnisses und in der Orientierung an Jesus Christus als seiner Mitte" entwickeln möchte und so eine „weitgehende Ablösung von 1. Mose 1 und 2" vornimmt. In Absicht steht eine infralapsarisch ansetzende „theologische Lehre[] von der Welt"[95].

– In *Jürgen Moltmanns* einschlägigem Buch „Gott in der Schöpfung" wird die Güte der Schöpfung zwar der Sache nach pneumatologisch

---

92 Vgl. Emil Brunner, *Die christliche Lehre von der Schöpfung und Erlösung. Dogmatik. Band II*, Zürich/Stuttgart ²1960, 16. Für eine gründlichere Analyse vgl. Matthias D. Wüthrich, „Eine unüberbrückbare Kluft zwischen unseren Gedanken". Zur Güte der Schöpfung bei Emil Brunner und Karl Barth, in: *ZDTh* 74 (2/2021), 30–69.
93 Vgl. Paul Tillich, *Systematische Theologie. Bände I/II*, Berlin/New York 1987: Bd. II, 46–52, vgl. Bd. I, 293–296.
94 Dietrich Bonhoeffer, *Schöpfung und Fall* (DBW 3), München 1989, 42–44; 54f.; 64–66.
95 Gerhard Ebeling, *Dogmatik des christlichen Glaubens. Band. I*, Tübingen 1979, 268f. – Das schließt freilich nicht aus, dass Ebeling an anderer Stelle dann doch – wenn auch kurz – auf das Schöpferlob und die Güte der Schöpfung bzw. „Spuren der Güte Gottes" zu sprechen kommt, a.a.O., 310f., vgl. 315 (und Bd. III, Tübingen 1979, 47).

entfaltet, jedoch als solche nicht explizit reflektiert. Gen 1,31 wird kein theologisches Gewicht beigemessen.[96] Der Fokus des ersten Schöpfungsberichtes liegt ganz auf dem siebten Tag, dem Sabbat.[97]

– *Aktuelle* Schöpfungstheologien und ökologischen Ansätze setzen oft mit dem Leiden und Seufzen der Schöpfung in Röm 8 ein und nicht mehr mit Gen 1,31. So schreibt etwa Christian Link: „Nicht das ‚valde bonum' von Gen 1,31, sondern das offenkundige Leiden der Welt scheint heute der angemessene Ausgangspunkt auch einer theologischen Durchdringung der Schöpfung zu sein"[98]. Und er hält programmatisch fest, dass das Leiden der Kreatur bzw. Schöpfung, wie es in Röm 8,19ff. beschrieben sei, den „hermeneutischen Schlüssel" einer jeden aktuellen Schöpfungstheologie bilden müsse.[99] Freilich implizieren auch Röm 8 und der Ruf nach einer „Bewahrung der Schöpfung" im Grunde immer noch die m.E. problematische Annahme einer protologischen Urstandsgüte – die dann durch die menschliche (Umwelt-)Sünde(n) verwirkt ist.[100]

– Hervorzuheben aus der bisher genannten Reihe ist immerhin *Wolfhart Pannenbergs* innovativer Ansatz: Ihm zufolge erschließt sich das Güteprädikat aus Gen 1,31 erst von der Vollendung der Welt her: Zumindest in noetischer Hinsicht ist es ein *eschatologisches* Prädikat und erweist von dort her das volle Gewicht der Gerechtigkeit des Schöpferhandeln Gottes.[101] Der Begriff der Güte der Schöpfung nimmt in Pannenbergs Umgang mit dem Theodizeeproblem eine bedeutende Funktion ein – dies nicht zuletzt, weil er sich genau an dieser Stelle in bedenkenswerter Weise kritisch von Barth abgrenzt.[102]

---

96 Vgl. Jürgen Moltmann, *Gott in der Schöpfung. Ökologische Schöpfungslehre*, München 1985, 281.
97 Vgl. a.a.O., 279–298.
98 Vgl. Christian Link, *Schöpfung. Ein theologischer Entwurf im Gegenüber von Naturwissenschaft und Ökologie*, Neukirchen-Vluyn 2012, 85f.
99 Vgl. a.a.O., 85, vgl. 82f.
100 Vgl. für eine subtile Kritik an solchen Ansätzen: Cherryl Hunt/David G. Horrell/Christopher Southgate, An Environmental Mantra? Ecological Interest in Romans 8:19–23 and a Modest Proposal for its Narrative Interpretation, in: *The Journal of Theological Studies* 59 (2/2008), 546–579.
101 Vgl. Wolfhart Pannenberg, *Systematische Theologie III*, Göttingen 1993, 692–694. Vgl. zudem: ders., *Systematische Theologie II*, Göttingen 1991, 188–201.
102 Vgl. Pannenberg, *Systematische Theologie III* (Anm. 101), 693f.

Es wurden hier nur selektiv und andeutungsweise Beispiele aus dem Bereich der deutschsprachigen protestantischen Theologie aufgeführt, die skandinavische Schöpfungstheologie, die ökofeministischen, postkolonialen und prozesstheologischen Schöpfungstheologien u.a. habe ich gar nicht erwähnt. Die wenigen Hinweise verstärken Christian Links Beobachtung, dass Barth das „valde bonum" aus Gen 1,31 „seit der Reformation zum ersten Mal wieder im Rahmen der Schöpfungslehre zum Gegenstand einer intensiven dogmatischen Erörterung gemacht"[103] habe. *Dass* Barth, zumal gegen Ende des 2. Weltkrieges, einen derart profilierten *theologischen Begriff von der Güte der Schöpfung* entfaltet hat, ist doch beachtenswert.

Man muss Barth aber auch zugute halten *wie* er das getan hat: Barth hat nicht versucht, gegen die alttestamentliche Exegese und die Evidenzen der Evolutionstheorie an einem Urstand-Fall-Modell festzuhalten. Statt von einer mit der traditionellen Form der *creatio ex nihilo* verbundenen *protologischen* Urstandsgüte (wie sie – zumindest im Blick auf den Menschen – Brunner u.a. und indirekt auch viele Ökotheologien vertreten haben) oder einer *eschatologischen* Güte (wie sie Pannenberg vorgeschlagen hat) geht Barth von einer *christologisch* bestimmten Güte der Schöpfung aus. Sofern Barth die Güte der Schöpfung im Blick auf Tod und Auferweckung Jesu Christi hin auslegt und die Unterscheidung einer Licht- und Schattenseite der Schöpfung ebenfalls von dort her begründet, ist für ihn klar: die Schöpfung ist in ihrem Doppelaspekt, in dieser Totalität gut. Die Konsequenzen sind weitreichend: Barth kann so auch das der Schattenseite zugehörige Leiden, Schmerz, Krankheit und Tod der Güte der Schöpfung zurechnen (wenngleich erst später in §50 hinreichend deutlich wird, dass nicht einfach *jedes* Leiden, jede Krankheit und jeder Tod zu dieser Güte zu zählen sind). Barth erweitert und vertieft damit den traditionellen Begriff des *malum physicum/naturale* und schiebt einer einseitigen sündentheoretischen Verrechnung des Übels einen Riegel vor. Gleichzeitig erweitert er damit aber eben auch den Begriff der Güte der Schöpfung: ihre Güte bezieht sich nicht nur auf Lichtseite. „Güte" hat darum gerade nichts zu tun mit einer platten „Blühwiesenromantik"[104]. *Eine wesentliche Leistung von Barths Schöpfungstheologie besteht darin, dass er die Bedrohtheit, Gefährdung und Fragilität des Lebens in eine dynamisch*

---

103 Link, *Schöpfung* (Anm. 18), 293. Link nennt neben Barth auch Werner Elert, der sich mit der Schöpfungsgüte intensiv auseinandergesetzt habe.
104 Günter Thomas, Jenseits von Eden und Blühwiesenromantik. Über Fehlschlüsse zeitgenössischen Ökoglaubens und die Freude weihnachtlicher Schöpfungstheologie, in: *Zeitzeichen* (12/2021), https://zeitzeichen.net/node/9445 (Abrufdatum: 6.6.2024).

gedachte Schöpfungsgüte zu integrieren vermag, die jenseits von gut und böse liegt! Denn die Güte der Schöpfung ist in keiner Weise evident, sie ist ein in Jesus Christus beschlossenes Geheimnis.

Eine aktuelle Schöpfungstheologie wird gerade angesichts der zutiefst ambivalenten Naturerfahrungen im Kontext von Pandemien und Klimakatastrophen nicht umhinkommen, ein *anspruchsvolleres und komplexeres Konzept von der Güte der Schöpfung* zu entfalten als das bis anhin der Fall war. Barth hat mit seinem Ansatz die Richtung gewiesen, in der über ihn hinauszudenken ist.

Dirk Evers

„Er hat uns allen wohlgetan ..."
Barths Skizze eines erwählungstheologischen Optimismus nach KD III/1, §42

Mit den folgenden Ausführungen sollen Karl Barths Grundentscheidungen für seine Qualifizierung der Schöpfung als Wohltat nachvollzogen und in ihrer Begründung und in ihren theologischen Folgen kritisch reflektiert werden. Es wird sich herausstellen, dass durch die asymmetrische Begründung der Schöpfung in der Erwählung der von Barth eigentlich in den Vordergrund gestellte Charakter der Schöpfung als Wohltat verlorenzugehen droht, so dass sich die Gefahr eines Schöpfungsdoketismus einstellt. Die beiden letzten Abschnitte werden versuchen, Barths Konzept entsprechend zu korrigieren und durch ein trinitarisches Verständnis des Handelns Gottes zu erweitern. Dazu wird aus theologischer Perspektive auch auf eine naturwissenschaftlich informierte Sicht der geschöpflichen Wirklichkeit Bezug genommen.

1. Schöpfung als Wohltat: Der Charakter von Gottes Schöpfungshandeln

Im §42 seiner Schöpfungslehre[1] spricht Karl Barth davon, dass Gottes Schöpfungshandeln einen bestimmten *Charakter* habe, der dann auch den Charakter seines Resultates, der geschaffenen Wirklichkeit ausmacht. Christliche Schöpfungslehre ist ja nicht erledigt mit der Frage nach dem Anfang der Schöpfung, mit dem sie ins Dasein tritt und sich ihre Ordnung etabliert. Sie fragt nach dem die Schöpfung *begleitenden* Ursprung der Wirklichkeit und von daher danach, was die Wahrnehmung der Wirklichkeit *als* Schöpfung heute bedeutet. Das deutsche Wort Schöpfung ebenso wie das englische *creation* haben entsprechend die doppelte Bedeutung eines Verweises

---

1 Im Folgenden beziehen sich im Haupttext alle Seitenangaben in Klammern auf den Band KD III/1, in dem §42 enthalten ist.

auf den Vorgang der Erschaffung und auf dessen Resultat. Dabei geht es Barth zunächst darum, was Schaffen in „seiner *Besonderheit* für sich und als solches" (377) bedeutet und wie eben sein *Charakter* zu bestimmen ist, der es vom übrigen Handeln Gottes, also von Versöhnung und Vollendung charakteristisch unterscheidet. Dieser sein Charakter wird von Barth durch das Stichwort der Wohltat zusammengefasst: „Göttliches Schaffen ist göttliche *Wohltat*." (378) Wohltat aber ist der Vorgang, mit dem Gott „zu einem Anderen Ja sagt" (379) und darin einem Anderem als sich selbst Wohlwollen, Wohlstand und Wohlfahrt zuwendet.

Betrachten wir deshalb der Begriff der Wohltat genauer. Formal verwendet ihn Barth als einen Relationsbegriff, der Schöpfer und Schöpfung ins Verhältnis setzt. Es handelt sich nicht um einen rein *prädikativen* Ausdruck, mit dem die Schöpfung nach einer ihrer möglicherweise vielen Eigenschaften bestimmt wird, sondern um eine Art *modaler* Qualifizierung, mit dem die *Wirklichkeit* der Schöpfung als solche und in ihrer Totalität qualifiziert wird. Schöpfung als Wohltat ist vom Umfang her identisch mit dem Wirklichen, ist ihm koextensiv. Schöpfung wird von Barth dabei als „Erwählung und Annahme" (378) des Wirklichen unter Ausscheidung des Nicht-Wirklichen bestimmt. Insofern kann es in dieser Hinsicht auch nicht ein mehr oder weniger an Wohltat geben, sondern nur entweder die Qualifizierung als Wohltat oder als ihr Gegenteil, und eben deshalb spricht Barth vom „Charakter" des göttlichen Schaffens. Insofern ist diese Kategorie bei Barth wie so viele Bestimmungen konstruiert als eine fundamentale ausschließliche Alternative, die den Alternativen von Ja oder Nein, Erwählung oder Verwerfung, Sein oder Nicht-Sein analog konstruiert ist. Diese Qualifizierung der Schöpfung als Wohltat begründet sich aber letztlich daher, dass sie in der Erwählung Jesu Christi ihren Ausgangspunkt hat, und dies führt dazu, wie wir sehen werden, dass sie ihren Charakter als Wohltat nur durch den Bezug auf die Heilstat Gottes erhält.

Was wäre das Gegenteil von Wohltat in diesem Zusammenhang, also die andere Seite der ausschließenden Disjunktion? Im Petit auf S. 378 erfahren wir, dass „die in Jesus Christus zu ihrem Ziel kommende Geschichte [...] weder feindselig noch indifferent, sondern nur Wohltat sein und nur als solche verstanden werden" kann. Ihr Gegenteil ist also das Feindselige, aber auch das Indifferente. Die grundlegende Qualifikation des Wirklichen als Wohltat qualifiziert also zugleich alles Nicht-Wirkliche als sein kontradiktorisches Gegenteil, als dasjenige, was von dem Gottesverhältnis der Wohltat schlechthin ausgeschlossen ist. Für Barth gilt: *Ens et beneficium convertuntur.*

Zugleich wird unterstellt, dass damit das Nicht-Wirkliche zu einer Art eigenem Bereich zusammengefasst werden kann, dem gerade dadurch, dass ihm Gottes Nein gilt, dann doch so etwas wie eine Potenz zukommt. Verwerfung, so heißt es in unserem Abschnitt, ist „die zornige Setzung [!] des Nicht-Wirklichen durch die rückwirkende Kraft des göttlichen Nein" (378). Barth identifiziert das Wirkliche als das Geschaffene mit dem Wohlgetanen und Wohltuenden und sieht das, was nicht wohlgetan ist, als „dem Bereich [!] des Nicht-Wirklichen" (379) zugehörig an. Das Nicht-Wirkliche ist eine Art „Bereich", eine Domäne, etwas, dem als solchem der kontradiktorisch gegenteilige Charakter zukommt, denn der ganze „Bereich des Nicht-Wirklichen ist mit Bestimmtheit daran erkennbar, dass es *nicht* wohlgetan ist" (379). Was aber Gott nicht geschaffen und was deshalb nicht wirklich ist, muss „Gegenstand des göttlichen Zornes und Gerichtes sein" (379).[2] Barth sieht im Übrigen das Verhältnis von Wohltat und ihrem Gegenteil, also von Wirklichem und Nicht-Wirklichem trotz ihrer kategorischen Scheidung als ein dynamisches an. Die Schöpfung als fortgesetzte Erhaltung hat es mit dem Nicht-Wirklichen insofern und beständig zu tun, als sie „unvermeidlich auch in dessen Ausscheidung besteht" (378). Erhaltung und providenzielle Begleitung der Schöpfung setzen sich in eben dieser Ausscheidung des nicht gewollten Nicht-Wirklichen fort. Gegen den als die andere Seite der Erwählung identifizierbaren Bereich des Nicht-Wirklichen muss das Wirkliche als Wohltat anscheinend beständig in Schutz genommen und damit in seinem Charakter als Wohltat *bewahrt* werden.

Drei Punkte möchte ich zu diesen grundlegenden Bestimmungen der Schöpfung als Wohltat hervorheben. Zum einen ist festzuhalten, dass durch den durchgängigen Bezug der Schöpfung auf den Bund, der seinerseits in Gottes Erwählung begründet ist, die binäre Struktur der Erwählung des Menschen Jesus als eines Ja, das immer auch ein Nein impliziert, auf die Schöpfung übertragen wird. Es gibt nur Wohltat oder ihr Gegenteil. Gott unterliegt gewissermaßen einer streng kontradiktorischen Logik. Das Indifferente, das nur sehr gelegentlich und im Vorübergehen bei Barth auftaucht, wird im Allgemeinen dem Nein, dem Negativen, dem Nicht-Wirklichen zugeschlagen. Modallogisch gedacht fehlt der ganze Bereich des Kontingenten, des prinzipiell Möglichen, aber nicht Wirklichen, das eine nicht von vornhe-

---

2 Eben dieses ist die Figur des *Nichtigen*, die später in §50 der KD zur Rekonstruktion des Dämonischen und des Machtcharakters der unmöglichen Möglichkeit der Sünde oder der Wirksamkeit des Nicht-Wirklichen aufgerufen wird – wiederum ist alles in modalen Qualifizierungen formuliert.

rein disqualifizierte Alternative zum faktisch Wirklichen darstellen könnte. Durch die enge Verbindung mit der Erwählung soll für Barth der Vorgang der Schöpfung so „von irgendwelchen neutralen Kategorien" wie „etwa Wirkung, Ursache, Verursachtes oder Bilden, Bildner, Bild" (382) unterschieden und nicht als kontingente Wahl zwischen gleichberechtigten Möglichkeiten verstanden werden. In christlich-theologischer Perspektive ist die Schöpfung nach Barth aufgrund der Selbstfestlegung Gottes in der Erwählung als alternativlos zu begreifen und darzustellen. Zum zweiten wird durch diese binäre Unterscheidung von Erwählung und Verwerfung dem Wirklichen das Nicht-Wirkliche dann doch irgendwie als „potenziell wirklich" gegenübergesetzt, so dass es eine Art eigene Seinspotenz erhält: „Es gibt" das Nicht-Wirkliche kraft seiner Verneinung durch den Schöpfer, durch die es eine Art eigenen Bereich bildet. Und zum dritten ist festzuhalten, dass die Kategorie der Wohltat keine prädikative Beschreibung der Wirklichkeit darstellt und sich damit „dem Charakter einer bloßen Deutung" (381) nähern würde, sondern einen durch den Schöpfungsglauben grundsätzlich gegebenen „objektiven Sachverhalt" (381), nämlich den eines differenzlosen und alles qualifizierenden Verhältnisses der Wirklichkeit zum Schöpfer darstellt und also die Qualifizierung einer Relation zum Ausdruck bringt und nicht eines intrinsischen Zustands.

2. Schöpfungsglauben versus Weltanschauung

Dass Barth die Schöpfung allerdings in dieser Form einer ausschließlichen Alternative und unter Ausschluss neutraler Kategorien wie denen von Ursache und Wirkung konzipiert, dürfte seine Gründe auch in dem Gegenüber zeitgenössischer Weltanschauungen haben, die zumeist auch eine zum christlichen Verständnis von Schöpfung alternative Wirklichkeitsdeutung mit umfassten. Dagegen betont Barth, dass der Charakter des Natürlichen als Schöpfung nicht darauf begründet ist, um eine relativ bessere Erklärung der Wirklichkeit und ihrer Entstehung zur Verfügung zu haben, sondern eine auf einer anderen Ebene liegende, gänzlich anders geartete Alternative zu *jeder* Form von Weltanschauung zu vertreten.

Auch Barths Schöpfungstheologie ist insofern von ihrem historischen Kontext mitbestimmt, als sie zeitgleich mit dem Untergang des Nationalsozialismus in Deutschland entstand. Barth hat in seinen Vorlesungen die

Schöpfungslehre ab dem Sommersemester 1942 vorgetragen[3] und in den folgenden Semestern intensiv daran gearbeitet. Er sprach gar davon, dass es sich bei dieser Arbeit angesichts des Krieges und des Nationalsozialismus in Deutschland und der immer deutlicher werdenden unabwendbaren Katastrophe um sein „Hilfswerk"[4] gehandelt habe. Erschienen ist seine Schöpfungslehre dann 1945. Das schon zitierte Vorwort ist auf den Oktober 1945 datiert. Damit dürfte die „Bemerkung" (389) zusammenhängen, mit der Barth den ersten Abschnitt des §42 beschließt (389–394). Es ist eine sehr grundlegende Bemerkung, die sich mit der Kategorie der *Weltanschauung* auseinandersetzt. Ich kann jetzt nicht auf die komplexe Geschichte dieses Begriffs eingehen,[5] den Kant eher beiläufig geprägt hat und der dann „eine durch Vieldeutigkeit begünstigte fatale Karriere machen sollte"[6]. Barth dürfte jedenfalls die Weltanschauungsrhetorik des späten 19. Jahrhunderts bis in die Zeit des Nationalsozialismus noch dröhnend in den Ohren geklungen haben. Gerade in Deutschland war der Kampf um die Weltanschauung auch durch die Debatten um eine so genannte wissenschaftliche Weltanschauung besonders heftig und besonders politisiert gewesen, bis dann die Nazis das Monopol dafür beanspruchten und den NS-Chefideologen Alfred Rosenberg zum *Beauftragten des Führers für die Überwachung der gesamten geistigen und weltanschaulichen Schulung und Erziehung der NSDAP* einsetzten. Für Barth war seit seiner frühen Theologie klar, dass sich „die christliche Lehre von der Schöpfung von allen in der Mythologie, Philosophie und Wissenschaft zu ihrer Zeit und an ihrem Ort aufgetretenen, aber auch von allen künftig noch denkbaren sogen. ‚Weltanschauungen'" (389f.) durch ihre Begründung in Gottes Offenbarung fundamental unterscheidet.

Dies ist aber nicht nur ein formaler Unterschied, sondern diese formale Differenz resultiert in einer anderen materialen Auffassung der Wirklichkeit. Von daher bestreitet Barth allen anderen Weltanschauungen zumindest nach deren jetzigen Möglichkeiten, auch nur „ein mindestens diskutables

---

3   Eberhard Busch, *Karl Barths Lebenslauf. Nach seinen Briefen und autobiographischen Texten*, Gütersloh ⁵1993, 329.
4   Brief an P. Vogt vom 28.06.1944, nach a.a.O., 335.
5   Vgl. dazu Dirk Evers, Apologetische Theologie im „Weltanschauungskampf". Der Streit um Theologie und Naturwissenschaften vor und nach 1900, in: *Materialdienst der Evang. Zentralstelle für Weltanschauungsfragen* 12 (2009), 443–455 und ders., Apologetics and „Weltanschauung" in Germany since the 19th Century, in: Anne Runehov/Michael Fuller (Hg.), *Science, Religion, the Humanities and Hope: A Festschrift in Honour of Willem B. Drees*, 2024 (im Druck).
6   Hans Blumenberg, *Lebenszeit und Weltzeit*, Frankfurt a.M. 2001, 9.

Äquivalent des theologischen Begriffs des göttlichen Schaffens" (391) aufweisen zu können – eine für ein differenziertes Verständnis von Barths Verhältnis zur natürlichen Theologie interessante Figur, wird Barth hier doch auf seine typische Weise zum Polemiker – mit apologetischer Absicht? Jedenfalls stellt sich nach Barth bei einer Ablehnung des Schöpfungsgedankens „das selbständige Problem des reinen Werdens" (390f.), das von den „wissenschaftlichen" Weltanschauungen entweder überspielt oder verdrängt wird. Nur eine echte Theorie darüber, wie aus nichts etwas werden kann, nur „eine neue Lehre vom reinen Werden" könnte „als Äquivalent des theologischen Begriffs vom göttlichen Schaffen" (391) in Frage kommen. Eine solche ausgearbeitete Lehre wird von Barth nicht grundsätzlich ausgeschlossen. Sie steht für ihn aber in weiter Ferne, und sie könnte theologisch ohnehin nur dann anerkannt werden, wenn sie ebenfalls das reine Werden als Wohltat zur Darstellung brächte und eben nicht als neutrales Geschehen. Eine Alternative zur Rede von der Schöpfung müsste also in einer „neue[n] Lehre vom reinen Werden" (391) bestehen, die zugleich die Wirklichkeit „als *reine* [...] *Wohltat* kenntlich [...] machen" (392) müsste. Das würde implizieren, dass eine solche Lehre selbst Theologie werden und diese Einsicht in den Charakter der Wirklichkeit aus der Offenbarung entnehmen müsste. Auf die Frage „nach dem Woher des sie interessierenden Kreislaufes von Erkennen und Sein" weiß keine Weltanschauung – rebus sic stantibus – eine Antwort, so dass diese unbeantwortete Frage „ihren unaufgeklärten Hintergrund bildet". Entsprechend soll und muss die christliche Rede von der Schöpfung alle Weltanschauungen „daran erinnern, daß dieser ihr Hintergrund bis auf diesen Tag unaufgeklärt ist, daß sie auf die Vorfrage aller ihrer so oder so beantworteten Fragen bis jetzt noch nicht geantwortet, ihre Häuser insofern in die Luft gebaut haben" (391).

3. Die dunklen Seiten der Wirklichkeit im Licht der Offenbarung

Die im vorigen Abschnitt herausgestellte Qualifizierung der Wirklichkeit als Wohltat provoziert natürlich sofort und reflexartig die Frage nach den dunklen, ja skandalösen Seiten der Schöpfung. Werfen wir deshalb einen Blick auf den dritten Abschnitt des §42, der unter der Überschrift „Schöpfung als Rechtfertigung" steht. Auch hier wird zunächst ausdrücklich betont, dass es kein neutrales Sein der Wirklichkeit des Geschöpfs gibt (418). Es ist übrigens auffällig, dass zwar die Überschrift von „Schöpfung" als Rechtfertigung spricht, aber Barth zunächst mit dem Geschöpf beginnt, um es dann erst zwei Seiten später „auszusprechen: Schöpfung ist Rechtfertigung" (420). Das Geschöpf aber ist verschieden nicht nur vom Bösen, sondern auch vom Übel. Es kann und muss ohne Vorbehalt und Einschränkung als das von Gott bejahte und ihm wohlgefällige weil durch ihn gerechtfertigte Geschöpf gelten.

Auch dies ist wieder eine modalontologische These: Die Wirklichkeit ist qualitativ nicht steigerungsfähig. In Barths Worten: „In der Ordnung des geschaffenen Seins als solcher aber kann nichts besser sein als das, was ist." (419) Das ist im Grunde die berühmt-berüchtigte These von Leibniz, dass die wirkliche Welt die beste aller möglichen Welten darstellt, weil sie sonst gar nicht geschaffen worden wäre. Noch einmal Barth: Die Schöpfung ist als solche „nicht nur gut, sondern sehr gut, vollkommen" (419). Doch während Leibniz diese unüberbietbare Güte der Schöpfung fundamentalphilosophisch durch den Gottesbegriff begründet und sie dann durch evidenzbasierte Hinweise einzulösen und zu plausibilisieren sucht, handelt es sich bei Barth um eine durch und durch theologische und das heißt in der Offenbarung Gottes begründete These, so dass empirische Evidenz diese These weder zu bestätigen noch zu widerlegen vermag. Barth bezeichnet sie als auf den ersten Blick „noch kühner" (419) als alles bisher Gesagte. Sie kann anders als durch die Offenbarung „so nicht gewonnen, nicht begründet, nicht aufrecht erhalten werden" (419).[7]

Und gewissermaßen in Abgrenzung von Leibniz, ohne dass dieser direkt genannt wird, heißt es auch ausdrücklich, dass die bloße „Einführung des *Gottesgedankens*" (420) keineswegs genügte, um diese These zu rechtfertigen. Barths Begründung dafür ist klar und nach meiner Auffassung überzeugend: Jeder gedanklich gewonnene Gottesbegriff, der an dieser Stelle eingesetzt wird, jede Wertung des Seins der Wirklichkeit aufgrund letztgedanklicher Plausibilisierung muss in den Gottesgedanken das eintragen, was dieser begründen soll, nämlich unüberbietbare Güte, wie dies dann bei Leibniz auch getan wird. Die Behauptung der unüberbietbaren Güte Gottes wird im Falle eines gedanklich rekonstruierten *Deus Optimus Maximus* aber immer aus Quellen gewonnen sein, die das Geschöpf in sich selbst entdeckt und aus dem

---

7 Immerhin versteht Barth, wie er in einem Gespräch über seine Schöpfungslehre aus dem Jahr 1947 betont, seine Darlegungen zur Schöpfung als Rechtfertigung, die mit einer ausführlichen, in Petit gesetzten Erörterung der Theodizee von Leibniz und des sich daran anschließenden aufklärerischen Optimismus enden, auch als „eine Art Ehrenrettung für Leibniz, was man von mir wohl nicht erwartet hätte" (Karl Barth, Brechen und Bauen. Eine Diskussion 1947, in: Karl Kupisch [Hg.], *„Der Götze wackelt". Zeitkritische Aufsätze, Reden und Briefe von 1930 bis 1960*, Berlin 1961, 100–115, hier 112).

ihm eigenen Verständnis von Güte entwickelt. Sie kann sich nicht auf einen „auch ohne sie feststehenden Sachverhalt" (420) beziehen, sondern bleibt immer im Modus der Deutung, im Zusammenhang der Meinungen und Gegenmeinungen. Barth ruft die Feuerbachsche Projektionsthese auf: Eine solche Gottheit wäre „doch nur der ungeheure Hohlspiegel, in dem sich die verschiedensten Meinungen des geschöpflichen Geistes wieder zu erkennen vermögen" (421). Jeder Begriff eines unüberbietbar gütigen Gottes verbleibt im Bereich des Meinens und würde sofort Rückfragen provozieren, ob denn eine mit seiner Hilfe vollzogene Rechtfertigung der faktischen Wirklichkeit nicht letztlich nur einen Ausdruck unserer eigenen Bedürfnisse nach Rechtfertigung und Rückversicherung darstellt.

Dagegen will Barth sein Verständnis der Güte Gottes in Bezug auf seine Schöpfung in der Selbstkundgabe Gottes, in der Offenbarung verankern und also in Jesus Christus, der Anfang, Mitte und Ziel des göttlichen Werkes ist. In ihm wird deutlich, dass die Schöpfung insgesamt, als ganze und mit allen ihren Aspekten als Wohltat anzusehen ist. Das geschöpfliche Sein ist nicht von uns aus, es ist von Jesus Christus aus zu beurteilen, so dass wir seiner dann auch „bedingungslos froh" (423) werden können. In Jesus Christus ist die *Rechtfertigung* des Wirklichen mit seinen Licht- und seinen Schattenseiten begründet, und sie führt uns zu der „Erkenntnis, daß Alles so recht ist, wie es ist" (429), auch wenn es sich für uns und von sich aus als ein Ineinander von hellen und dunklen Seiten darstellt.

In vier Schritten erklärt Barth dann die von ihm behauptete Rechtfertigung des geschöpflichen Daseins auch gegen den Augenschein, und es ist in diesem Abschnitt, wo nach meinen Urteil Barth wunderbare Formulierungen und ausbaufähige Beobachtungen gelingen und viele Motive schon anklingen, die dann in der Versöhnungslehre aufgenommen werden. Die Rechtfertigung des Geschöpfs stellt zum einen die beiden Aspekte des Hellen und des Dunklen der Schöpfung erst wirklich ins Licht und macht „sowohl den Jubel als auch den Jammer des Daseins sichtbar" (430). Deutlich werden dadurch die „*Erheblichkeit* und *Würdigkeit* des Geschöpfes auf der einen Seite" sowie die „*Bedürftigkeit* und *Gefährdung* des Geschöpfs" auf der anderen Seite (430). Zum zweiten offenbart Gottes Selbstkundgabe als Rechtfertigung des Seins eine eigentümliche Überbietung beider Aspekte, indem Gott sich beide Aspekte in der Menschwerdung selbst zu eigen macht und ihr Gegeneinander zum Austrag bringt, so dass dadurch – und das ist der dritte Schritt – „die *Vollkommenheit* des Daseins" (433) insgesamt offenbar wird. Es ist dieser dritte Schritt, mit dem Barth eine Dynamisierung dieses Gegensatzes andeutet, indem er ihn in den Weg Jesu Christi und in das Handeln des dreieinen Gottes einträgt und als Geschehen vom Kreuz zur Auferstehung, von der Erniedrigung zur Erhöhung beschreibt und dies nach dem Motiv des bekannten, von Hegel zitierten Lutherischen Chorals als wunderlichen Krieg[8] darstellt, in dem das Leben den Tod verschlingt: „Das Geschehen dieses wunderlichen Krieges ist die Rechtfertigung des geschöpflichen Seins" (441), so „daß das *letzte* Wort über die Geschöpfwelt ein *positives* und nicht ein negatives ist" (443). In einem vierten Schritt wird dann danach gefragt, inwiefern wir bei diesem Geschehen einbezogen und beteiligt sind. Aus der Selbstkundgabe Gottes erwächst jedenfalls dieses, dass Christenmenschen nicht bloße neutrale Zuschauerinnen und Zuschauer dieses Dramas bleiben können, sondern angesprochen und berufen sind, von Hörerinnen und Hörern der göttlichen Selbstkundgebung zu Zeuginnen und Zeugen zu werden: zu bejahen, was Gottes Offenbarung bejaht, zu verneinen, was durch sie als unmögliche Möglichkeit erscheint, und darin auf die dem „Glauben geschenkte Erkenntnis von der Rechtfertigung, von der Vollkommenheit des Daseins" als einer „*unerschütterliche[n]* Erkenntnis" (445f.) zu bauen.

4. Zum Verhältnis von Bund und Schöpfung

Man kann Barth zugutehalten, dass er die Schöpfungstheologie aus der Babylonischen Gefangenschaft durch die natürliche Theologie befreit hat, indem er sie konsequent von Gottes Heilshandeln und seiner Selbstoffenbarung her entwirft. Er macht die Schöpfung wieder zum Glaubensartikel. Schon Luther hatte noch im Jahr vor seinem Tod von dem Artikel über die Schöpfung der Dinge aus dem Nichts gesagt, er sei schwerer zu glauben als der Artikel über die Menschwerdung Gottes: „articulus de creatione rerum ex nihilo difficilior est creditu quam articulus de incarnatione"[9]. Denn die Welt als solche vermag nicht auszuweisen, welchem Ursprung sie sich denn grundsätzlich, *in principio* verdankt. Barth sieht in Gottes Erwählungsratschluss den inneren Grund seines Schöpfungshandelns und kann damit Schöpfung und Erlösung in ein Begründungsverhältnis setzen. Gottes schöpferisches Ursprungshandeln ist begründet in seiner Erwählung des Menschen und stellt den äußeren Rahmen zur Verfügung, in dem sich

---

8 Vgl. Eberhard Jüngel, *Gott als Geheimnis der Welt. Zur Begründung der Theologie des Gekreuzigten im Streit zwischen Theismus und Atheismus*, Tübingen [7]2001, 83 ff.
9 Martin Luther, *Die Promotionsdisputation von Petrus Hegemon* (1545), WA 39/II, 340,21f.

die innere Absicht der Schöpfung vollziehen kann, nämlich die Geschichte des Bundes Gottes mit dem Menschen. Und Barth hält ausdrücklich fest, dass dieses Verhältnis von innerem Grund und äußerer Ermöglichung nicht umkehrbar ist: „der Bund [ist] das Ziel der Schöpfung, die Schöpfung der Weg zum Bunde [...] dieses Verhältnis ist nicht umzukehren" (106).

Doch erinnern wir uns noch einmal an Barths Bestimmung der Wohltat: Gott wirkt etwas zu Gunsten eines anderen. Aus der Einsicht in Gottes Bund mit dem Menschen folgt: Die Wirklichkeit ist zu unseren Gunsten. Doch damit trifft Barth eine Unterscheidung innerhalb der geschaffenen Wirklichkeit, nämlich zwischen dem Bundespartner Mensch als im Erwählungsratschluss schon vorausgesetzt einerseits und der Schöpfung als Ermöglichung des Bundes andererseits. Die Güte der Schöpfung als Wohltat konstituiert die Erheblichkeit und Würdigkeit des Geschöpfes Mensch. Das dürfte der zentrale Unterschied zum Leibnizschen Optimismus sein, bei dem der Erwählungsratschluss, das „*décret absolument absolu*"[10], sich nicht auf den *Menschen*, sondern auf die beste aller möglichen *Welten* bezieht. Die Optimalität ist eine Eigenschaft des nicht steigerungsfähigen Ganzen der Welt, zu dessen Summe selbst die Defekte der Individuen positiv etwas beitragen. Eben damit werden die jeweils partikularen Schattenseiten gerechtfertigt, weil sie dennoch für die Harmonie des Ganzen unverzichtbar sind. Hier denkt Barth anders, weil er konsequent anthropozentrisch denkt. Die Vollkommenheit des Ganzen besteht letztlich darin, dass im Bund Gottes mit den Menschen der Schöpfer zu seinem Ziel kommt, weil eben der Mensch Jesus den Gegenstand der Erwählung und damit den inneren Grund der Schöpfung darstellt. Anders als die abstrakte Güte bei Leibniz, die ein Optimum des Trade-offs zwischen Vielfalt der Erscheinungen und Klarheit der Ordnung darstellt, dem das Individuum vollständig untergeordnet ist, ist bei Barth die Schöpfung zugunsten der Erheblichkeit und Würdigkeit des Geschöpfes Mensch da.

Das aber führt nun seinerseits in eigene Probleme. Zum einen verwandelt sich Wohltat unter der Hand zur auf den Menschen bezogenen Heilstat. Alle übrige Schöpfung erscheint als Mittel für diesen Zweck. Zum anderen ist das Ganze der Schöpfung diesem einen Ziel untergeordnet und erhält damit einen streng teleologischen Charakter. Oder wie noch der späte Barth

---

10 Gottfried Wilhelm Leibniz, *Philosophische Schriften Bd. II/2: Essais de théodicée sur la bonté de Dieu, la liberté de l'homme et l'origine du mal/Die Theodizee von der Güte Gottes, der Freiheit des Menschen und dem Ursprung des Übels. Dritter Teil, Abriss der Streitfrage, Die Sache Gottes*, Darmstadt 1985, 142f. (§338).

in seinem berühmten Nachwort zur Schleiermacher-Auswahl von 1968 formulierte: „Das ganze Werk Gottes für die Kreatur, für und in und mit dem Menschen wäre in seiner einen, alle Zufälligkeit ausschließenden Teleologie sichtbar zu machen."[11] Was Barth also mit seiner eigentümlichen Verbindung von Schöpfung und Bund tut, führt einerseits zum Ausschluss der nicht-menschlichen Schöpfung aus dem *eigentlichen* Geschehen und es führt schließlich in einen strengen Begriff von *Teleologie*. Damit bleiben die für ein Verständnis der Natur als göttlicher Schöpfung gerade in biblischer Perspektive so elementaren Aspekte – wie die Zweckfreiheit des Lebens, die nicht-funktionale Schönheit und Großartigkeit, aber auch die Gewaltigkeit und Gewaltförmigkeit der Schöpfung, die Überraschungen des Zufälligen oder die Resonanzerfahrungen mit dem Unverfügbaren – auf der Strecke. Wohltat als *Charakter* der Schöpfung *insgesamt* kann doch wohl nicht darauf reduziert werden, Mittel zur Heilstat zu sein.

Aus der Unterordnung der Schöpfung unter das Anliegen des Bundes folgt damit auch, dass nun die Schöpfung nicht mehr um ihrer selbst willen interessant ist, sondern nur mit Blick auf den Bund interessiert. Sie wird in ein teleologisch ausgerichtetes Projekt verwandelt, dessen innerer Sinn sich nur durch Offenbarung erschließt. Die Schöpfung insgesamt ist nicht um ihrer selbst willen da, sondern um der sich in ihr vollziehenden Menschheitsgeschichte. Und ohne, dass er darin immer semantisch eindeutig ist, spricht Barth oft, allzu oft von *dem* Menschen als *dem* Geschöpf, denn es ist ja um seinetwillen, dass die Schöpfung und mit ihr die Fülle der außer-menschlichen Geschöpfe überhaupt ins Dasein tritt. Es dreht sich alles um ihn.

Doch so sehr auch die Schrift die besondere Rolle des Menschen herausstreicht, so klar ist auch ihr Zeugnis, dass der Mensch ein Geschöpf unter vielen und nicht einmal ein besonders vornehmes ist, wenn es etwa in Psalm 104,24 heißt: „Wie zahlreich sind deine Werke, HERR. Du hast sie alle in Weisheit gemacht, die Erde ist voll von deinen Geschöpfen." Oder wenn Jahve mit seiner Rede aus dem Sturm heraus Hiob mit Verweis auf die Unergründlichkeit seiner Schöpfungswerke zurechtweist und ihn mit seinen Anliegen zum Verstummen bringt. Barths Ineinanderblenden von Schöpfung und Bund in ein einsinniges Bedingungsverhältnis führt zu einer unbiblischen Reduzierung des Geschöpfes auf *den* Menschen und lässt die

---

11 Karl Barth, Nachwort, in: Heinz Bolli (Hg.), *Schleiermacher-Auswahl*, Gütersloh ²1980, 290–312, hier 311. Vgl. dazu auch ders., *Die protestantische Theologie im 19. Jahrhundert*, Zürich ⁴1981, 410–414; 422–423.

Schöpfung insgesamt in ihrer Eigenart als Wohltat seltsam stumm werden. In unserem §42 kann Barth dann später auch die Physikotheologie eigentlich nur unter der Fragestellung des Optimismus und der Widerlegung des Atheismus, also der apologetischen Funktion der natürlichen Theologie würdigen, nicht aber als echtes Interesse an der Schöpfung als solcher, das bei ihr zweifellos auch vorhanden war.

Das gibt Anlass zu einer kleinen *Seitenbemerkung*: Barth hatte sicher einen Sinn für Sprache und Erzählung.[12] Er hatte einen Sinn für Geschichte, historische Kontexte und politische Konstellationen, so dass Hartmut Ruddies zu Recht davon gesprochen hat, dass Barths Theologie immer „datierte Theologie"[13] war. Der Primat der Geschichte bricht auch in der Schöpfungstheologie durch, wenn es in §41 heißt: „Die Schöpfung zielt auf die *Geschichte*" (63). Und er hatte ganz prominent einen Sinn für Musik, wenn man sich seine Liebe zu Mozart und seine Ausführungen dazu vor Augen hält. Aber er war auch nach eigenem Zeugnis schon in der Schule mathematisch-naturwissenschaftlich unmusikalisch: „Feindseligste Abneigung gegen die auf den Berner Gymnasien damals mit Hochdruck gepflegten mathematisch-naturwissenschaftlichen Disziplinen verfolgt mich gelegentlich noch bis heute in die Träume [...]. Von ganzem Herzen bin ich wohl nur in der Geschichte und vor Allem beim Aufsatzschreiben dabei gewesen, eine Sache, bei der ich wohl in allen Klassen alle Konkurrenten spielend aus dem Feld zu schlagen in der Lage war"[14]. Man kann dies im Vorwort zu KD III/1 mit Händen greifen, wenn Barth schreibt, er habe mit der Schöpfungslehre „ein Gebiet betreten, auf dem ich mich entschieden weniger vertraut und sicher fühle". Er konstatiert dann, er habe ursprünglich gemeint, sich mit den naheliegenden Fragen der Naturwissenschaften auseinandersetzen zu müssen, doch es ist ihm die Erleichterung abzuspüren, als es ihm dann „klar wurde, daß es hinsichtlich dessen, was die heilige Schrift und die christliche Kirche unter Gottes Schöpfungswerk versteht, schlechterdings keine naturwissenschaftlichen Fragen, Einwände oder auch Hilfsstellungen geben kann" (Vorwort, ohne Seitenzahlen). Doch insofern eben jede Theologie datierte Theologie sein dürfte, und auch die biblischen Texte als datierte Texte eingebettet sind in das, was zu ihrer Zeit als Naturwissen galt, und auch deshalb eine so große Bandbreite unterschiedlichster Schöpfungsvorstellungen in den biblischen Texten aus unterschiedlichen Zeiten und Kontexten vorhanden ist, dürfte heutige Schöpfungstheologie sich für die neuzeitlichen Naturwissenschaften ganz anders öffnen,

---

12 Das stellt schön heraus: Ralf Frisch, *Alles gut. Warum Karl Barths Theologie ihre beste Zeit noch vor sich hat*, Zürich 2018.
13 Hartmut Ruddies, *Karl Barth und die Liberale Theologie: Fallstudien zu einem theologischen Epochenwechsel*. Dissertation: Georg-August-Universität Göttingen, 1994, 226.
14 So die Selbstauskunft Barths nach Eberhard Busch, *Karl Barths Lebenslauf* (Anm. 3), 26.

dann aber auch die außermenschliche Schöpfung in ihrem Eigenrecht wahrnehmen müssen, als Barth dazu in der Lage gewesen war.

5. Die Gefahr des Schöpfungsdoketismus

Wir hatten schon darauf hingewiesen, und die Ausführungen des vorigen Abschnitts haben dies bestätigt, dass es Barth primär und vor allem um den Schöpfungsglauben als Erkenntnis, also in noetisch-kognitiver Hinsicht geht. Regin Prenter hat hier mit gewissem Recht die Gefahr eines „Schöpfungsdoketismus"[15] gesehen. Wenn wir uns die entscheidenden Stellen bei Barth anschauen, dann ist dort in der Tat immer von Erkenntnis und Urteil die Rede, kaum von den Gegenständen und Verhältnissen der Schöpfung selbst und dem Umgang mit ihnen. Es ist die „christliche Erkenntnis [!] der *Schöpfung*", die den Satz, also das *Urteil*, „fordert und trägt [...], daß Schöpfung Wohltat ist" (379). Auch wenn Barth davon schreibt, dass es hier nicht um Deutung, sondern einen „objektiven Sachverhalt" (381) gehe, so bezieht sich der Sachverhalt hier eher auf die Form des kategorischen Urteils und nicht auf die konkreten Gestalten und Verhältnisse des Geschaffenen. Damit hält Barths Schöpfungstheologie eine eigentümliche Distanz zur konkreten Welt in Raum und Zeit. Seine Schöpfungstheologie vermag denn auch kaum konkretes Potential zum Umgang mit der Schöpfung und der Natur zu vermitteln und erhält einen recht konservativen Zug bis dahin, dass Barth in einem von der Zeitschrift „unterwegs" veröffentlichen Gespräch zu seiner Schöpfungslehre feststellt: „Weil ja die Schöpfung gut ist, brauchen wir nichts anderes zu tun, als zu bewahren."[16] Barths schöpfungstheologische Grundhaltung ist die der betrachtenden Schau oder dankbaren Hinnahme in einer spezifischen christlichen Erkenntnis, in einem Urteil, das die Wirklichkeit kategorisch *als* Wohltat versteht. Doch eine solche Engführung des theologischen Interesses an der Schöpfung auf die noetische Seite einer recht abstrakten Erkenntnis *der* Wirklichkeit als *differenzlose* Wohltat wird weder der Widerständigkeit der Dinge noch der Fülle ihrer Erscheinungen gerecht, weder der Entdeckerfreude von Forschenden noch der andauernden, auch kämpferischen Auseinandersetzung mit den Gefahren und Nöten, die uns

---

15 Regin Prenter, Die Einheit von Schöpfung und Erlösung. Zur Schöpfungslehre Karl Barths, in: *Theologische Zeitschrift* 2/3 (1946), 161–182, hier 175.
16 Karl Barth, Brechen und Bauen (Anm. 7), 103.

aus ihr erwachsen und die wir in Form des Klimawandels selbst über sie heraufbeschwören.

Auch von Barths eigenen Voraussetzungen her, dass allein die Selbstkundgabe Gottes in Jesus Christus uns die rechte Schöpfungserkenntnis erschließt, wird man hier kritisch sein müssen. Kann man denn Jesus Christus überhaupt erkennen ohne seine Verwicklung in die konkrete Schöpfung? Wird denn nicht auch das, was Erniedrigung und Erhöhung in Bezug auf Jesus Christus bedeuten, nicht allererst von der Schöpfung her erschlossen? Wie will man das Kreuz Jesu, sein Leiden und seine Wunden, aber auch seine Gleichnisse und Wundertaten verstehen, wenn nicht vor dem Hintergrund der Wirklichkeit, die wir als Schöpfung bekennen? Denn es handelte sich um einen wirklichen Menschen mit einem wirklichen Körper, der auf die Blumen des Feldes verwies und den Regen vom Himmel, der sich mit wirklichen Gebrechen und stinkenden Wunden auseinandersetzte und dessen Sterben sich blutig und schmerzhaft an einem wirklichen Kreuz vollzog, gepflanzt in die Erde dieses Planeten. Mit Blick auf die Menschwerdung Gottes in Jesus Christus wird man jedenfalls sagen müssen, dass die Schöpfung nicht nur als Statistin und Gefäß zur Aufnahme des Erlösers in Betracht kommt[17], sondern entscheidend beteiligt ist und mitspielt.

Barth dagegen kommt schon zu Beginn von KD III/1 in seiner Auslegung von Gen 1 zu einem seltsamen Gegenüber von Schöpfung und Bund, von Natur und Geschichte. In seiner Analyse zeichnet die priesterliche Sage der Schöpfung das „Bild einer konkret einmaligen, zeitlich-räumlich beschränkten praehistorischen Geschichtswirklichkeit" (88). Sinn und Absicht der Schöpfung ist es ja, die Geschichte des Bundes Gottes mit dem Menschen zu ermöglichen. Sie tut es dadurch, dass sie „seine technische Ermöglichung, die Bereitstellung und die Ausstattung des Raumes [ist], in welchem die Begründung und Geschichte des Bundes sich abspielen" (107). Im Sinne der dieser Erzählung zugrundeliegenden Kosmologie ist die „Bereitstellung" der Schöpfung „der Erbauung eines Tempels vergleichbar", „dessen Anlage und Konstruktion im Ganzen und im Einzelnen durch die Liturgie bestimmt ist, der er dienen soll" (107). An anderer Stelle spricht Barth im Anschluss an Calvin auch von der Schöpfung als dem *theatrum gloriae Dei*[18] oder dem

---

17 Hier würde sich eine gefährliche Nähe zur römischen Mariologie ergeben, in der die Gottesmutter als unbeflecktes Gefäß für den Erlöser konzipiert wird, der dadurch seiner Verwicklung in die leiblich-biologische Wirklichkeit ein Stück weit entzogen wird.
18 KD IV/3, 155; vgl. KD III/1, 50, 58 u.ö.

„Schauplatz der großen Gnaden- und Heilstaten Gottes"[19]. Nicht nur hier, sondern auch später in der Lichterlehre kann sich Barth auf den eigentlich völlig offensichtlichen Prozesscharakter der kosmischen und irdischen Wirklichkeit nicht einlassen.[20] In KD IV/3 heißt es, dass die Schöpfung „der in der ewigen Erwählung Jesu Christi vorgesehene, im Anfang und selber als der Anfang aller Zeit in bestimmter Gestalt ins Dasein gerufene Schauplatz und Rahmen, Ort und Hintergrund der Geschichte und der vielen Geschichten, der ordentlichen und der außerordentlichen Vermittlungen seines [Jesu Christi] Lebens und Werkes"[21] ist. Was Kosmos und Natur – beide Begriffe verwendet Barth in diesem Zusammenhang! – ausmacht, sei ihr Charakter der „*Stetigkeit*", der „Wiederkehr von lauter Gleichheiten", so dass im „Dasein des Kosmos selbst und als solchen […] nichts grundsätzlich Neues" geschieht.[22] Natur und Kosmos sind vor allen Dingen Bestand und Beharren.[23] Und vor der Verwendung des Begriff der „Entwicklung" in Bezug auf die Schöpfung hat Barth im Übrigen in dem schon erwähnten Interview ausdrücklich als „gefährlich" gewarnt: „Das Ende ist wohl das Ziel, aber es ist das Ziel Gottes, nicht das Ziel einer Entwicklung des Geschöpfes. Es ist die Enthüllung Christi, um die es dann geht."[24]

Mit dem größeren Teil der biblischen und vorneuzeitlichen kosmologischen Vorstellungen (vgl. aber die Apokalyptik!) mag diese Sicht kompatibel sein, vor dem Hintergrund von Urknall und Evolutionstheorie erscheint sie absurd. Von daher müsste man auch noch einmal Barths Verständnis *des* Menschen als Inbegriff *des* Geschöpfes hinterfragen, wenn man sich einerseits nach rückwärts das weit gefächerte Tier-Mensch-Übergangsfeld anschaut und andererseits nach vorne sich die Veränderbarkeit des Menschen und der Natur durch Technik und ihre Folgen klarmacht, etwa die auf den Menschen selbst durchgreifende Gentechnik und das Verschmelzen mit künstlich erzeugter virtueller, aber naturanaloger Intelligenz und Kommuni-

---

19 KD III/3, 55.
20 Das belegt auch die Tatsache, dass Barth weder Whitehead noch überhaupt Texte von Prozesstheologinnen und Prozesstheologen zur Kenntnis genommen hat, weder zustimmend noch ablehnend. Vgl. dazu Michael Welker, Dogmatische Theologie und postmoderne Metaphysik: Karl Barths Theologie, Prozesstheologie und die Religionstheorie Whiteheads, in: *Neue Zeitschrift für Systematische Theologie und Religionsphilosophie* 28 (3/1986), 311–326.
21 KD IV/3, 155.
22 KD IV/3, 156.
23 Vgl. auch noch einmal besonders KD IV/3, 160.
24 Karl Barth, Brechen und Bauen (Anm. 7), 102.

kation usw. usw. Hier bleibt Barths Bestimmung der Schöpfung als Wohltat letztlich stumm.

6. Zur Korrektur und Erweiterung von Barths These: Die Schöpfung hat gegenüber der Erwählungslehre ihr eigenes Recht

Wenn man Barths Bestimmung der Schöpfung als Wohltat ernst nimmt in dem Sinne, dass in ihr der dreieine Gott sie zu Gunsten von etwas anderem, nämlich der Fülle des Geschaffenen, ins Werk setzt und erst einmal dabei stehen bleibt, dann wird man durchaus in Übereinstimmung mit den biblischen Traditionen festhalten können, dass Gott die Schöpfung zunächst einmal um ihrer selbst willen erschaffen hat. Gott erschafft, damit etwas entsteht, das Gott darin entspricht, dass es um seiner selbst willen da ist. Und in eben diesem Sinne ist Schöpfung dann insgesamt durchaus richtig als Wohltat bestimmt, in ihrem Eigensinn aber nicht von Gottes Heilshandeln schlechthin abhängig zu machen. Das hat dann auch Folgen für den teleologischen Charakter der Schöpfung, der nun spielerischer und weniger zielorientiert zu verstehen ist, als das bei Barth der Fall ist. Alle Geschöpfe sind zunächst einmal um ihrer selbst willen da und nicht als Erfüllungsgehilfen des Bundes. Und sie können als solche nicht „technisch" hergestellt werden, sondern nur dadurch entstehen, dass Gott ihnen offene Freiräume und relative Unabhängigkeit gewährt. Und in eben diesem Freiraum wird das Spielerische, das Kontingente, das Mögliche wirksam, aus dem die sich selbst gegenüber ungleichgültigen Lebewesen entstehen, die damit die Wohltat, das Ja des Schöpfers widerspiegeln.

Das impliziert, dass die Schöpfung falsch verstanden ist, wenn sie als Inbegriff der machtvollen Durchsetzung eines Entschlusses verstanden würde, der sich aus der Erwählung ergeben würde. Dann überträgt sich, wie wir gesehen haben, der kategorische Gegensatz von Ja und Nein, von Erwählung und Verwerfung auf das Dasein der Wirklichkeit insgesamt. Eher noch ist Schöpfung als qualifizierte Selbstzurücknahme Gottes zu verstehen. Das kommt dem nahe, was Jürgen Moltmann[25] und Eberhard Jüngel[26] als Gottes schöpferische Selbstbegrenzung beschrieben haben, was aber auch in

---

25 Vgl. Jürgen Moltmann, Gott in der Schöpfung. Ökologische Schöpfungslehre, München ³1987, 99f.
26 Vgl. Eberhard Jüngel, Gottes ursprüngliches Anfangen als schöpferische Selbstbegrenzung. Ein Beitrag zum Gespräch mit Hans Jonas über den „Gottesbegriff nach Ausch-

der Sabbatruhe am siebten Tag der Schöpfung nach Gen 1f. zum Ausdruck kommt, in der der Schöpfer seine Schöpfung da sein und zum Zuge kommen lässt. Die Schöpfung ist als solche zunächst nicht das Reich oder die Königsherrschaft Gottes, sondern das Reich der Geschöpfe. Das kommt schön in einem Zitat von Simone Weil zum Ausdruck:

> „The act of Creation is not an act of power. It is an abdication. Through this act a kingdom was established other than the kingdom of God. The reality of this world is constituted by the mechanism of matter and the autonomy of rational creatures. It is a kingdom from which God has withdrawn."[27]

Die Schöpfung ist gerade nicht als souveräner Machterweis oder gar als Emanation des Göttlichen zu verstehen. Der das Geschöpfliche sein lassende Schöpfer hat die Schöpfung zu einem offenen, dynamischen Prozess verlockt, in dem er ihr „eine riskante Freiheit gewährt"[28]. Damit hat er sich zugleich der Möglichkeiten begeben, in klassischer Wildwestmanier allmächtig und souverän in sie einzugreifen.[29] Die fortgesetzte schöpferische Begleitung der Schöpfung kann deshalb nur auf vielfältige Weise responsorisch und also trinitarisch gedacht werden, indem sich der dreieine Gott zum einen in der Form des *Geistes* in ihren Fortgang investiert, durch den das Ja Gottes in der Lebensbejahung der Geschöpfe, in ihrem selbstzwecklichen Dasein und in ihren Gemeinschaftsformen zum Ausdruck kommt, und zum anderen in der Form des *Sohnes*, des Wortes, des erwählten Menschen, der Menschen auf ihr Geschöpfsein anspricht, deren Ausgeliefertsein auf sich nimmt und als der sich Gebende zum Heiland wird. Simone Weil mag dies gemeint haben, wenn sie fortfährt: "God, having renounced being its [the creation's] king, can enter it only as a beggar."[30]

---

witz", in: ders., *Wertlose Wahrheit. Zur Identität und Relevanz des christlichen Glaubens*, München 1990, 151–162.

27 Simone Weil, Are We Struggling for Justice?, in: *Philosophical Investigations* 1 (1987), 1–10, hier 3.

28 Günter Thomas, *Gottes Lebendigkeit. Beiträge zur Systematischen Theologie*, Leipzig 2019, 237.

29 Das steht im Gegensatz zu dem, was uns in unserer Kultur, jüngst vor allem in Filmen und Serien, als rettende Macht, wirksames Eingreifen, Dominanz und Kontrolle vorgeführt wird und das angesichts des neuzeitlichen religiösen Vakuums nur allzu leicht divinisiert wird. Ein Diskurs um unsere Phantasien von Macht und Zurechtbringen und deren Projektion auf Gott müsste sich hier dringend anschließen und zurückwirken auf unser Verständnis und unsere Gestaltung von Machtverhältnissen.

30 Simone Weil, Are We Struggling (Anm. 27), 3.

Diese Heilstat als Gottes Re-Entry in die Schöpfung ist die Menschwerdung Gottes in der Doppelbewegung, wie Barth sie so meisterlich vorgeführt hat: Der Herr wird Knecht, damit der durch sich selbst Geknechtete befreit und erhöht werden kann. *So* kommt der Schöpfer in sein Eigentum, indem er unsere Entfremdung austrägt und zum Guten wendet, bis schließlich nach dem Prototyp der Auferweckung Jesu von den Toten Schöpfer, Geist und Sohn sich mit uns zur Ewigkeit in Gott verbinden. Und eben dies, die *endgültige* Vollendung, ist durch das ermöglicht, was sich einerseits durch die Freiräume der Schöpfung ereignen, ergeben und einstellen konnte und andererseits durch das Wort Gottes als unser Heil wirklich wurde. „Only through time time is conquered"[31], heißt es einmal bei T.S. Eliot. Dank des dreieinigen Gottes bringt das Vergängliche durch sein vielfältiges Bezogensein auf den sich in diese Welt verwickelnden dreieinen Gott Gestalten des Reiches Gottes hervor und damit geschöpfliches Dasein, das sich Gott auf ewig aneignet.

7. Das dreifaltige Handeln des dreieinen Gottes

Damit komme ich zum letzten Teil meiner Ausführungen. Ich bin vor dem Hintergrund des bisher Dargestellten der Auffassung, dass die Schwierigkeiten und Engführungen der Barthschen Schöpfungslehre damit zusammenhängen, dass Barth Schöpfung und Erlösung einander so zuordnet, dass daraus *das eine große Projekt* entsteht, das der einen großen Erzählung zugrunde liegt und sich dem einen ewigen Ratschluss Gottes verdankt.[32] Dagegen hat kürzlich David Kelsey die Frage gestellt „Must God have only one ‚Eternal Purpose'?"[33] und sie dahingehend beantwortet, dass dies nicht der Fall sein

---

31 Thomas Stearns Eliot, *Four Quartets*, Orlando FL 1971, 16.
32 Vgl. für ein solches Konzept z.B. Colin E. Gunton, The doctrine of creation, in: ders. (Hg.), *The Cambridge Companion to Christian Doctrine*, Cambridge, UK 1997 (digital printing 2005), 141–157.
33 David H. Kelsey, God and Teleology: Must God have only one „Eternal Purpose"?, in: *Neue Zeitschrift für Systematische Theologie und Religionsphilosophie* 54/4 (2012), 361–376. Der Aufsatz ist auch in einer etwas ausführlicheren Variante als Kapitel 6 abgedruckt in ders., *Human anguish and God's power*, Cambridge 2021, 167ff. Schon in seiner Anthropologie konzipierte Kelsey die Beziehung Gottes zum Geschaffenen als eine Art dreifache Helix, deren drei Stränge „complexly interrelated but distinct" sind. Gottes dreifache Absicht ist es „to create us, to draw us to eschatological consummation, and, when we have alienated ourselves from God, to reconcile us" (ders., *Eccentric Existence. A Theological Anthropology Vol. I + II*, Louisville, Ky 2009, 5).

muss, ja nicht der Fall sein sollte, weil jede Reduzierung des dreifaltigen Handelns Gottes und also der Ökonomie Gottes auf eine einfältige Zielbestimmung, die sich dann teleologisch linear in der Schöpfung entfaltet, in theologische Aporien führt. In der Theologiegeschichte identifiziert er drei anhand der Trinitätslehre sortierte Typen: Entweder bildet die Kategorie der dem Sohn primär zugeordneten *Versöhnung* diejenige Absicht des Handelns Gottes, der alles andere untergeordnet wird, oder es fungiert die dem Vater zugeordnete Kategorie der *Schöpfung* bzw. die dem Geist zugeordnete Kategorie der *Vollendung* als diejenige Zielbestimmung des göttlichen Handelns, auf die alles hin ausgerichtet wird.

Barth fungiert in seiner Darstellung als ein Beispiel für die logische Unterordnung der Kategorien der Schöpfung und Vollendung unter die der Versöhnung und des Bundes als des einen ewigen Ratschlusses Gottes, der sich dann in eine chronologische Abfolge von der Schöpfung über den Bund hin zur endlichen Erfüllung umsetzt. Als Beispiele für den Primat der Schöpfungskategorie kämen Konzepte der Skandinavischen Schöpfungstheologie in Frage.[34] Nach dem Konzept einer deep incarnation von Niels H. Gregersen zum Beispiel vollendet der Schöpfer seine gesamte Schöpfung durch eine Art sakramentale Vereinigung mit ihr. Man könnte aber auch auf Pannenbergs geschichtstheologisches Verständnis von Schöpfung verweisen und seine These: „Die Inkarnation ist nur der theologisch höchste Fall der Schöpfung"[35]. Eine Projektbestimmung mit dem Primat des Geistes ließe sich bei idealistischen Konzepten und ihren Vorläufern finden, von Joachim von Fiores Reich des Geistes bis zu Hegels Fortschritt im Bewusstsein der Freiheit hin zum Absoluten Geist. Kelsey zeigt, wie die unterschiedlichen Möglichkeiten, entweder die Versöhnung oder die Schöpfung als solche oder die Vollendung im Geist als das eine Primärziel von Gottes Handeln zu bestimmen, dem sich die anderen Aspekte unterzuordnen haben, in theologische Sackgassen führt. Deswegen schlägt er vor, to „abandon the view that God's economy must be a single movement towards a full actualization of a single goal eternally decreed by God"[36]. Stattdessen gelte es, orientiert auch

---

34 Vgl. Niels Henrik Gregersen u.a. (Hg.), *Reformation Theology for a Post-Secular Age: Løgstrup, Prenter, Wingren, and the Future of Scandinavian Creation Theology*, Göttingen 2017 oder den kurzen Überblick bei Bengt Kristensson Uggla, Scandinavian creation theology – A constellation open to a variety of interpretations, in: *Dialog* 60 (2/2021), 130–136.
35 Wolfhart Pannenberg, *Systematische Theologie Bd. 2*, Göttingen 1991, 137.
36 David Kelsey, God (Anm. 33), 372.

an den verschiedenen Formen von biblischen Narrativen, „three inseparable but irreducibly different movements toward three different goals"[37] zu identifizieren. Alle drei Momente haben ihr jeweils eigenständiges Recht und sind doch aufeinander bezogen.

7.1 Schöpfung

Ich möchte diesen bescheidenen Vorschlag[38] von Kelsey so aufnehmen, dass zunächst der eigentümliche Charakter des *Schöpfungshandelns* Gottes durchaus im Barthschen Sinn als Wohltat zur Geltung zu bringen ist. Da Gottes Schöpfungshandeln als Wohltat das Thema von KD §42 darstellt, soll dies etwas ausführlicher geschehen. Es soll dabei herausgestellt werden, inwiefern die Schöpfung ihr eigenes Recht hat und nicht darauf reduziert werden kann und darf, die Bedingungen der Möglichkeit des Bundes bereitzustellen, und dabei zu unterstellen, dass sie ihren Charakter als Wohltat nur von daher erhält. Gerade als Wohltat ist die Schöpfung eigenständig zu bestimmen als das Hervorbringen der Gestalten der Geschöpfe, die um ihrer selbst willen da sind. Um das zu entfalten, wird man das Geschehen der Schöpfung als solches zu würdigen und also auch das Gespräch mit den Naturwissenschaften und wissenschaftlicher Kosmologie zu suchen haben, ohne damit auf die Schaffung einer christlichen Weltanschauung aus zu sein. Dann aber zeigt sich die Schöpfung nicht als Umsetzung des souveränen Plans eines göttlichen Kulissenbauers für das Drama der Menschheitsgeschichte, sondern erscheint durch das vorsichtige Hervorlocken von verleiblichten, sich über Zeit konstituierenden und wieder vergehenden Geschöpfen, die um ihrer selbst und ihres Lebens willen einfach da sind und da sein sollen. Mit ihrer Ungleichgültigkeit sich selbst gegenüber, mit Lebenslust und Lebensfreude spiegeln sie genau diese Intention des Schöpfers einer Schöpfung als Wohltat, als göttliches Ja zu einem anderen wider. Die Geschöpfe verdanken sich weder einer Laune des Zufalls noch einer sie bedingenden Notwendigkeit, zu einem ihnen äußeren Projekt beizutragen. Und sie bedürfen auch nicht von vornherein der Erlösung. In ihnen kommt das angesprochene Moment des Behutsamen und Nicht-Invasiven des göttlichen Schöpfungshandelns zur Geltung. Durch sie erschließen und konstituieren sich Möglichkeitsräu-

---

37 A.a.O., 374.
38 Ebd.: „modest proposal".

me, in denen sich die eigentümliche Dialektik von Eigenständigkeit und Bedürftigkeit entwickelt, die geschöpfliches Dasein ausmachen. Die Geschöpfe sind nicht Ausdruck einer angeblichen Allmacht Gottes, durch die er die alles bestimmende Wirklichkeit darstellt, sondern sie sind hervorgerufen durch seine qualifizierte Entzogenheit. Gott als Schöpfer ist kein intrinsisches Moment derjenigen raumzeitlich-materiellen Zusammenhänge der Wirklichkeit, denen die Geschöpfe ihr leibliches Dasein verdanken, sondern als sein Ursprung von ihm ontologisch noch einmal unterschieden.

Dabei helfen uns die Einsichten der modernen Naturwissenschaften, diesen Zusammenhang von Entzogenheit und Dynamik der Schöpfung besser zu begreifen und damit auch das Ineinander von dunklen und hellen Seiten der Schöpfung besser zu verstehen, wobei die theologische Perspektive zugleich davor bewahrt, sie zu verharmlosen oder zu relativieren. Das beginnt mit der Kosmologie, die uns vorführt, wie erst nach ungeheuer langen Zeiten in zumindest der besonderen Nische unseres Planeten abseits des thermodynamischen Gleichgewichts lebende Systeme als Fließgleichgewichte entstehen. Nur als solche dynamischen transitorischen Einheiten kennen wir Formen des Lebens, die in beständigem Austausch mit ihrer Umwelt stehen durch Aufnehmen und Ausscheiden und doch gerade dadurch etwas unableitbar Neues hervorbringen: individuelle Identität.

Denn diese Einheiten des Lebens weisen innere Zustände auf, und der Wechsel und die Schwankungen dieser Zustände konstituieren einerseits das System, wie anderseits die Systeme durch Selbstregulierung lernen, sich zu erhalten und ein Gleichgewicht dieser inneren Zustände aufrecht zu erhalten. Es entsteht, was Hans Jonas in seiner philosophischen Biologie „organische Identität"[39] nennt, eine mit sich selbst identisch bleibende und aktionsfähige Einheit, die nicht im Beharren eines Substrats begründet ist, sondern immer auch ihr eigenes Produkt ist.[40] Doch schon mit diesen ersten Strichen eines solchen naturwissenschaftlich informierten Bildes des Lebens sind auch die „dunklen" Seiten der Schöpfung mit auf dem Plan, denen wir bei Barth schon begegnet sind. Da sind einerseits die ungeheuren Dimensionen von Raum, Zeit und materieller Energie, die das Leben gerade nicht als das machtvoll durchgesetzte Projekt der Schöpfung erscheinen lassen, sondern als eine behutsam entwickelte, weil sich entwickelnde

---

39 Z.B. Hans Jonas, *Organismus und Freiheit. Ansätze zu einer philosophischen Biologie*, Göttingen 1973, 129.
40 Vgl. dazu Immanuel Kants Bestimmung der Organismen als Naturzwecke: „ein Ding existirt als Naturzweck, *wenn es von sich selbst* (obgleich in zwiefachem Sinne) *Ursache und Wirkung ist*" (Immanuel Kant, Kritik der Urtheilskraft, in: ders., *Gesammelte Schriften* Abt. 1: Werke. Bd. 5, Berlin 1913, 165–485, hier 370).

Erscheinung, die vom Schöpfer getragen, begleitet und responsorisch begleitet, nicht aber einsinnig determiniert wird. Aufseiten der Geschöpfe zeigt sich, wie Freiheit nur durch Abhängigkeit gewonnen werden kann. Lebewesen sind bedürftig – eine Kategorie, die wir auch bei Barth fanden. Die Freiheitsgrade, die allmählich hinzuwachsen, wie etwa die Möglichkeit der Beweglichkeit der organischen Einheiten und die Entstehung von Empfindsamkeit durch selektive Abhängigkeit der inneren Zustände von äußeren, entwickeln die Eigentümlichkeiten biologischer Lebensformen weiter. Durch die inneren Erregungszustände in Verbindung mit Bewegung entwickeln die Lebewesen ihren Lebensvollzug im Horizont von Zeit und Raum, und es entstehen Formen von Information und Gedächtnis. Vorsorge, Vorwegnahme, Aufschub und Lernen werden möglich, doch zugleich wird Leben anfällig für Behinderung, erfährt Unerreichbarkeit, scheitert durch Fehler und Irrtum. Und eben das wird zum Motor der Entwicklung: Durch Versuch und Irrtum, durch Konkurrenz im Zusammenhang der Lebenserhaltung entstehen immer neue Formen mit immer neuen Möglichkeiten, wird aber auch der je individuelle Tod vollends unvermeidlich, durch den die Elterngeneration Platz macht für die Nachkommen. Individuen beginnen sich aber auch zu Gemeinschaften zusammenzuschließen, um die Ontogenese der Nachkommen abzusichern und in Jäger-Beute-Verhältnissen bestehen zu können. Ökosysteme entstehen mit ihren Differenzierungen, ihrer relativen Stabilität, aber auch neuen Formen von wechselseitiger Abhängigkeit. Und das alles ist immer und unausweichlich begleitet von der Möglichkeit der Fehlfunktion, von Krankheiten und Lebensabbrüchen. Und die Grundspannung zwischen Lebenswillen und Lebenslust auf der einen Seite und der transitorischen, sterblichen Natur leiblicher Existenz, ihrer prekären, immer angreifbaren und ausbeutbaren Bedürftigkeit auf der anderen Seite bleibt unaufhebbar. Das wäre in einer solchen Sicht die basale Begründung und ansatzweise Rechtfertigung für das Ineinander von dunklen und hellen Seiten der Schöpfung, die kein Paradies und also nicht Heilstat, aber doch uns sehr grundsätzlich Wohltat ist.

In diesem Spiel der um ihrer selbst willen da seienden Geschöpfe öffnen sich Freiräume bis dahin, dass sich im Fall des Menschen Personalität entwickelt mit der ihr eigentümlichen Frage nach der Gestaltung der gemeinschaftlichen und individuellen menschlichen Lebensform. Hier entsteht über das bloße Leben-Wollen hinaus die Frage nach dem guten, dem wahren Leben, mit der die Menschen als Geschöpfe zu ihrem Schöpfer noch einmal neu ins Verhältnis treten, weil nun ihr Geschöpfsein zur selbst mitverantworteten Aufgabe wird. Damit steht aber inmitten der Schöpfung das Geschöpfliche neu auf dem Spiel.

7.2 Versöhnung

Damit kommt das zweite Moment der göttlichen Absichten und des göttlichen Handelns ins Spiel, nämlich das göttliche *Heilshandeln*, das sich im Besonderen auf die menschliche Lebensform bezieht. Durch die schon im Beginn seiner Werke gegenwärtige Anrede des Logos, des Sohnes, provoziert der dreieine Gott das über die bloße Wohltat des Daseins hinausgehende Moment personalen Lebens. Als Personen sind Menschen *berufen*, ein Leben in der Entsprechung zu dem dreieinen Gott zu führen. Dem Menschen ist Heil zugedacht in der Gemeinschaft mit Gott und untereinander. Doch der Mensch verweigert und beschädigt das zugedachte Heil durch Bosheit und Sünde, indem er die angesprochenen dunklen Seiten der Schöpfung steigert und sie in Mächte und Kräfte transformiert, die Gottes Heil und Gottes Wohl entgegengerichtet sind. Damit kommt die Frage der Versöhnung, der Erneuerung der Gottes- und Menschengemeinschaft in den Blick. In der von Jesus Christus realisierten Versöhnung erweist sich Gott dann endgültig als Heiland, indem der dreieine Gott am Menschen das vollbringt, zu dem Gott in Ewigkeit bereit war, nämlich sich selbst in diese Welt neu zu verwickeln, sich selbst mitzuteilen, Versöhnung zu stiften und dadurch eine von Glauben, Hoffen und Lieben bestimmte Lebensform zu wecken, um seine personalen Geschöpfe für die Gemeinschaft mit sich und untereinander und für die Teilnahme an dieser seiner Heilstat zu gewinnen. So kommt das Reich Gottes nahe herbei und wirkt in uns und mit uns.

7.3 Vollendung

Das führt uns zu dem dritten Moment, zu der durch den dreieinen Gott gewirkten *Vollendung*. Insofern Gott sich selbst der Bosheit und Gottesferne menschlicher Lebensverhältnisse ausgesetzt hat und insofern er Bosheit und Gottesferne zugunsten seiner Geschöpfe von innen heraus überwindet, um damit inmitten von Sünde, Entfremdung und Zweideutigkeit Vollendung vorwegzunehmen, kommt das dritte Moment seines Handelns noch einmal neu ins Spiel, das Moment der Erfüllung. Ebenso wie Gottes Versöhnungshandeln von Anbeginn an sein Schöpferhandeln begleitet und mit ihm wechselwirkt, so ist auch das Handeln Gottes als des Geistes mit der Absicht der Vollendung seiner Werke schon bei Wohltat und Heilstat mit im Spiel. Durch Gottes die Geschöpfe mit sich versöhnende Teilgabe und Teilnahme am Leben der Menschen durch das Wort wird ja das Reich Gottes zur Verheißung, zum immer wieder nur ansatzweise erfüllten Versprechen, wenn sich Gottes Teilnahme realisiert als Vorwegnahme vollendeter Erfüllung. Was den Geschöpfen schon hier und jetzt in Glauben, Lieben und Hoffen als Heil widerfährt, wird zum Angeld endgültiger Erfüllung jenseits des Vergänglichen. Bei dieser verheißenen endgültigen Ratifizierung der Versöhnung wird man dann noch einmal alle drei Aspekte, den der Schöpfung in der Neuschöpfung, den der Versöhnung in der Vorstellung des göttlichen Gerichts[41] und den der Vollendung in der endgültigen Gemeinschaft in der Kraft des Geistes zusammenführen müssen, um den Kreis des Handelns des dreieinen Gottes zu schließen.

---

41 Vgl. Eberhard Jüngel, Das jüngste Gericht als Akt der Gnade, in: *Anfänger. Herkunft und Zukunft christlicher Existenz*, Stuttgart 2003, 37–73 und Miroslav Volf, The Final Reconciliation. Reflections on a Social Dimension of the Eschatological Transition, in: *Modern Theology* 16 (1/2000), 91–113.

Raphaela Meyer zu Hörste-Bührer

Bedroht? Bewahrt? Bejaht

Barths Rede von der Schöpfung vor dem Hintergrund gegenwärtiger Umweltdiskurse[1]

Wie verstehen wir die Welt, die uns umgibt, und wie setzen wir uns zu ihr in Beziehung? Die Klimaerwärmung und die gravierende Verschmutzung von Gewässern und Böden wecken zunehmend den Blick dafür, dass diese Frage neu und selbstkritisch zu stellen ist. Denn nur eine tiefgreifende Veränderung der Gestaltung von Menschen-Umwelt-Beziehungen kann Lebensräume von unzähligen Pflanzen- und Tierarten erhalten.

So stellt sich auch in der Theologie die Frage: Hat sich nicht die Rede von der Schöpfung sehr schnell auf die Herkunft der Menschen konzentriert und ist unter der Hand zu einer reinen Anthropologie geworden, die etwa an Böden, Pflanzen und Tieren selbst kaum ein Interesse hat?

Vor dem Hintergrund dieser Fragen sollen im Folgenden Abschnitte aus Barths Schöpfungslehre im dritten Teil der Kirchlichen Dogmatik (KD III) gelesen werden. Weil die ethischen Fragen nach der Gestaltung der Beziehungen zwischen Menschen und nicht-menschlicher Umwelt die Gegenwart so massiv bestimmen, werden dabei an einzelnen Stellen auch ethische Überlegungen Barths zum Gebot des Schöpfers in KD III/4 miteinbezogen. Mein Fokus dieses Beitrags liegt daher sowohl in Hinsicht auf Barth wie auch im Blick auf die Gegenwart zunächst auf der *dogmatischen Frage* (und damit auf dem §42 aus KD III/1[2]): Wie verstehen und beschreiben wir Menschen die uns umgebende Wirklichkeit und unsere Beziehungen zu ihr?

---

1 Dieser Beitrag wurde bei der 53. Internationalen Karl Barth Tagung 2023 zum Thema „Schöpfung als Wohltat? Karl Barths Provokation" vorgetragen. Der Vortragsstil wird weitestgehend beibehalten. Im Anschluss an die Beiträge von Matthias Wüthrich und Dirk Evers kam diesem Beitrag die Aufgabe zu, einen „Seitenblick" auf den Basistext aus dem §42 aus KD III/1 zu werfen, also gewissermaßen von Fragestellungen der Gegenwart heraus Kontakt mit Barths Ausführungen aufzunehmen.
2 Vgl. KD III/1, 377–476.

Die Untersuchung folgt dabei den bereits im Titel erwähnten Schlagworten: Ist die Erde vor allem als vom Untergang *bedroht* zu verstehen, wie viele Bilder und Aussagen im gegenwärtigen Diskurs es nahelegen? (Teil I). Muss sie von den Menschen *bewahrt* werden, ist also in erster Linie Objekt unserer Fürsorge? (Teil II). Oder kann man sie mit Barth an erster Stelle als von ihrem Schöpfer *bejaht* verstehen? (Teil III).

1. Bedroht?

„Der Erde geht es immer schlechter", so rufen die Erstklässlerinnen und Erstklässler an einem Projekttag zu erneuerbaren Energien. Schon mit sechs Jahren ist Kindern heute oft schon irgendwie bewusst, dass etwas auf dem Spiel steht und es irgendwie darum geht, „die Erde zu retten".

Die Absicht, die Welt zu retten, so dachte ich zu meiner Schul- und Studienzeit noch, gehöre bestenfalls in den Kompetenzbereich von Science-Fiction-Helden oder Comicfiguren. Im realen Leben hielt ich sie für eine Metapher, die die Bedeutung des eigenen Tuns oder Forschens humoristisch überspitze und damit zugleich eine gehörige Prise heilsamer Selbstironie etwa in Hausarbeits- oder Promotionsprojekte und ähnliche Unternehmungen bringe. Die antike mythologische Vorstellung, der gerechte altorientalische König müsse in gewisser Weise die Stabilität des Kosmos aufrechterhalten und der Pharao die Nilschwemme und Fruchtbarkeit garantieren, schien mir von unserer aufgeklärten modernen Weltsicht sehr weit entfernt. Vor diesem Hintergrund erschien mir die biblische und kirchliche Rede davon, dass Gott in Jesus Christus die Rettung geschenkt habe, auf die Sünde bezogen und damit als die Rede von einer im Wesentlichen sozial bestimmten Wirklichkeit.

Die globalen physikalischen Abläufe schienen zwar naturwissenschaftlich verstehbar und in bestimmtem Maße vorhersagbar, aber im großen Stile letztlich kaum beeinflussbar: Das Wetter muss man halt nehmen, wie es kommt.

Das Lebensgefühl von Schülerinnen, Schülern und Studierenden heute ist durch andere gesellschaftliche Erwartungen und Motive im Blick auf die uns umgebende Welt geprägt: Die globalen Wirklichkeiten und Abläufe – und damit die Grundlagen des eigenen Lebens und der eigenen Möglichkeiten in der Zukunft – sind in rasanten Veränderungen begriffen. Stabilisierende Strukturen des Lebens und der Abläufe des blauen Planeten als bedroht und in Gefahr wahrzunehmen, liegt eben nicht mehr im Raum der Phantasie.

Die schon eher humoristischen bildhaften Ausführungen dieses Blicks auf die Weltwirklichkeit sind in einer schnellen Suche im Internet leicht zu finden: Der blaue Planet wird mit Fieberthermometer mit roter Messsäule im Mund und einem kühlenden Tuch über seinen Augen dargestellt.[3] In anderen Darstellungen liegt die Weltkugel als schmelzende Eiskugel in einer riesigen Waffel.[4] Auf weiteren Darstellungen steht gar die Hälfte der Erde bereits lichterloh in Flammen.[5] Alle drei Motive finden sich in vielfältigen Ausführungen und Variationen.

Theologisch geschulten Denkerinnen und Denkern fällt es nicht schwer, solche Metaphern kritisch unter die Lupe zu nehmen und vor Übertreibung und unzulässigen Vereinfachungen zu warnen. Aber es ist ja zunächst einmal deskriptiv festzuhalten und anzuerkennen: Das „gefühlte Weltverhältnis" in unserer Gesellschaft bzw. das, was Wolfgang Schoberth „Normalkosmologie"[6] nennt, hat sich in den letzten Jahrzehnten jedenfalls verändert. Dieser Ausdruck „Normalkosmologie" bezeichnet nach Schoberth „diejenige Vorstellung von der Beschaffenheit unserer Welt, wie sie kulturell dominiert und unser Handeln weithin bestimmt"[7].

Dass unsere Vorstellungen von der Beschaffenheit – und man muss heute eben hinzufügen: dem „Zustand" – unserer Welt in unserer Gegenwart unmittelbar wichtig für gesellschaftliche Meinungsbildung und politisches und wirtschaftliches Handeln sind, dürfte gegenwärtig auf der Hand liegen.[8]

---

3 Vgl. die Abbildung auf der Seite https://www.sonnenseite.com/de/zukunft/die-erde-hat-fieber-3/ (Stand: 08.03.2024).
4 Vgl. etwa die Abbildung auf der Seite https://www.muttererde.at/fakten-klimawandel/ (Stand: 08.03.2024).
5 Vgl. etwa die Abbildung auf der Seite https://www.oekonews.at/?mdoc_id=1122250 (Stand: 08.03.2024); hier mit der Copyrightangabe: photoshopper24 Bela Geletneky - pixabay.com.
6 Wolfgang Schoberth, Das Universum und die Welt, in der wir leben. Systematisch-theologische Überlegungen zur Kosmologie, in: Jürgen Hübner (Hg.), *Theologie und Kosmologie. Geschichte und Erwartungen für das gegenwärtige Gespräch* (Religion und Aufklärung 11), Tübingen 2004, 333–353, 333.
7 Ebd.
8 Wie nahe die Verbindung zwischen dem Versuch, die Welt und das sie umgebende Universum zu verstehen und zu beschreiben, und dem Impuls, aus eben dieser Beschreibung auch Impulse für das Verständnis der Menschen und Anregung für deren Verhalten abzuleiten, liegt, zeigt sich etwa bei Josef Gaßner/Jörn Müller, *Kosmologie. Die größte Geschichte aller Zeiten*, Frankfurt am Main 2022: Nach über 400 Seiten der Beschreibung von physikalischen und chemischen Prozessen, die im Universum ablaufen, und den zugehörigen mathematischen Modellen, kommen sie im Abschluss des Buches zu der

Dogmatisch betrachtet bedeutet das: Wir sehen die uns umgebende Welt und unsere Beziehungen zu ihr in einem etwas anderen Licht. Damit verändert sich unser Verständnis des gesamten Beziehungsgefüges von Menschen, Umwelt und im Sinne des christlichen Glaubens auch des Schöpfers: Auch unsere eigene Rolle in der Welt und möglicherweise auch die des Schöpfers dieser Welt nehmen wir in der Folge heute etwas anders wahr. Damit stellt sich die dogmatische Aufgabe, auch die Schöpfungslehre neu zu denken.

Die gegenwärtig wahrnehmbare Veränderung der Normalkosmologie ist nun nicht irgendwie zufällig, sondern hat durchaus sehr gute und ernstzunehmende Gründe. Die „Normalkosmologie" ist, so Schoberth, „wesentlich geformt durch Versatzstücke aus den Naturwissenschaften, wie sie etwa wichtiger Bestandteil des gegenwärtigen Bildungskanons sind und in den Medien bekräftigt werden."[9]

Heute dürften zu den wichtigsten dieser „Versatzstücke" die Kurzfassungen des Sachstandsberichtes des Weltklimarates (engl. Intergouvernemental Panel on Climate Change) gehören. Es handelt sich bei den Texten dieses Berichtes wohl um Dokumente der höchsten wissenschaftlichen Qualitätsprüfung unserer Zeit: Basierend auf über 10.000 wissenschaftlichen Einzelstudien, interdisziplinär und international breit diskutiert und vielfach geprüft, hält etwa die Zusammenfassung des Syntheseberichtes des Sechsten IPCC-Sachstandsberichtes[10] für politische Entscheidungsträger fest, dass sich der „Zustand" des Globus in den letzten Jahrzehnten tatsächlich messbar zunehmend schneller verändert:

„Es haben weitverbreitete und schnelle Veränderungen in der Atmosphäre, im Ozean, in der Kryosphäre und der Biosphäre stattgefunden. Der vom Menschen verursachte Klimawandel wirkt sich bereits auf viele Wetter- und Klimaextreme in allen Regionen der Welt aus. Dies hat zu weitverbreiteten nachteiligen Fol-

---

Deutung: „Die wirklich relevante Erkenntnis für uns in diesem Universum ist eine ganz andere. Auch wenn wir den Grund dafür noch nicht kennen und vielleicht auch nie erfahren werden: Das Phänomen des Lebens stellt einen extrem Glücksfall dar. Das Universum hat sich immens Mühe gemacht mit uns." (a.a.O., 493–494). Das Buch endet mit dem Appell an die Lesenden: „Es liegt vornehmlich an Ihnen, was Sie mit dem Geschenk des Lebens anfangen." (a.a.O., 494).
9   Schoberth, Universum (Anm. 6), 333.
10 Zur wissenschaftlichen Qualitätssicherung wurden für den Bericht über 10.000 Studien ausgewertet, es waren mehrere hundert Wissenschaftler beteiligt, es wurde international und transdisziplinär gearbeitet. 170 Institutionen (30 Institutionen der UN) sind als Beobachter der Arbeit des IPCC tätig. Die englische Dokumentation kann unter https://www.ipcc.ch/report/sixth-assessment-report-cycle/ heruntergeladen werden (Stand 08.03.2024).

gen und damit verbundenen Verlusten und Schäden für Natur und Menschen geführt (*hohes Vertrauen*). Verwundbare Bevölkerungsgruppen, die historisch am wenigsten zum aktuellen Klimawandel beigetragen haben, sind unverhältnismäßig stark betroffen (*hohes Vertrauen*)."[11]

Es findet eine Veränderung von biologischen, chemischen und geologischen Strukturen statt. Es gibt dafür ein gewisses, inzwischen sehr verbreitetes Bewusstsein,[12] das die Wahrnehmung der Welt und unserer Selbst – und möglicherweise auch die des Schöpfers – betrifft. Dies schließt auch das Wissen um die Notwendigkeit der Änderung der Gestaltung unserer Beziehungen zur Umwelt mit ein.

Vor dem Hintergrund dieser Situation sei nun ein Blick in Karl Barths Schöpfungslehre aus KD III/1 in den § 42 „Das Ja Gottes des Schöpfers" geworfen:

„Und gerade zum Lob ihres Schöpfers gehört dann bestimmt auch die rückhaltlose Bereitschaft, sich zuzugestehen, daß ihm das Geschöpf, das ihm Alles schuldig ist, faktisch Alles schuldig bleibt, daß es in dieser seiner schuldigen Geschöpflichkeit vor ihm Staub und Asche ist. Hier waltet auch keine Illusion. Hier sprechen auch ernste Gründe. Hier liegt auch eine göttliche Forderung vor: nicht eine Konzession und Erlaubnis für besonders demütige und betrübte Herzen, sondern ein Gebot, das, ob beachtet oder nicht, an Alle und Jedermann gerichtet ist. Es ist auch wahr, daß der Schöpfer wie am Anfang so auch am Ende aller inneren Vollkommenheit des Daseins zu suchen und zu finden ist. Vor seiner Güte hat sich also der durchaus nicht zu schämen, der nun eben weinen muß und weinen will. Vor ihm hätte sich der zu schämen, der sich das aus irgend einem falschen Stolz verwehren würde oder vielleicht auch einfach aus Mangel an Einsicht dessen noch nicht oder nicht mehr fähig wäre. Gerade das ist das Letzte, was geschehen darf, daß man sich dem Jammer des Daseins entziehen dürfte."[13]

---

11 Deutsche IPCC-Koordinierungsstelle, Syntheseberichtzum Sechsten IPCC-Sachstandsbericht (AR6). Hauptaussagen aus der Zusammenfassung für die politische Entscheidungsfindung (SPM), 20.3.2023, URL: https://www.de-ipcc.de/media/content/Hauptaussagen_AR6-SYR.pdf (Stand: 25.5.2024), Abschnitt A.2.
12 Das bedeutet nicht, dass diese Einschätzung von allen Menschen geteilt würde. Sie hat sich aber soweit durchgesetzt, dass sie zumindest in Deutschland allen Menschen an dem einen oder anderen Ort (in den Medien, in Gesprächen etc.) begegnet.
13 KD III/1, 427.

Bezieht man diese Sätze auf die Gegenwart,[14] so sind sie eine Provokation – und zwar zuerst in unsere eigene Richtung als reformierte Christinnen und Christen: Haben wir uns die Zeit genommen, aufrichtig zu weinen, etwa zusammen mit denen, die die „ernsten Gründe" unserer Zeit mal mehr, mal weniger wissenschaftlich angemessen auf Plakaten und Bannern auf die Straßen gebracht haben? Wer hatte die Geduld, sich die Sorgen der gegenwärtigen Schülergenerationen wirklich in Ruhe anzuhören, die etwa in der Fridays for Future-Bewegung versucht haben, sich Gehör zu verschaffen?

Mein Eindruck ist, dass wir – gerade diejenigen, die sich theologisch auch auf die Tradition Karl Barths berufen – in Wort und Text sehr schnell mit der Kritik an apokalyptischen Tendenzen waren: Schnell haben wir geahnt, dass hier dualistische Gedankenfiguren zu einer Trennung von „Guten" und „Bösen" führen könnten, Heilsversprechungen gemacht werden und vielleicht sogar die Züge von „Ersatzreligionen" erkennbar sein könnten.[15] Dafür gibt es dogmatisch gute Gründe: Apokalyptisches Gedankengut beinhaltet oftmals dualistische Unterscheidungen. Die Bedrohung des Lebens und die Notwendigkeit seiner „Rettung" sind mit der Frage nach dem „Heil" untrennbar verbunden. Damit gibt es eine theologische Verantwortung, danach zu fragen, ob Ideen, Konzepte oder Personen möglicherweise als „Heilsbringer" überhöht werden.

Liest man den § 42 aber im Detail, kann man sich allerdings fragen, ob diese Argumente die einzigen oder die wichtigsten sind, die hier anzuführen sind. Man findet beim genauen Lesen (etwa des oben zitierten Absatzes) auch andere überraschende Linien. Hier, in der Rede von Gott dem Schöpfer, beharrt Barth wie wohl selten darauf, dass die ersten beiden Teile der Dialektik nicht einfach übergangen werden dürfen, zugunsten ihrer – bei Barth natürlich notwendigen – sie beide wertenden Beurteilung durch den

---

14 Diese Form von Gegenwartsbezug ist dabei natürlich im Blick auf Barth anachronistisch, kann aber im Sinne eines explorativen kritischen Transfers sowohl im Blick auf die Gegenwart wie auch auf Barth durchaus erhellend sein.
15 Vgl. etwa Günter Thomas, Unsere 13 Baustellen (I). Warum sich die evangelische Theologie ehrlich machen sollte, 22.8.2022, URL: https://zeitzeichen.net/node/9923 (Stand: 25.05.2024); Ralf Frisch, Zwischen Klimahysterie und Klimahäresie. Kleines theologisches Spiel mit dem Feuer, 15.08.219, URL: zeitzeichen.net/node/7759 (Stand: 08.03.2024) sowie abwägender Ulrich H.J. Körtner, Religion und Klimaschutz, in: ZEE 64 (2020), 3–7.

dritten Aspekt: Die Licht-[16] und die Schattenseite[17] der Schöpfung müssen selbst in aller Ernsthaftigkeit wahrgenommen werden. Das Genießen, Wertschätzen und die Freude am Leben können nicht einfach weggelassen werden. Genauso wenig kann das aufrichtige Weinen unterlassen werden, denn auch das Leiden der Schöpfung ist real. Der Versuch, sich dem „Jammer des Daseins"[18] zu entziehen, wäre zugleich die Flucht vor dem Eingeständnis, dass die Antwort der Geschöpfe gerade nicht zu der Anrede des Schöpfers passen will.

Barths Rede von der Schöpfung als Wohltat darf also nicht so verstanden werden, als würde sie die Licht- und Schattenseite irgendwie vermitteln, sodass die Schöpfung dann als irgendwie „insgesamt betrachtet doch ganz in Ordnung" verstanden würde. Weder die Licht- noch die Schattenseite wird relativiert. Der Schöpfer rechtfertigt seine Schöpfung gerade so, dass er das „Ja" des Geschöpfes zu den Lichtseiten und das „Nein" zu den Schattenseiten zunächst bestätigt.[19] Daran hält Barth in aller Deutlichkeit fest, wenn er im Folgenden ausführt, dass die Rechtfertigung von beiden nicht abhängig ist, sondern beide auch überbietet[20] und die Schöpfung letztlich als Wohltat Gottes[21] erweist.

Auch hier bleibt es dabei, dass Barth keine Gotteserkenntnis aus einer Naturbetrachtung für möglich hält.[22] Aber die Welt mit allen ihren von Gott geschaffenen Kreaturen steht nun auch bei weitem nicht beziehungs- oder

---

16 Vgl. KD III/1, 424. Barth führt hier aus, dass die Rechtfertigung der Schöpfung durch ihren Schöpfer „nicht damit zusammen[fällt], daß die Sonne scheint, daß Blüten und Früchte, harmonische Gestalten, Farben und Töne, lebenserhaltende und lebensfördernde Tatsachen und Tatsachenzusammenhänge [...]" dem Menschen einleuchten und zu seinem „Herzen" reden. Die Rechtfertigung ist damit nicht identisch, aber sie „bestätigt" da „Ja" und den „Jubel", zu dem die Geschöpfe, „der Mensch selbst eingeschlossen", in der Lage sind.
17 Vgl. a.a.O., 426. Im Folgenden beschreibt Barth die Schattenseite etwa mit den Begriffen „Nichtigkeit", „Sinnlosigkeit und Sinnwidrigkeit", „Votum des Todes", „Lüge", „Schande", „Elend" und „Verlorenheit".
18 A.a.O., 427.
19 Vgl. a.a.O., 246–247; 230–431.
20 Vgl. a.a.O., 431–433.
21 Vgl. a.a.O., 433–439.
22 Vgl. stellvertretend für viele andere Texte, in denen Barths Ablehnung einer natürlichen Theologie und *analogia entis* herausgearbeitet wurde, George Hunsinger, *How to read Karl Barth. The shape of his theology*, New York/Oxford 1993, 76–79 sowie Michael Weinrich, *Karl Barth. Leben – Werk – Wirkung* (UTB Theologie, Religionswissenschaft 5093), Göttingen 2019, 25–27.

aussagelos da. Von der Offenbarung Gottes in Jesus Christus wird manches, was in der Natur sichtbar ist, sogar bestätigt:

> „Es ist Gottes Selbstkundgebung, die da, wo er schweigt, wo er Nein sagt, wo er Gericht übt, die Geschöpfwelt auch dunkel macht und die dann auch darin geehrt sein will, die auch die menschliche Klage und Anklage notwendig und geboten macht."[23]

Es ist also die göttliche „Selbstkundgebung", die Offenbarung, die die Anklage notwendig macht? Ist es demnach die göttliche Selbstkundgebung, die Klimaproteste notwendig macht? Nun ist in Barths Satz nicht klar, ob er an eine Klage und Anklage denkt, die sich nur an Gott selbst richtet. In diesem Sinne ist die Verbindung von Klimaprotest mit Klimagebet jedenfalls naheliegend. Aber auch die Klage und Anklage im Blick auf die Mächtigen in Politik und Wirtschaft könnte ja im Sinne Barths durchaus damit zu tun haben, dass es mit der Selbstkundgebung des Schöpfers nicht vereinbar ist, zu dem Sterben von Menschen, Tieren und Pflanzen einfach nur resigniert zu schweigen.

Barths Gedanken wären sicher missverstanden, wenn man nun die Auswirkungen des Klimawandels einfach pauschal zum göttlichen Gericht erklären wollte – zumal dieses ja gerade diejenigen am meisten träfe, die es am wenigstens verschuldet hätten.[24] Aber Barth konfrontiert uns mit der Herausforderung, es uns theologisch mit der menschlichen Klage und Anklage unserer Zeit nicht zu leicht zu machen. Bei aller notwendigen Betonung der Bejahung der Schöpfung ist deren Bedrohung doch wahrzunehmen.

Zusammenfassend lässt sich festhalten: Die letzten Jahrzehnte haben eine Änderung der „Normalkosmologie" mit sich gebracht. Das Bewusstsein der Gefahren für die Ökosysteme und Lebensbedingungen auf unserem Planeten lässt die Wirklichkeit, wie wir sie kennen, als bedroht erscheinen. Die Bedrohung ist wissenschaftlich mehr oder weniger präzise beschreibbar, wird im gesellschaftlichen Bewusstsein durchaus wahrgenommen, hoch emotional diskutiert und mit verschiedensten Mitteln zu bearbeiten gesucht.

Will man diese Änderung der Normalkosmologie beschreiben, gehört zu dem Moment der Bedrohung nun auch ein weiteres hinzu: Weil ein guter

---

23 KD III/1, 427.
24 Vgl. etwa das oben genannte Zitat Deutsche IPCC-Koordinierungsstelle, Deutsche IPCC-Koordinierungsstelle 2023 (Anm. 11), Abschnitt A.2.: „Verwundbare Bevölkerungsgruppen, die historisch am wenigsten zum aktuellen Klimawandel beigetragen haben, sind unverhältnismäßig stark betroffen".

Teil der Gefahren auf menschliche Einflüsse zurückgeht, können bestimmte Risiken bzw. Gefahren auch durch Verhaltensänderung verringert werden. Die in dieser Tatsache liegende Verantwortung wird von vielen Menschen in den Kirchen, aber auch im öffentlichen und politischen Diskurs, gerne mit dem Schlagwort „Bewahrung der Schöpfung" zum Ausdruck gebracht.

2. Bewahrt?

Auch diese Bilder finden sich gegenwärtig in vielen Kontexten: Zur Schale geformte Hände halten die Erdkugel.[25] In einer wohl zumindest genauso verbreiteten Version halten sie eine kleine Pflanze.[26] Ob nun Erdkugel oder Pflanze: Symbolisiert ist die Möglichkeit des Lebens und Gedeihens. Dieses Leben wird behutsam in den Händen gehalten und nicht fallen gelassen. In einer dritten, ebenfalls verbreiteten Variation wird die Erdkugel oder Pflanze weitergegeben – etwa von großen in kleine Hände[27] und der Schutz des Lebens damit als Verantwortung und Aufgabe der Generationenfolge und Zusammenarbeit verbildlicht.

Der Schutz des Lebens um uns herum, ja die Welt als solche, ist damit Gegenstand der Bewahrung – und zwar der Bewahrung durch menschliche Hände.

Auch dieser Aspekt der „Normalkosmologie" hat durchaus Anhalt in dem, was sich wissenschaftlich beschreiben lässt. Dafür, dass tatsächlich *das Fortbestehen bestimmter ökologischer Systeme* vom menschlichen Verhalten abhängt (wir also gewissermaßen „einiges in den Händen haben"), gibt es in unserem wissenschaftlichen Wissen um die Wirklichkeit durchaus überzeugende Anhaltspunkte. Ich zitiere nochmal die Zusammenfassung des 6. Sachstandsberichtes des Weltklimarates:

> „C.5 Die Priorisierung von Gerechtigkeit/Fairness, Klimagerechtigkeit, sozialer Gerechtigkeit, Inklusion und gerechten Prozessen für den Wandel kann Anpassung und ehrgeizige Maßnahmen zur Minderung des Klimawandels sowie klimaresiliente Entwicklung ermöglichen. Anpassungsergebnisse werden durch eine verstärkte Unterstützung von Regionen und Menschen mit der höchsten Verwundbarkeit gegenüber Klimagefahren verbessert. Die Integration von Kli-

---

25 Vgl. etwa Benediktinerstift Kremsmünster: http://www.klimaerlebnisweg.at/der-weg/zwischen-schoepfung-und-erschoepfung/ (Stand: 31.05.2024).
26 Vgl. etwa https://www.nak-sued.de/meldungen/news/tag-der-schoepfung/ (Stand: 14.03.2024).
27 Vgl. etwa https://www.pg-mod.de/schoepfung/ (Stand: 14.03.2024).

maanpassung in soziale Schutzprogramme verbessert die Resilienz. Es stehen viele Möglichkeiten zur Verfügung, um emissionsintensiven Konsum zu reduzieren, auch durch Verhaltens- und Lebensstiländerungen, wobei es positive Nebeneffekte für das gesellschaftliche Wohlergehen gibt. (hohes Vertrauen)"[28]

Man kann als Randnotiz festhalten, dass damit der Weltklimarat in gewisser Weise die antike Vorstellung der Verbindung von Gerechtigkeit, Klima und Wohlergehen ins Recht setzt: Gerechtigkeit, Klima und Wohlergehen haben – jedenfalls in unseren Tagen – tatsächlich messbar miteinander zu tun.

Wichtiger für den hier vorliegenden Kontext aber ist noch: Es bestehen Möglichkeiten, durch Änderung von Handlungsweisen bestimmte Lebensbedingungen und Ökosysteme in uns bekannter Weise zu erhalten, die sich bei unverändertem menschlichen Verhalten massiv verändern werden. Es gibt spezifische Kontexte, in welchen die Rede von „Erhaltung", möglicherweise auch von „Bewahrung", daher durchaus Sinn ergibt: Es ist möglich, CO_2-Emissionen zu reduzieren und dadurch das Fortbestehen von Ökosystemen zu ermöglichen, die bei unverändertem Verhalten zerstört würden.

Damit verbindet sich im gegenwärtigen Diskurs nun das Schlagwort bzw. Narrativ der „Bewahrung der Schöpfung". Es ist bereits seit dem „konziliaren Prozess" des Ökumenischen Rates der Kirchen von 1983 „Gerechtigkeit, Frieden und Bewahrung der Schöpfung"[29] bekannt, hat aber in den letzten Jahren wieder massiv an Aufmerksamkeit gewonnen.

Dieses Narrativ findet gerade an der gemeindlichen Basis, aber auch bis hinein in die Politik viel Zustimmung. Menschen möchten ihre Bemühungen darum, einen Beitrag zu Klimaschutz, Arterhaltung etc. so verstanden wissen, dass sie eine Wertschätzung und Dankbarkeit für die uns gegebene Welt und eine Anerkennung von deren Schönheit und Güte sind.

Nun gibt es aus dogmatischer Sicht gute Gründe, die Rede von der „Bewahrung der Schöpfung" für problematisch zu halten: Zwar bezeichnet der Ausdruck „bewahren" in Gen 2,25 einen Auftrag der Menschen im Blick auf den Garten Eden. Die „Bewahrung" im Sinne einer „Erhaltung der Schöp-

---

28 Deutsche IPCC-Koordinierungsstelle, Deutsche IPCC-Koordinierungsstelle 2023 (Anm. 11), C.5.
29 Vgl. zur VI. Vollversammlung des ÖRK in Vancouver 1983 und zur „Weltversammlung für Gerechtigkeit, Frieden und Bewahrung der Schöpfung" 1990 in Seoul Ulrich Becker/ Udo Tworuschka, *Ökumene und Religionswissenschaft* (Theologie kompakt 96), Stuttgart 2006, 42–43.

fung" (also im Sinne der *creatio continua*) ist aber eine Tätigkeit Gottes, nicht der Menschen. Die Erde umfassend vor Tod und Zerstörung zu bewahren, liegt nicht im Rahmen menschlicher Möglichkeiten. Gewisse Verhaltensänderungen können hoffentlich den Klimawandel begrenzen. Versteht man „Bewahrung" aber als Sicherung der Fortexistenz, so gelingt uns das weder auf die Dauer gesehen beim geliebten Haustier, noch wird es uns selbst bei größter Anstrengung bei vielen Insektenarten gelingen, ihr Aussterben aufzuhalten.[30] Es gibt auch Arten, die von Menschen bewusst bekämpft werden: Beim Fuchsbandwurm etwa arbeiten wir mit großem Einsatz daran, seine Fortexistenz einzudämmen, weil er für Menschen sehr gefährliche Erkrankungen auslösen kann. Bei manchen Arten ist das auch schon gelungen: Das Aussterben des Blutparasiten, der früher die europäische Malaria auslöste, verbuchen wir bis heute als Erfolg.

Auch die Kritik, die uns umgebende Welt werde durch diese Art des Schöpfungsbegriffs idealisiert und verklärt, als könnte ein neues Paradies erreicht werden, ist folglich nicht aus der Luft gegriffen.

Diese von verschiedener Seite geäußerte Kritik hat den Zuspruch zu dem Ausdruck offenbar wenig gemindert. Auch Menschen, die sonst wenig kirchlichen Bezug haben, finden sich in ihren Bemühungen, etwas zu Nachhaltigkeit und Erhalt von Ökosystemen beitragen zu wollen, in diesem Ausdruck wieder.[31] Irgendwie deutet das Konzept der Schöpfung auch für viele

---

30 Sehr pointiert führt dies der Ökologe Wolfgang Haber aus, vgl. Wolfgang Haber, Ökologie: Eine Wissenschaft unbequemer Wahrheiten – auch für die Ethik, in: Markus Vogt/Jochen Ostheimer/Frank Uekötter (Hg.), *Wo steht die Umweltethik? Argumentationsmuster im Wandel* (Beiträge zur sozialwissenschaftlichen Nachhaltigkeitsforschung 5), Marburg 2013, 325–343, 332: „Wenn man die Evolution mit ‚Schöpfung' gleichsetzt, dann zeigt der Befund, dass deren ‚Bewahrung' immer nur einem winzigen Teil des Lebens zugute kommt – alle übrigen Lebewesen verschwinden wieder, verhungern oder dienen wiederum den verbleibenden als Nahrung. Worin liegt der ihnen vom Menschen zuerkannte [...] Eigenwert? Kann man ihn darin erkennen, dass das Aussterben ganzer Artengruppen oder Familien, z.B. der Dinosaurier, den Entwicklungen anderer, neuer Gruppen, bis hin zum Menschen, den Weg öffnet und auf diese Weise die ‚Schöpfung' (als Prozess verstanden) bewahrt wird? Aber dann bedeutet sie für unzählige Organismen oder Populationen trotz deren ‚Eigenwerts' die Ausrottung."
31 Daher beschreibt Johannes Müller-Salo, *Klima, Sprache und Moral. Eine philosophische Kritik* (Was bedeutet das alles? Sonderausgabe von Reclams Universal-Bibliothek Nr. 14040), Ditzingen 2020, 29 den Schöpfungsbegriff als einen der „dichte[n] Begriffe" des Klimadiskurses. Eine Ursache hierfür vermutet er darin, dass dieser „neuen politischen Allianzen aus Grünen und Konservativen als Brückenbegriff dient und die Überwindung oder doch zumindest die Überdeckung inhaltlicher Differenzen ermöglicht." (a.a.O., 34.)

sehr säkular geprägte Menschen die uns umgebende Welt positiv als zu erhaltende Gabe. Mit dem Ausdruck „Schöpfung" verbindet sich die „am Anfang stehende" Bewertung: „Es war sehr gut." Auf dieser Basis lässt sich das eigene Handeln als Einsatz für den Erhalt dieses „Guten" deuten. Und selbst wenn es nur ein irgendwie „mythischer" Anfang war, es ist doch irgendwie das Gute bezeichnet, für das sich dieser Einsatz dann auch zu lohnen scheint. Die Welt ist nicht nur „Fressen und Gefressenwerden". Vor die Schöpfung als Ganze ist ein positives Vorzeichen gesetzt.

Wie ausgeführt wurde, gibt es durchaus gute Gründe, die Verwendung des Schlagworts aus theologischer Perspektive kritisch zu sehen. Liest man Barths Schöpfungslehre in KD III/1, legt sich aber auch eine andere Reaktion nahe: Die bereits erwähnten *Lichtseiten* der Schöpfung werden durch die Rechtfertigung der Schöpfung durch den Schöpfer und sein „Ja" „bestätigt"[32]. Es ist gut und richtig, das Helle und Gute in der Schöpfung wertzuschätzen und ausdrücklich zu loben. Dieses „Ja" der Geschöpfe zur Schöpfung kann nicht übersprungen werden. Die Rechtfertigung der Schöpfung durch den Schöpfer „schließt auch dieses Ja in sich"[33]. Die im Kontext von Barths Schöpfungslehre möglicherweise eher harmlos klingenden Formulierungen lesen sich m.E. anders, wenn man dabei an die vielen Bemühungen in kleinen Gemeinden und Kirchenkreisen unserer Zeit denkt, irgendwie mit den eigenen beschränkten Mitteln einen Beitrag zu leisten zu mehr Nachhaltigkeit und zu dem, was sie eben als eine „Bewahrung der Schöpfung" verstehen möchten:

> „Das Geschöpf darf gut sein und ist gut, weil das Urteil, mit dem Gott ihm gegenübersteht, gut, weil der Gott gut ist, der es, indem er es verwirklicht, auch rechtfertigt. Indem das Geschöpf ihm dieses Urteil nachspricht, indem es seine mit seiner Verwirklichung vollzogene Rechtfertigung anerkennt und annimmt, darf es sich selbst und sein Mitgeschöpf als gut erkennen. Geschöpfliche Güte ist Schöpfungswohltat. Und so ist auch die Erkenntnis geschöpflicher Güte Erkenntnis der Schöpfungswohltat auf Grund der Selbstkundgebung des Schöpfers."[34]

Die Erkenntnis der Güte der Schöpfung ist Erkenntnis der Schöpfungswohltat. Wenn also Menschen darum kämpfen, dass die Erde zu gut ist, um

---

32 KD III/1, 424.
33 Ebd.
34 A.a.O., 419.

sie der Vernichtung preiszugeben, dann ist dieses „Ja" dogmatisch in erster Näherung zu bestätigen.

Natürlich kommt es nach Barth darauf an, dass dabei die Rede vom Schöpfer nicht vergessen wird, aber selbst da, wo sie zunächst nicht zur Sprache kommt, ist die Bemühung um das „Ja" zur Schöpfung durchaus wertzuschätzen.

Im § 55 in KD III/4 macht Barth diese Anerkennung im Blick auf die Bemühungen der eigenen Zeit sogar noch expliziter. Er übernimmt für seinen ersten Abschnitt des Paragraphen von Albert Schweitzer die Rede von der „Ehrfurcht vor dem Leben". In einem sehr instruktiven Exkurs zu Schweitzer schreibt er: „Wie rechtfertigt man sich eigentlich, wenn man es anders hält als Schweitzer es hier von einem haben will?". Der Kontext scheint mir nahezulegen, dass die Frage nicht nur eine rhetorische ist. Etwas später im Text schreibt Barth nach sehr kritischen Bemerkungen zu der damals schon aufkommenden Bewegung hin zu vegetarischer Ernährung (mit Barths Begriff zum „Vegetarianismus"):

> „Man sehe nur zu, daß man sich ihm gegenüber durch eigene Gedankenlosigkeit und Herzenshärtigkeit trotz seiner Schwächen nicht doch ins Unrecht setze!"[35]

Auch hier geht die Provokation also durchaus zunächst in unsere eigene Richtung. Es gab in jüngerer Zeit etliche Stimmen aus unserer eigenen Tradition, die im Blick auf das Engagement gesellschaftlicher und kirchlicher Gruppen zur „Bewahrung der Schöpfung" religionskritische Momente ins Spiel gebracht haben: Werden hier nicht Heilsversprechen an eine Art innerweltlichen Umkehrruf geknüpft? Setzen sich nicht Menschen an die Stelle des Schöpfers?

Diese Anfragen sind aus dogmatischer Sicht richtig und wichtig. Allerdings muss dabei bewusst bleiben, dass dogmatisch recht zu haben (und dafür womöglich sogar Karl Barth als Gewährsmann aufrufen zu können), keinerlei Recht zu religionskritischer Verurteilung anderer verleiht. Diese jedenfalls hat Menschen, die ernsthaft – vielleicht nicht immer theologisch einwandfrei, aber jedenfalls ernsthaft – von ihrem Glauben an Gott den Schöpfer her nach Lösungen suchen, enttäuscht und den Eindruck hinterlassen, von der wissenschaftlichen Theologie im Stich gelassen zu werden.

---

35 KD III/4, 404.

Ich frage mich, ob wir als reformierte Theologinnen und Theologen hier Barths Anspruch gerecht geworden sind, dass Theologie eine „Funktion der Kirche"[36] ist. Ich selbst habe nach wie vor massive Zweifel daran, dass das Stichwort der „Bewahrung der Schöpfung" nun theologisch gesehen unbedingt die beste Wahl für ein orientierendes Narrativ für unser Verständnis der Menschen-Umweltbeziehung und deren Gestaltung ist. Gleichwohl scheint mir der Grundlagentext unserer Tagung hier eine eindrückliche Warnung zu sein, uns zu fragen, ob wir mit dieser Kritik nicht leicht als diejenigen dastehen, die auf ein „wehmütiges ironisches Lächeln heruntergekommen"[37] sind.

Wenn wir die theologische Anmaßung wagen, leitende Bilder und Orientierungen derer zu kritisieren, die in unserer Zeit Gegenwartsprobleme bearbeiten wollen, nehmen wir damit die Verantwortung auf uns, konstruktive Alternativen aufzuzeigen. Das bedeutet, zumindest Vorschläge für Bilder und Begriffe zu machen, die Orientierungen bieten können.

Es soll daher im folgenden Abschnitt erprobt werden, ob unser fast 80 Jahre alter Text aus KD III auch im Kontext einer theologisch verantworteten dogmatischen Rede von der Schöpfung heute zum Klingen kommen kann.

3. Bejaht

Was lässt sich hier von unserem Text aus nun „anderswissend"[38], aber nicht „besserwissend"[39] zu dem Diskurs um das Verständnis der Welt und unserer Beziehungen zu ihr beitragen?

Wie könnte es klingen, wenn Barths Rede von der „Bejahung der Schöpfung" in unseren gegenwärtigen gesellschaftlichen Gegenwartsdiskurs eingebracht würde? Was also, wenn wir es ernst nähmen, die Welt um uns herum nicht als eine solche zu verstehen, die irgendwie bedroht ist und von uns irgendwie bewahrt werden muss, sondern als eine, die bejaht ist und von uns bejaht werden soll?

Je länger ich darüber nachdenke, desto inspirierender erscheint mir der Gedanke durchaus – gleichwohl sind die folgenden Gedanken nun wirklich „experimentelle Theologie" und hier als offener Diskussionsvorschlag gedacht.

---

36 KD I/1, 1.
37 KD III/1, 424.
38 A.a.O., 394.
39 Ebd.

Drei Linien sollen hier kurz skizziert werden: *Von Gott bejaht und im "Nachsprechen"*[40] *dieses Urteils also auch von uns zu bejahen und anzunehmen sind erstens der Bund, zweitens die Menschen und drittens die nichtmenschliche Schöpfung.*
Alle drei Linien knüpfen an viele Stellen im KD III-Text an und sind etwa schon in den folgenden zwei Sätzen angelegt:

> „Was das Geschöpf auch sei, dies ist ihm nicht abzusprechen, daß Gott sich mit ihm in der Geschichte Israels solidarisiert hat und daß er in Jesus Christus sogar selbst Geschöpf, Menschensohn aus dem Stamme Abrahams und Davids geworden ist. Fand er es nicht unmöglich und seiner nicht unwürdig, das zu tun, dann hat er in seinem Geschöpf bei aller Verschiedenheit von dessen Wesen gegenüber den Seinigen jedenfalls auch einen Gegenstand seines Wohlgefallens gefunden."[41]

Wie schon erwähnt, gehört für Barth die Rede von der Menschwerdung Jesu Christi bereits in die Rede von der Schöpfung hinein. Von Gott bejaht und darum im Nachsprechen dieses Urteils auch von uns zu bejahen ist also *erstens* der Bund und das bedeutet: die Geschichte der Beziehungen zwischen Schöpfer und Geschöpfen.

Auch in diesem Textstück beharrt Barth darauf: Es geht in der Rede von der geschaffenen Welt nicht darum, eine irgendwie *eigenständige* Kosmologie[42] zu entwickeln. Es ist nicht aus der Beobachtung der Welt etwas abzuleiten, was dann normativ ausgelegt würde. Nein, um zu verstehen, was Schöpfung ist, und damit zusammenhängend die Welt um uns herum zu verstehen, muss der Bund verstanden werden:

> „Daß das göttliche Schaffen den Charakter einer Wohltat hat, das folgt nach dem eben Gesagten unter jedem Gesichtspunkt daraus, daß es in dem Bunde zwischen Gott und Mensch seine Absicht und seinen Sinn hat."[43]

---

40 A.a.O., 442. Vgl. auch a.a.O., 442–446.
41 A.a.O., 380.
42 Barth votiert mitnichten prinzipiell gegen eine theologische Kosmologie (vgl. etwa Larry L. Rasmussen, Die Rückkehr zur Kosmologie, in: *Ökumenische Rundschau* 48 [1999], 1, 3–17, 10). Was Barth ablehnt, ist eine Kosmologie, die unabhängig von der Rede von Gott und Gottes Bund entfaltet würde und aus der direkten menschlichen Beobachtung theologische oder normative Ableitungen vornehmen wollte.
43 KD III/1, 380.

Das bedeutet: Auch von den Geschöpfen lässt sich angemessen nur reden, wenn sie nicht nur zeitlos in ihren Eigenschaften (also etwa ihrer Schmerzempfindlichkeit) betrachtet werden. Man darf sie gewissermaßen nicht aus *der Geschichte der Schöpfung* heraussezieren, um sie zu verstehen. Vielmehr gilt es, sie wirklich als Geschöpfe in ihren Beziehungen zum Schöpfer und allen jeweiligen menschlichen, tierischen und pflanzlichen – vielleicht sogar unbelebten – Mitgeschöpfen zu verstehen.

Barths schon fast refrain-artiges intensives Beharren darauf, dass Schöpfung und Bund nicht auseinandergerissen werden dürfen, macht in diesem Sinne darauf aufmerksam, wie wenig weiterführend die Diskussion um einen „Eigenwert" von Tieren oder Pflanzen für unser Verständnis der uns umgebenden Welt sein dürfte.

Das Eintreten für den Eigenwert von Pflanzen oder Tieren im Diskurs der Gegenwart war der Versuch, das profitorientierte Denken zu durchbrechen, das im Wesentlichen nach dem Wert von Tieren, Pflanzen und Dingen für den Menschen fragte. Es kommt allerdings schnell an seine Grenzen: Stellt man im Sinne eines Pathozentrismus alles ins Zentrum, was wie wir Menschen Schmerz empfinden kann, haben etwa Insekten und Pflanzen eine weniger zentrale Rolle. Das wird deren zentraler Bedeutung für die Nahrungsketten, an denen viele Tiere und Menschen hängen, aber kaum gerecht. Wollte man im Sinne des Biozentrismus den „Eigenwert" alles Lebendigen betonen, so stellt sich die Frage, was dieser „Eigenwert" noch aussagt angesichts des natürlichen und vom Menschen verursachten Sterbens von Einzelexemplaren und sogar des permanenten Aussterbens von Arten.[44] Die Frage verschärft sich, wenn man berücksichtigt, dass es auch Arten gibt, an deren Aussterben wir Menschen sogar sehr bewusst arbeiten, wie etwa an dem des Fuchsbandwurms.

Anstatt also ein Zentrum zu suchen und damit zusammenhängend Wertigkeiten oder Schutzpflichten festzulegen, scheint mir Barths Gedanke darauf hinzuweisen: Das Leben auf der Erde ist nicht nur gemeinsam entstanden und hat bestimmte Eigenschaften ausgeprägt, sondern es hat auch eine gemeinsame Geschichte. Diese ist sicher verworren, gebrochen und multivalent.[45] Daher ist es nicht einfach, sie in den Blick zu nehmen. Sie ist aber we-

---

44 Vgl. hier das oben angeführte Zitat von Haber, Ökologie (Anm. 30), 332.
45 Multivalent ist die Geschichte schon allein deshalb, weil viele verschiedene Lebewesen beteiligt sind. Damit gehen die Wertigkeiten über Ambivalenzen weit hinaus: Was für die einen Arten oder Individuen positiv ist, ist für andere negativ, für wieder andere neutral oder ambivalent. Möglicherweise lässt sich nicht einmal klar ausmachen, ob eine

sentlich, wenn man die Beziehungen von Menschen und nicht-menschlicher Umwelt verstehen will. Daher wird man sich dieser Herausforderung stellen müssen, diese Geschichte in der Rede von den Beziehungen mitzudenken. Von Schöpfung zu sprechen, bedeutet in diesem Zusammenhang nicht nur, dass irgendwie am mythischen Anfang mal ein gemeinsames „Es war sehr gut" stand, sondern dass die Welt auch in ihrer so komplexen und problematischen Geschichte bejaht ist und von uns bejaht werden kann und darf. Das mag nun schon fast zynisch klingen – in einer Gegenwart, in der sich unser Klima um 1,1 Grad erwärmt hat, die Pole abschmelzen, ein Braunalgengürtel derzeit Mexiko und Westafrika verbindet, Korallenriffe und Wälder sterben. Man könnte geneigt sein, von der Geschichte der Menschen und der nicht-menschlichen Schöpfung lieber zu schweigen, weil sie sich uns derzeit vor allem als eine Geschichte der Schuld zu erschließen scheint.

Es ist sicher eine Geschichte der Schuld. Sie gleichwohl anzuerkennen und als die eigene Geschichte zu bejahen, ist aber die Voraussetzung dafür, sich zu fragen, wie diese Geschichte nun weitergehen kann und die Menschen die Verantwortung für das, was sie bewirken, sinnvoll wahrnehmen können. Und das ist im Sinne Barths auch möglich.

Denn *zweitens* ist auch der Mensch als Teil der Schöpfung bejaht. Denn auch die Menschen sind ja das Geschöpf, von dem Barth im bereits erwähnten Absatz schreibt:

> „Was das Geschöpf auch sei, dies ist ihm nicht abzusprechen, daß Gott sich mit ihm in der Geschichte Israels solidarisiert hat und daß er in Jesus Christus sogar selbst Geschöpf, Menschensohn aus dem Stamme Abrahams und Davids geworden ist. Fand er es nicht unmöglich und seiner nicht unwürdig, das zu tun, dann hat er in seinem Geschöpf bei aller Verschiedenheit von dessen Wesen gegenüber den Seinigen jedenfalls auch einen Gegenstand seines Wohlgefallens gefunden."[46]

Der Gedanke, dass vielleicht die Pflanzen- und Tierwelt ohne den Menschen besser dran wäre, ist ja in unserer Zeit durchaus nicht selten gedacht

---

bestimmte Entwicklung für eine Art oder bestimmte Individuen positive oder negative Auswirkungen hat, weil dies wiederum mit einer Fülle von anderen Faktoren zusammenhängt.

46 KD III/1, 380.

und ausgesprochen worden. Auf die Spitze getrieben – möglicherweise in dadaistischer Brechung – lautet er: „Save the planet – kill yourself"[47].

Solche Gedanken, auch wenn sie wesentlich milder und vorsichtiger formuliert werden, sind im Sinne Barths verwehrt: Verwehrt durch Gottes Rechtfertigung der Schöpfung – inklusive des Menschen. Barth jedenfalls bleibt im Basistext beharrlich dabei, dass das Geschöpf trotz allem bejaht ist.

Das bedeutet auch, dass man sich gedanklich nicht dadurch aus der Affäre ziehen kann, dass man darüber nachdenkt, was ohne die Menschen wäre. Die Geschichte ist eben eine Geschichte mit den Menschen, wir sind *wirklich*, und das hat Auswirkungen. Wir können nicht nicht wirken, und daher hat es Relevanz, was wir tun. Wir können auch die Schöpfung letztlich nicht ohne uns denken.

Bejahung der Schöpfung bedeutet in diesem Sinne, die uns umgebende Wirklichkeit nicht als das zu verstehen, was von uns „erhalten" oder „gerettet" werden muss. Diese Kompetenz ist dogmatisch wohl verantwortet beim Schöpfer und Erlöser zu belassen. Dessen „Ja" aber nachzusprechen, dürfte bedeuten, es uns nicht zu leicht zu machen mit dem Umgang mit der nichtmenschlichen Schöpfung. Bejahung könnte durchaus miteinschließen, die Konkurrenz- und Ambivalenzverhältnisse des Lebens auf unserem Planeten mit anzunehmen. Es ist ja nun doch zu bedauern, dass wir dem Fuchsbandwurm im Interesse der Menschen und Tiere, die er befällt, nichts anderes anzubieten haben als seine Ausrottung. Auch wenn ich in diesem Fall keinen Weg einer friedlichen Koexistenz zu denken vermag, so dürfte eine Bejahung der Schöpfung zumindest darauf hinauslaufen, dass die menschliche Anstrengung und Phantasie darauf zu verwenden ist, die nicht-menschliche Schöpfung möglichst in ihrem eigenen Leben und Sein zu würdigen und nicht zu zerstören. Dass sich etwa Bauprojekte durchaus auch inklusive der Rücksicht auf tierische und pflanzliche Lebensformen planen lassen, mag in diesem Sinne ein Schritt in die richtige Richtung sein.

Denn es kommt noch *drittens* hinzu: Bejaht und von uns zu bejahen ist auch die nicht-menschliche Schöpfung. Jesus Christus wird Geschöpf. Barth verwendet in diesem Kontext auffällig konsequent den Begriff „Geschöpf" – und eben nicht „Mensch". Hier und da sind dabei eindeutig Menschen ge-

---

47 Der Slogan wurde von Chris Korda als Titel eines Liedes und einer Single bekannt, vgl. https://de.wikipedia.org/wiki/Chris_Korda (Stand: 15.03.2024). Inzwischen findet er sich auch auf T-Shirts und Aufklebern. Vgl. in knapper kritischer Aufnahme etwa den Kommentar auf der Webseite https://www.downtoearth.org/blogs/2010-03/save-planet-kill-yourself (Stand: 15.03.2024).

meint. An vielen anderen Stellen ist diese Bedeutung aber keineswegs zwingend, und man kann erstaunlich viele Aussagen tatsächlich auch auf nichtmenschliche Geschöpfe beziehen. Das dürfte kein Zufall sein und zeigt sich ebenfalls an dem bereits zitierten Abschnitt:

> „Was das Geschöpf auch sei, dies ist ihm nicht abzusprechen, daß Gott sich mit ihm in der Geschichte Israels solidarisiert hat und daß er in Jesus Christus sogar selbst *Geschöpf, Menschensohn aus dem Stamme Abrahams und Davids* geworden ist. Fand er es nicht unmöglich und seiner nicht unwürdig, das zu tun, dann hat er in seinem Geschöpf bei aller Verschiedenheit von dessen Wesen gegenüber den Seinigen jedenfalls auch einen Gegenstand seines Wohlgefallens gefunden."[48]

Jesus Christus wird Geschöpf; genauer gesagt: Menschensohn; genauer gesagt: Mensch aus dem Stamme Abrahams und Davids.

Aber in allererster Linie wird er Geschöpf. Ja, er wird Mensch und kein Hase. Das ist richtig. Genauso richtig, wie dass er Jude aus dem Stamme Abrahams und Davids wird. Ja, er wird Mann und nicht Frau. Dennoch erfährt das Menschsein aller Menschen *eine Veränderung dadurch, dass Gott in Jesus Christus selbst Mensch wird*, ganz egal wie nah ihre Hautfarbe, ihr Geschlecht oder ihre Lebenszeit an seiner liegen. Man ist in Jesus Christus nicht irgendwie „mehr" erlöst, weil man dem irdischen Jesus ähnlicher ist.

Dieser Gedanke hat sich in der Theologie schon lange durchgesetzt. Man kann aber bei Barth hier eine Linie wahrnehmen, die deutlich ungewohnter sein dürfte: Indem Jesus Mensch wird, wird er auch Geschöpf. Gott solidarisiert sich nicht nur mit den Menschen, sondern damit tatsächlich mit seinen Geschöpfen insgesamt. Vielleicht ist Barths Position am besten auf den Punkt gebracht, wenn man sagt: Es ändert sich etwas, aber wir wissen nicht so genau, was das bedeutet. Die Beziehungen zwischen Gott und nichtmenschlicher Schöpfung sind uns in gewissen Teilen entzogen. Es wird in diesem Bereich, mit einem Begriff aus KD III/4 beschrieben, recht „dunkel". Wir erhalten von Tigern, Kühen und Bäumen nun leider wenig Auskunft über ihre Beziehungen zu Gott, aber das muss ja nicht bedeuten, dass diese – in welcher Form auch immer – nicht-existent wären.

Was kann eine Bejahung der Schöpfung für unser Verständnis der nichtmenschlichen Kreaturen bedeuten? Vielleicht zumindest dies, dass um unsere Beziehung zu den nicht-menschlichen Kreaturen jedenfalls zu ringen ist.

---

48 KD III/1, 380.

Möglicherweise ließe sich eine Rede von der „Bejahung der Schöpfung" auch noch anders ausbuchstabieren als in den drei von mir angedeuteten Linien. Der Gedanke scheint mir jedenfalls durchaus Inspirationen zu bergen, um den blauen Planeten weniger als unseren Patienten, unsere Eiskugel oder die in unseren Händen liegende zerbrechliche Sphäre wahrzunehmen. Vielleicht kann man ihn als den Lebensraum von Menschen, Tieren und Pflanzen verstehen, den ihr Schöpfer nicht nur für sie konstituiert hat, sondern in dem sich ihr Leben ereignet und ihre Geschichte sich entfaltet. Es könnte jedenfalls weiterführend sein, danach zu suchen, wie das „Ja" des Schöpfers zu der Schöpfung und dem sich in und durch sie ereignenden Bund von unserer Seite aus nachgesprochen werden kann.

Christopher Southgate

Glory and suffering in an evolving creation

Introduction

This article is based on the address I had the honour to give to the 53rd International Karl Barth Conference in Chrischona in July 2023. I am very grateful for the invitation to speak to the Conference, and also to publish some of my recent thoughts on this subject.

I was asked to talk about my understanding of God's glory in the natural world, which I published in my monograph *Theology in a Suffering World: Glory and Longing*.[1] In this article I outline that understanding of divine glory, and then relate it to some new debate on the problem of suffering in the natural world, which will in turn bring me into dialogue with recent work on Barth's *Das Nichtige*.

Understanding the character of divine glory

It is from the linguistic limitations of the English language that I want to begin. Because my computer, asked to translate 'glory' into German, offered me six words, die Herrlichkeit, der Ruhm, die Ehre, der Glanz, die Pracht, and die Glorie. English just has the one word, with many different associations, but the dominant connotation in popular uses of the word is of amazingly beautiful light or radiance. We speak of glorious sunsets, and when we think of God's glory English speakers are inclined to think of wonderful clouds with a radiant golden tinge to them.

Indeed the word 'glory' is often used in English-speaking liturgy and theological discourse without any clear idea of what is meant. Gordon Fee in

---

1 Christopher Southgate, *Theology in a Suffering World: Glory and Longing*, Cambridge: Cambridge University Press, 2018. Some elements of the first half of this article are based on sections of this book, and are reproduced with permission.

his commentary on 1. Corinthians says 'to define this term is like trying to pick up mercury between one's fingers'.[2]

But what I am clear about is that divine glory cannot just be about gold-edged clouds. God's glory is something much more profound and enigmatic. In the Hebrew Bible there are also several words for divine glory, but much the most important is *kavōd*. And interestingly the connotations of *kavōd* are those of weight, not light. In Gen 31 it refers to the weight of human possessions. As the American scholar Jason Fout notes, 'When used of God, *kabod* assumes a more expansive meaning, referring to God's "presence", "splendour", or "that which makes God impressive to humanity", or "the force of [God's] self-manifestation".[3] The *kavōd Adonai*, then, is a way of talking about the weight of divine reality somehow made present to human observers, most dramatically in the various theophanies in Exodus, and at Is 6 and Ezek 1. But when we look at those manifestations of God's glory we do not necessarily see beauty or light.

I return below to how the creation might speak to us of glory. But what these Hebrew Bible passages suggest to us is that when we see glory we catch a glimpse of something awesome and terrible in the weight of its reality. We catch a glimpse of the sheer Godness of God in Godself. Indeed I take that to be the root meaning of the word 'Herrlichkeit', 'Lord-like-ness'.

And when we turn to the New Testament, especially the Fourth Gospel, we arrive at a related conclusion. John declares in the Prologue that glory becomes visible, not hidden, when the Word becomes flesh and dwells among us (Jn 1.14).[4] Such glory is 'full of grace and truth', 'the radiance of the character of God'.[5] Jesus' visible glory is evident throughout his ministry (cf. Jn 1.14; 2.11), which is perhaps why John has no need to record a scene of transfiguration.

---

2   Gordon Fee, *The First Epistle to the Corinthians*, Grand Rapids: Eerdmans, 1987, 515–516. This is a particularly skilful analogy because mercury is the densest of all liquids. Its liquidness connotes its elusiveness; its density connotes the weightiness with which divine glory is associated.

3   Jason A. Fout, *Fully Alive: The Glory of God and the Human Creature in Karl Barth, Hans Urs von Balthasar and the Theological Exegesis of Scripture*, London: Bloomsbury T&T Clark, 2015, 147–148.

4   Richard Bauckham, *Gospel of Glory: Major Themes in Johannine Theology*, Grand Rapids, MI: Baker Academic, 2015, 51.

5   Ibid., 52.

And the whole sequence of Jesus' humiliation, suffering, death and exaltation is his glorification.[6] David Moody Smith says this:

> 'the concept of glory [...] in the Fourth Gospel is intimately connected with revelation and with Jesus' death [...]. So Jesus redefines glory, even the glory of God [...].'[7]

So once again we are forced to the conclusion that God's glory is not about beauty or gold-edged clouds. It is about what shows us the weight of the reality of God, and this includes terrifying theophany, but also the uttermost of sacrificial love, enduring torture, abandonment and the most agonizing of deaths.

Karl Barth offers fascinating reflections on glory as the self-declaration of God. And I distinguish sharply between creaturely glorification of God and divine glory itself. God's greatness *requires* no glorification. Praise is the proper response of the creature to the creator, but creaturely praise adds nothing to the divine glory. This is the vital distinction between creaturely glory, which may be almost entirely manufactured out of the praise of others (as with a supermodel, or a rock singer or a sportsman overhyped on the basis of a single performance) and the divine glory, in which there is no shadow of inflation or illusion. It may seem curious to distinguish so strongly between two uses of the same root word, between creaturely glorification and divine glory. But theology must so distinguish, because this is a part of the way we must understand the distinction between creature and creator.[8]

Thinking through these biblical perceptions of the glory of God, I come to the conclusion that divine glory is best understood in terms of sign. So I propose this understanding:

1. Because the depth of the divine reality is utterly beyond human knowing, and because glory is always represented in the Bible as something apprehensible, I propose that *the apprehension of divine glory is typically the perception of a sign or array of signs pointing beyond itself to the unknowable depths of the reality of God.*

---

6   Ibid., 54.
7   David Moody Smith, *The Theology of the Gospel of John* (Cambridge: Cambridge University Press, 1995), 121–122.
8   Southgate, *Theology* (note 1), 23.

2. That sign, being a self-communication of the divine nature, *always calls for a human response*.⁹

Glory in the natural world

In this second section, I want to explore how God's glory might be seen in the contemplation of the natural world. As soon as I mention that I recall Barth's suspicion of natural theology, so I feel the need to make clear what my approach to this will be.

There has been a recent revival of interest in the enterprise of natural theology, taken forward in the UK especially by Alister McGrath.[10] This form of natural theology begins with a conviction as to the existence and character of the God revealed in the Christian Scriptures and understood within the Christian tradition, and then asks what further might be understood of the ways of that God with the world on the basis of the contemplation of creatures, and the systems within which they live.[11]

My approach closely resembles what is described by John Wisdom, when he writes:

'The theist goes over the details of his world, tracing and emphasizing patterns and connections that support his conviction, and presumably also trying to explain the gaps and recalcitrant facts that count against his belief. The very conviction from which he begins perhaps causes him to notice connections that would not otherwise have been noted, or to be painfully aware at other points of a seeming lack of connections. In the long run, the picture must be acknowledged to be ambiguous, in the sense that no finally conclusive proof in support of his conviction can be offered by the theist, or, for that matter, by the atheist who has been calling attention to other elements in the picture. Yet it has been important that the theist has exposed his conviction to a confrontation with the

---

9   Ibid., 8.
10 Alister E. McGrath, *Re-imagining Nature: The Promise of a Christian Natural Theology*, Chichester: Wiley, 2016, drawing on his *Darwinism and the Divine: evolutionary thought and natural theology*, Oxford: Wiley-Blackwell, 2011, and *A fine-tuned universe: the quest for God in science and theology: the 2009 Gifford Lectures*, Louisville, KY: Westminster John Knox Press, 2009.
11 This is in keeping with the patristic approach as reported by von Balthasar, who notes that the Fathers 'possessed a theology of creation which [...] attributed creation's aesthetic values *eminenter* to the creating principle itself.' Hans Urs von Balthasar, *The Glory of the Lord: A Theological Aesthetics: Vol. 1*, transl. E. Leivà-Merkakis, ed. J. Fessio, SJ, and J. Riches, Edinburgh: T&T Clark, 1982, 38.

observable facts of our world, and has shown that is at least not incompatible with them.'[12]

Of course it is easy to find aspects of the natural world that speak to us of glory. Famously, the poet William Blake was able to see eternity in a grain of sand and heaven in a wildflower. The nature films of David Attenborough and others, which exercise such influence over contemporary imaginations, show extraordinary beauty and intricacy of adaptation in parts of the world we shall never be able to see for ourselves.

But I want now to explore three cases that test our contemplation of glory in the natural world in very difficult ways. First, the terribly tragic event of the tsunami of 2004, which caused the death of 230,000 people around the Indian Ocean basin. I do not of course want to say that the tsunami was glorious, but I do want to say that it manifested elements of glory in God's bringing into existence massive forces that have made this planet fruitful for life; in the capacities of animals to sense the tsunami coming; in God's huge compassion for every victim, God's presence to the puzzled, angry and needy worshipper in Word and eucharist, God's promise of redeemed and fulfilled life from which every tear has been wiped away. When we rightly contemplate the tsunami we see, then, a complex array of signs pointing to the deep reality behind the event. To pursue these questions with the maximum honesty, however awkward and easily misunderstood the enquiry might be, is the task of the theologian taking, as Barth said, rational trouble over the mystery.

A second example – a golden eagle hunting down a mountain hare. Here the event includes long evolutionary histories of predator and prey. It includes the power and expertise of flight of the eagle, its extraordinary visual acuity that picks out its prey at a vast distance, the quickness and agility of the hare, the twists and turns of the hunt, and the fear and pain of the victim. It includes (I venture to suggest) God's delight in all those creaturely skills, and God's closeness to the suffering hare, in a particular and peculiar relationship of love and praise *in extremis*. All these creaturely strategies for living are signs of the fruitfulness and generosity of God's creative act.

My last example is perhaps the most troubling and difficult of the three. On the lower slopes of a mountain in Africa a young child has her blood sucked by a female anopheles mosquito. The protozoan *Plasmodium falci-*

---

12 John Wisdom, *Philosophy and Psycho-analysis*, Oxford: Blackwell, 1953, 149.

parens is transmitted to her blood, through which it travels to her liver to multiply. Sexual reproduction of *falciparens* becomes possible when the now-malarial child is bitten again by another plasmodium-carrying mosquito. Again as with the tsunami, divine compassion and eventual redemption is a component of this event. But another element is the intricacy and efficacy of the complex life-cycle of the parasite. There is a sort of evolved ingenuity even within this form of 'cheating' on co-operation that could be thought to express something of the fecundity and generativity of creation. As such it too, hard and troubling though it is to say, it too might be seen as an aspect of the divine glory.[13]

Implications for theodicy in respect of non-human suffering

Well, that is a radical and uncomfortable position on natural evil. And you may say to me – how can such a creation be the one God adjudged 'very good', *tōv meōd*, at Gen 1.31? Must we not admit an element of fallenness that detracts from and distorts God's intentions for the non-human creation? Well, many commentators[14] have wanted to point out that *tōv* is not an adjective connoting some abstract perfection, but rather it implies fitness for purpose. And it is possible to hold that even such a profoundly ambiguous world is fit for the divine purpose of realising great values in creation. On this reading even processes that seem to us profoundly ugly, and cause great creaturely suffering, can be seen as signs of God as creator, the God of weal and woe alike, as Isaiah 45.7 puts it. A God who puts in place processes involving great power and ingenuity, – tectonic activity keeps the Earth fruitful for life; evolutionary processes lead to great beauty, diversity, and intricacy in the biological world.

It seems to me that Barth shows himself aware of this ambiguity in creation when he writes of the shadow side of creation:

> 'this negative side is not to be identified with nothingness, nor must it be postulated that the latter belongs to the essence of creaturely nature and may somehow be understood and interpreted as a mark of its character and perfection. It

---

13 Southgate, *Theology* (note 1), 141–144. Frances Young too calls for 'a perspective humbled by the wondrous ways in which we ourselves are integrated into the natural order, with DNA sequences similar to the malarial parasite.' *God's Presence: A Contemporary Recapitulation of Early Christianity*, Cambridge: Cambridge University Press, 2013, 68.
14 E.g. John Rogerson, *Genesis 1–11*, Sheffield: JSOT Press, 1991.

belongs to the essence of creaturely nature, and is indeed a mark of its perfection, that it has in fact this negative side.'[15]

Admittedly, Barth is not an easy conversation partner in respect of a scientifically-informed perspective on natural evil. When he writes:

'History *begins* with the story of sin and the Fall (Gen. 3), and it is the *fallen* world we inhabit that has the "struggle for existence" at its heart, a struggle that "does not correspond with the true and original creative will of God, and [...] therefore stands under a *caveat*",[16]

it is clear that he is not thinking in terms of the long stretches of evolutionary time in which there was great creaturely suffering but no creature like the human or capable of sin. But nevertheless Barth does seem to want to acknowledge that a very good creation can contain disvalues as well as values, and that those disvalues can contribute to the character or perfection of the whole.

However, Barth also finds a place for that most enigmatic of understandings of evil, *Das Nichtige*. Dr. Wüthrich has recently written on this and I have benefitted greatly from his article. He writes as I understand him that *Das Nichtige* has to be understood as an ontological category of its own, neither Creator nor creature, an inevitable but not necessary corollary of there being a creation. *Das Nichtige* underpins a network of phenomena – 'sin, evil, death, devil/demons, chaos and hell.'[17]

Dr. Wüthrich is considering there suffering in the human world. My principal research interest for many years has been suffering in the non-human world.[18] In 2022 I convened what proved a fascinating colloquium in Oxford, bringing together five different positions on this aspect of suffering. There could be a debate about whether it is appropriate to separate out the

---

15 Karl Barth, *Church Dogmatics, Vol. 3 Part 3: The Doctrine of Creation*, transl. G.W. Bromiley and R.J. Erhlich, ed. G.W. Bromiley and T.F. Torrance, Edinburgh: T&T Clark, 1961, 298.
16 Karl Barth, *Church Dogmatics*, Vol. 4, Part 3 first half: *The Doctrine of Reconciliation*, transl. G.W. Bromiley, ed. G.W. Bromiley and T.F. Torrance, Edinburgh: T&T Clark, 1961, 353.
17 Matthias D. Wüthrich, An Entirely Different 'Theodicy': Karl Barth's Interpretation of Human Suffering in the Context of his Doctrine of *Das Nichtige*, in *Int. J. Syst. Theol.* 23 (4) (2021), 593–616.
18 See Christopher Southgate, *Monotheism and the Suffering of Animals in Nature*, Cambridge: Cambridge University Press, 2018, and references therein.

non-human world from human sin and its effects, but the colloquium focussed specifically on the great span of violence, struggle, suffering and death in non-human creatures over evolutionary time.

And we had much discussion of whether it was coherent to hold to two different categories of disvalue in creation – on the one hand, proportionate disvalues, necessary to the development of values in creation, and on the other hand what might be termed gratuitous evils, phenomena that seem to speak of an overplus of ugliness, viciousness, and violence, beyond what seems necessary to the evolutionary process. The second category of phenomena seem to speak of resistance to the divine will. What is interesting to me is that it seems possible that this distinction between proportionate and gratuitous evils is the same type of distinction that Barth is drawing between the shadow side of creation and *Das Nichtige*.

Of the five positions that were advanced at the Oxford meeting, two scholars felt that *all* the harms and suffering in the natural world reflected resistance to the divine will. All violence, disease, and death reflected this resistance. So these two scholars made no room for Barth's shadow side of creation. One of them assigned the cause of the resistance to the rebellion of the angels, a position going back in the modern period to the Anglican theologian E.L. Mascall. The other scholar took a Barthian *Nichtige*-type view – the origins of the resistance are inexplicable in ordinary terms. It can be understood only in terms of Christ's victory over it.

A third scholar thought there was both proportionate and gratuitous suffering, and that the gratuitous suffering stemmed from creaturely resistance to the divine will at every level of creation. But he did not want to blame this resistance either on angels, or on an evil force. Rather this was a free-process type of argument – God endows creaturely entities with freedom, which they may use for or against the loving purposes of God.

Another scholar, in contrast, felt that there was no need to talk about any overplus of suffering in nature. Everything about the natural world, before the evolution of human sin, reflects God's creative purposes and desire for creatures to experience divine love in conditions of freedom. There is no phenomenon in the non-human world we need to attribute to the effects of resistance to God's will. And that is effectively the position I took in my book *Theology in a Suffering World*. Everything in nature, even what is ugly and disturbing and full of suffering, speaks of God's glory. Even the shadow side of creation praises God, perhaps indeed as Barth says:

'creation and creature are good even in the fact that all that is exists in this contrast and antithesis. In all this, far from being null, it praises its Creator even on its shadowy side, even in the negative aspect in which it is so near to nothingness [...]. For all we can tell, may not His creatures praise Him more mightily in humiliation than in exaltation, in need than in plenty, in fear than in joy, on the frontier of nothingness than when wholly orientated on God.'[19]

This position, in which all creation speaks of God's glory, both the light side and the shadow side, and none of it resists God until the coming of human sin, seems to me entirely consistent. It is not exactly a theodicy. It does not seek to excuse God before the bar of human reason. It has much more in common with the divine speeches in Job 38-41 – God's creative work is so immense that our analyses are completely inadequate to pick out what might or might not incriminate God.

I have great sympathy with this last position. It seems to me the tidiest, and most scientifically-attuned account of the natural world as God's creation. But in my 2022 Boyle Lecture[20] I found myself experimenting with a modification of this position, in which I made space for a certain element of 'pointless evil', resistance to the loving creative purposes of God, perhaps ultimately traceable back to the resistance of spiritual powers from before the world as we know it even began.

Interestingly David Bentley Hart, in his book on the tsunami, wanted to make a related proposal. He writes there of God 'who sealed up the doors of the sea [permitting] them to be opened again by another, more reckless hand [...] that that [God's] will can be resisted by a real and [...] autonomous force of defiance.'[21]

Well, I don't find that resistance in the tsunami. For me, terrible event as it was, and compounded by much human folly, that would definitely be part of the operation of the shadow side of a creation that God has made fruitful for life.

But I now wonder whether I was wrong in the third example I gave above of glory in the natural world. I wonder whether we can see indications of

---

19 Karl Barth, *Church Dogmatics Vol. 3, Part 3: The Doctrine of Creation*, transl. G.W. Bromiley and R.J. Ehrlich, ed. G.W. Bromiley and T.F. Torrance, Edinburgh: T&T Clark, 1961, 297.
20 Published as Christopher Southgate, 'God and a World of Natural Evil: Theology and Science in Hard Conversation, The 2022 Boyle Lecture', *Zygon* 57 (4) (2022), 1124–1134.
21 David Bentley Hart, *The Doors of the Sea: Where was God in the Tsunami?*, Grand Rapids, MI: Eerdmans, 2005, 63.

resistance to divine will in the phenomenon of parasitism, which occasions great suffering not only in humans but in a range of other animals. In parasitism simpler organisms drain the strength of more complex ones. Cancers are an extreme example, distorting the beauty of creatures and draining away their flourishing to make something that is both ugly and biologically primitive. The most pronounced example of this counter-creative behaviour would be the life-cycle of viruses, which hijack the machinery of their living host cells to make more capsules of virus. So something that is not alive proliferates at the expense of living things. This seems to me to be a good candidate for a resistance to the work of God in the Holy Spirit, confessed in the Niceno-Constantinopolitan Creed as 'the Lord and giver of life'.

Well, if it is correct that there is an element of resistance in the non-human world to God's creative purposes, the origins of which resistance are ultimately mysterious, and which God in turn continually counters through God's benevolent providence (such as creating the processes by which viruses become incorporated into host genomes and put to useful purposes), and if we take the Cross of Christ as God's deepest engagement with this resistance, leading ultimately to its defeat, then perhaps I am more of a sympathiser with *Das Nichtige* than I would ever have thought. I agree moreover with Dr. Wüthrich that Barth's *Nichtige* cannot constitute a theodicy, in the sense of giving an account based on human reason of why God's goodness is compatible with the existence of evils.

The question remains, *do* we need, in contemplating the non-human world, a category of pain and natural evil Paul Fiddes has termed 'disproportionate',[22] or sometimes 'excessive' suffering,[23] distinguished from 'inescapable' pain.[24] This category of the excessive could correspond not to Barth's shadow side but to *Das Nichtige*. That leads to the further question: if we do need to invoke such a category, can we assign it a cause, either in the character of non-human creatures in general, or in an ultimate creaturely rebellion by angels, principalities or powers? Or should we be content with the agnostic, atheodical formulation so subtly framed by Barth's writing on *Das Nichtige*, which as Wüthrich shows introduces an ontological category all of its own.

---

22 Paul S. Fiddes, *Participating in God: A Pastoral Doctrine of the Trinity*, London: Darton, Longman and Todd, 2000, 235.
23 Paul S. Fiddes, *The Creative Suffering of God*, Oxford: Clarendon Press, 1988, 227; *Participating in God* (note 22), 167.
24 Fiddes, *Creative Suffering* (note 23), 227.

As so often in the area of theodicy, different positions have strengths and weaknesses (or perhaps varying degrees of weakness). The strength of an understanding of the non-human world that denies that there is any disproportionate or excessive suffering, and insists there is only what Barth called the shadow side, necessary to the character and integrity of the creation as a whole, is its internal coherence, and its support for a theology of God the creator *ex nihilo*. What God willed, has come to pass.

Such a position has received some support from a recent book by Victoria Campbell[25] in which she analyses the scientific evidence around the suffering and distress caused by predation. She claims that various phenomena, such as 'shock anaesthesia' and the underdeveloped brains of fledgling altricial birds, minimise the actual suffering involved in predation, and that that speaks of God's providential care operative in such situations. Implicit in Campbell's position seems to be a version of the only-way argument (though she does not articulate this).[26] Namely that this sort of world, characterised by evolution by natural selection, was indeed the only type of world that could give rise to the values God desired to arise in creation, and that what we see when we look in detail at such a world is how God has worked to minimise the concomitant suffering, the darkness and extent of the shadow, if you will.

Weaknesses in this type of view include the difficulty (which still persists in the light of Campbell's argument) in accounting for why God's options in creating were limited in any way, and the familiar anti-Leibnizian argument that any view that says that 'Everything happens for the best'[27] has failed to take suffering with sufficient seriousness. Also, this view establishes a sharp discontinuity between non-human nature and human behaviour, behaviour which seems – all too tragically evidently in our own time – to include in all too great measure the disproportionate, the excessive, the downright wicked infliction and experience of suffering. Contemporary ethology and much current theology[28] run counter to such a radical distinction between human

---

25 Victoria Campbell, *The Problem of Animal Pain*, Cambridge: Cambridge University Press, 2024.
26 For this type of argument see Christopher Southgate, *The Groaning of Creation: God, Evolution and the Problem of Evil*, Louisville, KY: Westminster John Knox Press, 2008, Ch. 3; '"Free-Process" and "Only Way" Arguments' in *Finding Ourselves after Darwin: Conversations on the Image of God, Original Sin, and the Problem of Evil*, Grand Rapids, MI: Baker Books, 2018, 293–305.
27 Susan Neiman, *Evil in Modern Thought: An Alternative History of Philosophy*, Princeton, NJ: Princeton University Press, 2004, 35.
28 E.g. David Clough, *On Animals, Vol. 1: Systematic Theology*, London: T&T Clark, 2011.

and non-human capacities and behaviour, though it might gain some support from Simon Conway Morris's recent insistence on just how much human intelligence differs from that of any other animal.[29] And with such distinctiveness, it might be argued, emerges tremendous power for good and ill.

By contrast, the difficulty experienced by theologians wanting to insist on an element of excessive suffering, beyond what is a necessary aspect of the shadow side, consists partly in the difficulty of agreeing where the not-willed-by-God aspect of the creation begins and ends. For Neil Messer, violence and death fall into this category, and he adduces biblical support from Isaiah's vision of the peaceable kingdom, and from the ministry of Jesus.[30] I cannot agree with the idea that death is part of the phenomena occasioned by this alien mystery. Death is integral to biology at all levels of complexity – it is what makes space for new generations of creatures and new possibilities in evolution. So surely it would be better assigned to the shadow side of creation. For Fiddes, 'we can regard natural death as a provisional stage within God's purpose for the maturing of mankind, a boundary which is finally to be abolished.'[31]

My own recent proposal, outlined above, focusses on parasitism, and phenomena that counter the growth of complexity and interdependence. Campbell's analysis does not engage with parasitism of animals capable of suffering (beyond observing that the parasitised are more likely to be culled by predation). Jon Garvey has also argued that creaturely suffering has been greatly exaggerated, and has pointed that parasitism in insects not only abounds, but merges with symbiosis.[32] But he too fails to engage with the suffering of mammals suffering from parasites, or indeed chronic disease.

So there are unresolved issues around what might constitute unwilled-by-God struggle and suffering in the non-human world. But we may also press our further question – if there is struggle and suffering in that category, can it be attributed to a rebellious cause, or must we revert to Barth's extraor-

---

29 Simon Conway Morris, *From Extra-terrestrials to Animal Minds: Six Myths of Evolution*, West Conshohocken, PA: Templeton Foundation Press, 2022.
30 Neil Messer, *Science in Theology: Encounters between Science and the Christian Tradition*, London: Bloomsbury, 2020; 'Natural Evil after Darwin' in *Theology after Darwin*, Milton Keynes: Paternoster, 2009, 139–54.
31 Fiddes, *Creative Suffering* (note 23), 223.
32 Jon Garvey, *God's Good Earth: The Case for an Unfallen Creation*, Eugene, OR: Cascade Books, 2019.

dinarily ingenious *Nichtige*-formulation, which cannot be a cause in creation but which is nevertheless what God defeats at the Cross?

Anyone attracted to a *Nichtige* approach to natural evil has to confront the question – if *Das Nichtige* is an inevitable consequence of God inaugurating creation, as Barth seems to hint, then does God not bear responsibility for it? And how then, in respect of the theodicy problem of suffering in the natural world, does it differ from the shadow side of creation? And like proponents of the only-way argument, proponents of *Nichtige* have to explain how this constraint on God's creation is defeated by the Cross.

Hence the attraction of tracing creaturely resistance back to an ultimate cause in spiritual rebellion preceding this physical creation (hence not investigable by science). The power of the rebellious forces must not be exaggerated in a theology of *creatio ex nihilo*. The overall character of the creation does still reflect the extraordinary power and ingenuity of its creator. (And as John Schneider has helpfully suggested, one of the tasks of evolutionary theodicy is to support this sort of 'theistic sight' in respect of the biological world.[33]) But rebellion, understood as manifest in a temptation to creaturely resistance to the divine purposes, may be detectable at the margin of that creation. And it may be understood as gaining in power and evil effect in creatures with the capacity to plan and coordinate resistance to the purposes of love and cooperation – a capacity perhaps emerging in chimpanzees, and all too tragically evident in human beings. Such an approach may also make it easier to articulate how the Cross constitutes a defeat of the ultimate causes of creaturely resistance, via a Christus-Victor model.

If Wüthrich is correct that the inexplicable *das Nichtige* includes 'devil/ demons', perhaps Barth's position embraces this possibility. But that would erode the claim that it is an ontological category of its own. However the great theologian's instinct that we should not attempt too extensive a rational characterisation of this force of rebellion, while yet resisting a sense of God's total responsibility for it, is perhaps a good place to rest, at least provisionally, in this dynamic and fascinating debate.

This article has endeavoured to characterise divine glory in terms of signs of the Godness of God, including such signs as may be inferred from the character of the natural world. In the second half of the discussion, it has explored the strengths and weaknesses of recent thinking in relation to struggle

---

33 John R. Schneider, *Animal Suffering and the Darwinian Problem of Evil*, Cambridge: Cambridge University Press, 2020, 45.

and suffering among non-human creatures, in dialogue with Barth's formulation of *Das Nichtige*.

Iwand-Symposion 2023
Flucht, Vertreibung, Heimat

Emmanuel L. Rehfeld

„Recht auf Heimat"?

Biblisch-theologische Akzente in Hans Joachim Iwands Sicht auf Flucht und Vertreibung nach 1945[1]

1. Hinführung

„Wenn ein Engel Gottes vom Himmel her das blutgetränkte Feld des Ostens sehen könnte, dann würde er gewiß nicht mehr unterscheiden zwischen den Nationen, wie wir das in unserer Verblendung tun, sondern zwischen denen, die Unrecht tun[,] und denen, die Unrecht leiden. Allen Tränen, die da geflossen sind, gilt die Verheißung, daß sie einmal getrocknet werden, allen Menschen, die da gesündigt haben, gilt das Evangelium, daß das Kreuz auch für sie errichtet ist, über allen Gräbern, die da ausgehoben wurden und in denen so viele, viele unschuldige Menschen ihr viel zu frühes Ende fanden, wird die Ostersonne unseres Herrn aufgehen, denn *Er* allein ist Richter und der Tag der

---

[1] Der Beitrag geht zurück auf einen Vortrag in Uelzen am 29.09.2023 im Rahmen des 37. Iwand-Symposions: „Flucht, Vertreibung, Heimat. Hans Joachim Iwand als Theologe, Prediger und Seelsorger einer *theologia viatorum*". Für die Publikation wurde das Manuskript um gut die Hälfte gekürzt. Um den Anmerkungsapparat zu entlasten, führe ich Iwand-Zitate i.d.R. abgekürzt nach folgenden Siglen an: *FO = Frieden mit dem Osten. Texte 1933–1959* (KT 28), hg. von Gerard C. den Hertog, München 1988; *GA I = Um den rechten Glauben. Gesammelte Aufsätze* (TB 9), hg. von Karl Gerhard Steck, München 1959; *NW = Nachgelassene Werke*, 6 Bde., hg. von Helmut Gollwitzer u.a., München 1962–1974; *NW NF = Nachgelassene Werke. Neue Folge*, 4 Bde., hg. von der Hans-Iwand-Stiftung, Gütersloh 1998–2004; *TZ = Hans Joachim Iwand – Theologie in der Zeit. Lebensabriß und Briefdokumentation. Bibliographie* (KT 85), hg. von Peter Sänger und Dieter Pauly, München 1992. Iwand-Texte, die in der Zeitschrift *Junge Kirche* (JK) erschienen sind, zitiere ich nur nach Jahrgang und Seitenzahl. Darüber hinaus zitiere ich mündliche Iwand-Äußerungen nach Buchhaas-Birkholz = „*Zum politischen Weg unseres Volkes". Politische Leitbilder und Vorstellungen im deutschen Protestantismus 1945–1952. Eine Dokumentation* (Veröffentlichung der Kommission für Geschichte des Parlamentarismus und der politischen Parteien), bearb. von Dorothee Buchhaas-Birkholz, Düsseldorf 1989.

Auferstehung bleibt der Tag Seiner Gerechtigkeit. Darum sollen wir alles tun, um jenen Frieden zu verwirklichen, den Jesus in die Welt gebracht hat."[2]

Sätze wie diese, geschrieben unter dem Eindruck von Schilderungen unvorstellbaren Grauens, lassen uns Nachgeborene wohl am besten erahnen, was Hans Joachim Iwand umtrieb und wie ihn die Reflexion dieser Eindrücke zu einem ganz bestimmten Umgang mit dem Problem von „Flucht, Vertreibung, Heimat" führte, das nach 1945 viele Diskurse bestimmte. Hier klingen die Ziele an, für die Iwand sich nach dem Krieg kompromisslos einsetzt: echter, bedingungsloser Frieden und ernsthafte, vorbehaltlose Versöhnung. Es geht darum, „ein Neues zu bauen – ein Neues, das aus dem Glauben, aus Liebe und Hoffnung geboren ist, aus einer tiefen, dem Leid und der Schuld gerechtwerden wollenden Umkehr."[3]

Doch was bedeutet es mit Blick auf die Flüchtlings- und Vertriebenenfrage (aber auch angesichts der Rufe nach deutscher Wiederbewaffnung und westdeutscher NATO-Mitgliedschaft), die „Verwirklichung" des weltumspannenden Christusfriedens (*FO*, 172–174) unter *allen* Umständen und mit *allen* zur Verfügung stehenden Kräften voranzutreiben? Welche Rolle spielen für Iwand biblisch-theologische Erkenntnisse, die seine Erwägungen anderwärts so offenkundig durchdringen?

2. Der tiefgreifende Bruch und seine Konsequenz: unbedingter Einsatz für den Frieden

Verständlich werden Iwands Äußerungen und sein praktischer Einsatz nur vor dem Hintergrund jenes fundamentalen *Bruchs*, den er durch den Nationalsozialismus wohl schonungslos zutage getreten, jedoch schon lange davor angebahnt und durch schweres kirchliches Fehlverhalten mitverursacht sah. Dass er selbst – wie viele andere – erst mit der Zeit für diese Zusammenhänge sensibel wurde, hat Iwand im wahrsten Sinn des Wortes zu *denken* gegeben und ihn auch zu tiefgreifenden *theologischen* Korrekturen veranlasst.

Nimmt man die Wendungen in Iwands eigener theologischer *und* politischer Existenz ernst, dann erweist er sich nicht bloß als Vertreter eines kreuzestheologischen Konzepts namens „theologia viatorum" (*NW 1*, 290; vgl. *NW 2*, 381–398), vielmehr tritt er *selber* als ein „theologus in via" in

---

[2] Hans Joachim Iwand, Vorwort zu: Margarete Kühnapfel, *Auch in der Hölle bist Du da. Not und Gnade meiner Russenjahre* (1952), Stuttgart [7]1959, 5f., hier 6.
[3] *JK* 10 (1949), 587f.

„Recht auf Heimat"? 97

Erscheinung. Zeitlebens bleibt Iwand ein Reisender und Lernender[4], darum auch ein Suchender und Fragender, zeitlebens auf dem Weg[5] – und das beileibe nicht nur im übertragenen Sinne, wenn man seine rege Reisetätigkeit bedenkt.

Die kompromisslose „Beugung" unter das schuldhaft evozierte „Gericht"[6] führt Iwand zu einer eigentümlichen Schärfe der Weltwahrnehmung und des theologischen wie des politischen Urteils. Davon zeugt prominent das „Darmstädter Wort" (1947) als ebenso konsequente wie ungeschönte Konkretisierung der „Stuttgarter Schulderklärung" (1945).

Iwands Haltung, die sich während des Kirchenkampfs herausbildet und nach 1945 in Wort und Tat auch öffentlichkeitswirksam vernehmbar wird, lässt sich durch eine Reihe von Gegensätzen charakterisieren, die im Folgenden knapp skizziert seien.

2.1 Unbedingte Kehrtwende statt latenter Selbstrechtfertigung

Angesichts eigener Schuld bleibt nach Iwand nur die Möglichkeit der radikalen Kehrtwende. Schuld kann man sich nur vergeben lassen[7] – und zwar in der unbedingten Beugung unter die Schuld: „Wo es um *Gut* und *Böse*, wo es um Gerechtigkeit und Sünde, wo es um Leben und Tod geht, da stehen wir alle auf der *einen* Seite. Hier die Menschheit *spalten*, heißt das Geschäft der Pharisäer besorgen. Hier von einem Entweder-Oder reden, heißt die einen als Wölfe bezeichnen und sich selbst in Schafspelze verstecken, wobei niemand sagen kann, was schlimmer und gemeiner ist" (*FO*, 73).

---

4 Vgl. Hans Iwand, Die Heilige Schrift als Zeugnis des lebendigen Gottes, in: Eberhard Müller (Hg.), *Der Gott der Wahrheit. Das Wort der Kirche bezeugt auf der Deutschen Evangelischen Woche Stuttgart 1936*, Berlin 1936, 151–166, hier 152: „[D]ie Schrift sorgt dafür, daß wir ständig als Lernende lehren, als Hörende predigen, als Gebundene die Freiheit der Kinder Gottes gebrauchen. Wehe, wenn wir das vergessen."
5 Zum Motiv des Weges vgl. *JK* 12 (1951), 206.
6 Von „Buße und Beugung" spricht Iwand ausdrücklich im Blick auf das Versagen der „Kirche in Deutschland in der Judenfrage" (*JK* 12 [1951], 105). Aus dem „Gericht" sei zu lernen, „wo unser Irrtum lag. Denn wir haben nicht so sehr versagt aus Angst als vielmehr aus Blindheit" (ebd.).
7 Iwand betont in diesem Zusammenhang den Gedanken der „non-imputatio" (Röm 4,7f. = Ps 32,1f.; 2 Kor 5,19b). Vgl. bereits Hans Joachim Iwand, *Rechtfertigungslehre und Christusglaube. Eine Untersuchung zur Systematik der Rechtfertigungslehre Luthers in ihren Anfängen*, Leipzig 1930, 55–76.

Iwand zieht die rechtfertigungstheologischen Linien aus bis hinein in das politische Denken und Handeln. Es ist darum eine bewusst gewählte *theologische* Formulierung, wenn er etwa in dem Aufrüstungsbegehren der jungen Bundesrepublik die „organisierte Unbußfertigkeit" am Werk sieht (*TZ*, 144). „Buße" ist für Iwand niemals *Rückkehr* (samt Repristination der alten Fehler), sondern radikale *Kehrtwende* – und als solche nicht denkbar ohne umfassende *Neugeburt* („Renaissance").[8] Wie der Rechtfertigung durch Christus die geistgewirkte Heiligung „zugeordnet" ist (*NW NF 1*, 192), so erfordert der tiefgreifende Bruch einen grundlegenden Neuaufbau und lässt keine Restauration zu.

2.2 Neuaufbau statt Restauration

Iwand betont die Notwendigkeit einer endgültigen Zerschlagung der traditionellen, aber unheiligen Allianz von „Christentum, Nationalismus und Konservatismus".[9] Das gelte vollends nach den Jahren des nazistischen Ungeistes, der mit der ererbten Parole „Weiß oder Rot" „ganz Deutschland, unser ganzes Geistesleben, die ganze Kirche, unsere ganze völkische Existenz" einer Maxime der *Angst* unterworfen habe, die nach wie vor um sich greife: „Den Bösen sind wir los, das Böse ist geblieben!" (*FO*, 69).

Vor dem Hintergrund der bislang ungelösten und im Flüchtlingsproblem noch verschärften *sozialen* Frage will Iwand Raum schaffen „für etwas ganz Neues, Lebendiges, das er als ‚Sozialismus' und ‚Revolution' bezeichnete."[10] Iwand gibt zu bedenken: „Die Gefahr besteht für uns heute darin, daß die gescheiterten Stände Deutschlands bei uns ein Rückzugsgebiet suchen. Die Arbeiterschaft hat noch kein rechtes Vertrauen, daß die Kirche ihr Anliegen auch soziologisch aufnimmt. Uns fehlt eine konkrete Tat!"[11] Die konkrete Tat wird für Iwand zunehmend wichtiger; er betont, „daß das Gebot Gottes Taten verlangt – nicht nur Gesinnung" (*NW 2*, 46).[12]

---

8   Vgl. *JK* 10 (1949), 585f.
9   Martin Greschat, Vorgeschichte, in: Claudia Lepp/Kurt Nowak (Hg.), *Evangelische Kirche im geteilten Deutschland (1945–1989/90)* (Sammlung Vandenhoeck), Göttingen 2001, 11–45, hier 29.
10 Ebd.
11 Zit. nach: *Buchhaas-Birkholz*, 92.
12 Iwand weiß um die Gefahr einer einseitigen Betonung der Tat: So sehr „Geist ohne Tat nichts ist", so sehr gelte, „daß Tat lediglich als Tat auch nichts ist und in der Katastrophe

2.3 Frieden statt Sicherheit: Plädoyer für den Glauben und gegen die Angst

Iwand weigert sich, den Kalten Krieg samt allen angeblich zwingenden politischen (und militärischen) Implikationen als gegeben hinzunehmen. Hinter der Logik von Aufrüstung und „Abschreckung" vermag Iwand nichts anderes zu erkennen als die nackte Angst (vgl. *FO*, 97–124): „Der Kalte Krieg kommt nicht aus dem Glauben, er ist gegen die Frohe Botschaft von Jesus Christus" (*TZ*, 177). Demgegenüber wagt Iwand eine konkrete Hoffnung:

> „Wo Freunde hüben und drüben bereit sind, das Untier Kalter Krieg von beiden Seiten zu packen und dorthin zu werfen, wohin es gehört, dann muß Raum werden für das andere – oder bin ich da ein Utopist –, das, was wir seit mehr als einem Menschenalter in seiner wahren Gestalt nicht mehr kennen: den *Frieden*. Wirklich Frieden auf Erden – nicht nur innerlich, nein, auch äußerlich. Nicht ein ewiger Friede, aber doch Frieden nach all dem Entsetzlichen, was unsere Zeit gesehen und was nicht ohne unsere Schuld in ihr Ereignis wurde. Es geht heute alles um den Frieden" (*TZ*, 177f.).

Aus dem Glauben an den Friedefürsten und den von ihm errungenen universalen Frieden engagiert Iwand sich gegen die Wiederbewaffnung der Bundeswehr samt Militärseelsorgevertrag und insbesondere gegen die Stationierung atomarer, d.h. potentiell weltzerstörender Waffen auf dem Gebiet des geteilten Deutschlands. Umgekehrt begrüßt Iwand alle Vorschläge, die in Richtung Abrüstung zielen – unabhängig davon, *wer* sie macht: „Ich höre hier, daß die Rede von Chruschtschow in der UNO so ausgezeichnet gewesen sein soll, hier bekommt sie niemand zu sehen. Ich habe sie mir jetzt aus Wien bestellt" (*TZ*, 205).[13] Das bringt Iwand hüben wie drüben manche Verdächtigung ein: „Es ist eben nicht leicht, die Gemeinden im Osten wirklich von ihrer christlichen Einsicht aus zum Kampf gegen die atomare Rüstung zu aktivieren. Sie meinen sofort, man sei ein kommunistischer Fellow-traveller" (*TZ*, 207).

Freilich dürfe der Friede kein „falscher Friede" sein, denn so etwas gibt es Iwand zufolge auch – und so fragt er: „Was aber ist nun der *echte* Friede?"

---

endet. Denn der Satz, daß im Anfang die Tat war, ist keine gute Devise für das Leben" (*JK* 11 [1950], 179). Vgl. zum Ganzen *NW* 5, 135–137.

13 Besagte Rede vom 18. September 1959 ist selbst heute nicht so leicht zu finden. Enthalten ist sie auszugsweise in: *AdG* 29 (1959), 7952–7954 (deutsche Übersetzung); vollständig in: *Chronique de politique étrangère* 13 (1960), 149–159 (französische Übersetzung).

(*FO*, 72). Die Antwort lautet: „*Jesus* selbst ist die *Synthesis*, die wir suchten. Wirklich *Er*. Und wir als seine Zeugen, wirklich nur als seine Zeugen" (*FO*, 73).

2.4 Ökumenisch-universale Sendung statt limitierendem Konfessionalismus

Gegenüber einem erneuten Freund-Feind-Denken, wie es sich in den neuerwachten konfessionellen Grabenkämpfen und in der Selbstbehauptung der Konfessionskirchen dokumentiere, betont Iwand die ökumenische Sendung der weltweiten Kirche Jesu Christi: „*Es darf nicht mehr so sein, daß die Kirche Jesu Christi an den Grenzen der Nationalstaaten auch ihre Grenze findet*, sie findet ihre Grenze da, wo das Bekenntnis zu dem ins Fleisch gekommenen Sohn Gottes aufhört oder praktisch außer Kurs gesetzt ist."[14]

Die ökumenisch-universale Sendung aber bewährt und konkretisiert sich *vor Ort* – oder sie bleibt bloßes Postulat. Iwand denkt ganz von der *Ortsgemeinde* her:

> „Die Gefahr, in der wir heute [sc. 1947] stehen, ist, daß wir immer *nur* an das Ganze denken. Das liegt daran, daß die einzelnen Brüder [sc. der BK] nicht mehr so in einer Gemeinde verankert sind, weil viele unter uns mit anderen Aufgaben betraut sind. Aber die Gemeinde ist doch das *Wesentliche*. Ich empfinde es ganz stark, daß ich keine Gemeinde habe. Dann kommen wir wieder in der BK dahin, wo wir hingehören, wenn das Wort Gottes durch die ganze Gemeinde läuft und einmütig Gott gepriesen wird."[15]

2.5 Tertium datur: aktive Gesellschaft statt Nationalstaat und Volkskirche

Angesichts des tiefgreifenden Bruchs, der auch das Versagen der verfassten Kirchlichkeit samt ihrem exklusivistischen Konfessionalismus entlarvt hat, wird Iwand nicht nur die lutherische „Zwei-Reiche-Lehre" zum Problem, er entdeckt auch zunehmend das „Zwischen-Institutionelle".

---

14 *JK* 11 (1950), 182.
15 Zit. nach: *Buchhaas-Birkholz*, 97.

Gegenüber einer Institutionen- und Staatsgläubigkeit, die die Katastrophe mitverursacht habe, insistiert Iwand darauf, dass die klassischen Institutionen mit ihren nationalen Logiken – der Nationalstaat genauso wie die Volkskirche[16] – abgewirtschaftet hätten. Iwands Ideologiekritik verbindet sich mit einer Institutionenkritik, die den Blick freigibt auf eine nicht-institutionalisierte *Gesellschaft*: Sie hat nach Iwand das Potential und die Verheißung, zu einem Ort der Hoffnung zu werden, an dem sich der Christusfriede mindestens bruchstückhaft verwirklichen lässt. Iwand teilt das Plädoyer für den „Primat der Gesellschaft [...] vor dem Staat",[17] als deren Katalysator er die Christus bekennende Gemeinde versteht (vgl. *NW NF 1*, 191–193).

Der Kultivierung dieses „Zwischen-Ortes" gilt fortan Iwands Augenmerk: „Wir können auf eine Gesellschaftslehre so wenig verzichten als auf die Ethik, denn beides hängt innigst zusammen."[18] Iwand steht lebhaft eine Gesellschaft vor Augen, die dem Gift von Nationalismus und Freund-Feind-Denken ausgesetzt ist. Diese alten Schemata gelte es zu überwinden (vgl. 1 Kor 7,31b), auch wenn man sich „kaum getrauen" könne „zu sagen, daß man dabei nicht mitmache" (*FO*, 92).

2.6 Einsatz für die *eine* Menschheit statt Freund-Feind-Denken

Iwands Einsatz für eine universale Völkerverständigung und seine Entdeckung der Gesellschaft als einer eigenständigen Größe speist sich aus der Überzeugung von der *einen*, in Christus neu geschaffenen und zu ihm berufenen Menschheit. Der Begriff der Nation mit seinem ethnisch definierten Volksbegriff wird überwunden zugunsten der Wendung zu der *einen* Menschheit in der *einen* Welt.

---

16 Vgl. dazu Iwands Kritik der Volkskirchen: „Die heidnischen Götzen machen ihre Völker gegeneinander mobil und leben von dem so vergossenen Blute, und unsere Volkskirchen sind weithin – leider – in ihre Nachfolge eingetreten. Das ist eine der peinlichsten Folgen der Reformation, die freilich – man denke an Frankreichs und Englands nationalkirchliche Bestrebungen – nicht nur zu Lasten der Reformation gehen. Aber die Tatsache ist nun einmal da, daß die Kirchen hier Erben heidnischer Überlieferung geworden sind. ‚Gott mit uns' – ja, welcher Gott? Der Vater Jesu Christi ganz gewiß nicht. Sobald man ahnt, daß Gott mit uns ‚Immanuel' heißt, wird man etwas vorsichtiger damit umgehen" (*FO*, 73).
17 *JK* 10 (1949), 586.
18 *JK* 13 (1952), 361.

Der Wendung zu der *einen* Welt verdanken sich nicht zuletzt Iwands Einsatz für die Rehabilitierung des Sozialismus und der Kampf gegen eine christlich verbrämte Hetzjagd gegen den „Atheismus" – oder was man dafür hält. Iwand mahnt: „Im Handeln der echten Kirche muß es sich wiederspiegeln [sic!], daß Gott den Gottlosen liebt. Deshalb *gibt es keinen Krieg der Glaubenden gegen die Gottlosen.*"[19] Den berechtigten Anfragen des sogenannten „Atheismus" könne die christliche Gemeinde nicht länger ausweichen, indem sie sich in reaktionärer Weise hinter scheinbar gottgegebenen Verhältnissen verschanze.

Vor dem Hintergrund des nach 1945 offensichtlich gewordenen schuldhaften Versagens des staatstragenden Strukturkonservatismus ist es nach Iwand an der Zeit, die „nicht bewältigte Situation nach dem Tode Hegels" (*TZ*, 207) nun endlich *geistig* anzugehen und sich den bislang nicht zufriedenstellend, d.h. nicht *realiter* beantworteten Fragen zu stellen, die die Jung- oder Linkshegelianer aufwarfen. Iwand sieht hier eine geistige Aufgabe, die im Dienst einer besseren Zukunft unbedingt bewältigt werden müsse. Dazu bedürfe es in politischer Hinsicht einer entschiedenen Absage an das notorische Freund-Feind-Denken, wobei Iwand besonders die konservativen Kräfte – nicht zuletzt in den Volkskirchen – in der Pflicht sieht (vgl. *FO*, 62– 75). Von Christus her, der das einzige wirkliche „Entweder-Oder" – „entweder *Gott* oder der *Satan*" – mit seinem Leben, Sterben und Auferstehen „ein für allemal für Gott und gegen den Satan entschieden" habe (*FO*, 72), gelte:

„Fragen, die entschieden sind, soll man nicht neu zur Entscheidung stellen. Wer ‚Rot' als gottlos ansieht, ist nicht besser als die, welche in jedem ‚Kapitalisten' einen Feind der Gesellschaft sehen. Zwei verschiedene Gesellschaftssysteme entzweien uns nicht notwendig, sondern wir entzweien sie durch diesen *Überbau* eines religiösen, das heißt eines absoluten Gegensatzes, bei welchem wir vergessen, daß alle Menschen einen Vater im Himmel haben und einen Bruder in Jesus Christus und daß Christentum nichts anderes bedeutet als die *Proklamation* des großen *Versöhnungstages*, so daß alle Menschen, alle Nationen, alle Völker dazu gerufen und eingeladen sind" (*FO*, 72f.).

In diesem Sinne plädiert Iwand schon im August 1945 dafür, in Zukunft „das Gesicht nach dem Osten zu wenden", denn „Christus und der nihilistische Mensch, das ist die Begegnung der Zukunft."[20]

---

19 *JK* 11 (1950), 236 (vgl. Röm 4,5 in Verbindung mit Röm 5,5f.8). Vgl. *TZ*, 200.
20 Zit. nach: *Buchhaas-Birkholz*, 43.

In sein eschatologisches, transethnisches Verständnis der *einen* Menschheit im Licht des kommenden Christus zeichnet Iwand auch die Frage nach Heimat und Heimatlosigkeit ein. Von hier aus beantwortet er *praktisch*-theologisch, d.h. zugleich politisch, was angesichts der Flüchtlingsnot von denen gefordert ist, die sich zu Christus bekennen. Iwand mahnt zu „mehr Verständnis für die Erlebnisse der Flüchtlinge und mehr Dankbarkeit dafür, daß uns Gott hier noch so bewahrt hat, mehr Vorsicht, die Güter der Kultur nicht achtlos zu zerstören, und mehr Entschlossenheit, jedem Nihilismus, auch dem nationalistischen, abzusagen, dem Krieg und dem diesen vorbereitenden Haß zu wehren."[21] Diese Prämissen leiten Iwand in seinem Engagement in der Flüchtlingsfrage, die er als die entscheidende Bewährungsprobe seiner Zeit ansieht.

3. Die Flüchtlingsfrage als entscheidende Bewährungsprobe

Am 2. März 1952 hält Hans Joachim Iwand die Eröffnungsrede der volksmissionarischen Woche in Frankfurt am Main. Darin spricht er über „Menschen ohne Heimat" (*FO*, 91–96). Heimatverlust und Heimatlosigkeit seien bei weitem nicht allein ein „deutsches Problem", denn nicht nur in Europa, weltweit seien Millionen von Menschen auf der Flucht (*FO*, 91). Alle diese Flüchtlingszüge bedeuteten nicht nur „ein unvorstellbares Maß an Elend", sie trügen in sich auch neues Konfliktpotential: „Die meisten träumen von Rückkehr oder von Rückeroberung als ihrem guten Recht und schüren den Haß gegen diejenigen, die sie vertrieben haben. Dadurch wird unser soziales und geistiges Leben unsicher" (ebd.). Diese Völkerbewegungen seien nämlich – so interpretiert Iwand die Lage – „in erster Linie nicht wirtschaftlich, sondern geistig bedingt. Ein neuer Nationalismus und Konfessionalismus sind erwacht, vor allem in den östlichen Räumen. Infolgedessen werden Fremdstämmige und Andersgläubige als unerträglich empfunden" (ebd.). Es sei „die Zeit, von der es in der Bibel heißt: ‚Die Liebe erkaltet'" (*FO*, 92; vgl. Mt 24,12).

Wie ist diese Zeit geistig zu bewältigen? Wie ist vor diesem Hintergrund angemessen zu handeln? Das sind Fragen, die Iwand umtreiben. Er betont: „An der Frage der Flüchtlinge hängt für uns alles" (*FO*, 93). Diese Bewährungsprobe gelte es in Verantwortung vor Gott und dem Nächsten zu bestehen:

---

21 *JK* 11 (1950), 164f.

„Der Mensch, der auf der Straße zwischen Jerusalem und Jericho ging, hatte ein gutes Recht, seinen Geschäften nachzugehen – bis er den unter die Räuber Gefallenen sah. Da war das Vorübergehen Sünde. [...] Der Priester, der, ohne sich um den Mißhandelten zu kümmern, weitergeht, kommt als ein anderer in Jerusalem an, nämlich als ein von Gott Gerichteter. Ähnlich ist es heute mit dem Bauern, der sich gegen den Flüchtling verschließt. Und was soll man dazu sagen, wenn eine Gutsbesitzertagung mit dem Entschluß endet: ‚Wir geben keinen Morgen her, solange wir nicht gezwungen werden!'?" (ebd.).

Iwand betont, auch die Situation der *Nicht-Vertriebenen* habe sich „dadurch geändert, daß uns der Flüchtling vor die Tür gelegt wird" (ebd.; vgl. Lk 16,20). Die damit gegebene – und zwar von Gott gegebene! – Verantwortung dürfe weder negiert noch weggeschoben werden. Die Verantwortung für den Nächsten – den Flüchtling, den „Menschenbruder" (*FO*, 31) – zu delegieren, hieße, denselben Fehler zu machen wie zur NS-Zeit:

„In einer völligen Verkennung der Lage gilt es heute als Vernachlässigung der eigenen Berufspflichten, wenn man sich um die Flüchtlinge kümmert, dafür sind doch die Regierungsstellen da! So beruhigte man sich im Dritten Reich: ‚Ich erfülle meine Pflicht – für das andere (z. B. für das Schicksal der Juden) ist die Regierung verantwortlich'. Und so lebt heute unser Bürgertum in größter Gefahr, die ihm von Gott gestellte Aufgabe nicht zu sehen. Der Flüchtling wird unser eigenes Gericht sein! Was ihm heute geschieht, wird uns morgen geschehen! Es wird sich an uns erfüllen, was Jesaja den einst so sicher dahinlebenden Frauen von Jerusalem zurief: ‚Bald gibt's statt der Wohlgerüche Modergeruch – statt der Schärpe den Strick – statt der Prachtgewänder den Bettelsack.' (Jes 3,16ff). Die Bibel ist das einzige Buch, das recht behält, alle Parteiprogramme erweisen sich als Lügen" (*FO*, 93f.).

3.1 Der „heimatlose Mensch" als „Zeichen"

In der bereits erwähnten Rede über „Menschen ohne Heimat" formuliert Iwand den einprägsamen, wenn auch etwas enigmatischen Satz: „Der heimatlose Mensch ist wie ein Zeichen, daß wir daran erkennen sollen, wohin unser Weg führt" (*FO*, 93).[22]

---

22 Rätselhaft ist der Satz, weil nicht auf Anhieb klar ist, ob Iwand zu diesem „Weg" rät oder vor ihm warnt. Die unmittelbare Fortsetzung legt *Letzteres* nahe: „Wir müssen alles daransetzen, den Flugsand zum Stehen zu bringen, damit nicht Europa versteppt wird. Wir nomadisieren – alle Sitte und Ordnung zerbricht. Wir werden Abenteurer, Räuber, Diebe, Ehebrecher. Was heißt heute noch mein und dein?" (ebd.).

Schon allein aufgrund der relativen Häufigkeit seiner Verwendung kann man annehmen, dass Iwand den Begriff des „Zeichens" bewusst gebraucht und in der Sache der biblischen Sprache entlehnt. Das so verstandene „Zeichen" (σημεῖον) ist die sichtbare Außenseite einer verborgenen Wirklichkeit. So zeigen nach johanneischem Verständnis die „Zeichen" an (σημαίνειν), wer der *ist*, der sie tut (vgl. Joh 2,11a u.ö.). Insofern die im Zeichen verborgene Wirklichkeit aber *nur als Zeichen* zugänglich ist, wirkt das Zeichen seinerseits ambivalent: Es führt nicht per se zum Glauben, sondern nur bei den Erwählten (Joh 2,11b u.ö.).

Ein anderes lehrreiches Beispiel findet sich im Ersten Korintherbrief im Zusammenhang mit der Glossolalie. Dieses „Geistphänomen" (1 Kor 12,7) ist ein durchaus ambivalentes „Zeichen", wie der Apostel Paulus im Anschluss an das Zitat aus Jes 28,11f. mahnend festhält: „Also dienen die Sprachen (d.h. die Glossolalie) als Zeichen nicht für die Gläubigen, sondern gegen die Ungläubigen, die Prophetie aber [dient als Zeichen] nicht gegen die Ungläubigen, sondern für die Gläubigen" (1 Kor 14,22).[23]

In vergleichbarer Weise ist auch die Heimatlosigkeit als „Zeichen" ambivalent. Iwand betrachtet die Heimatlosigkeit unter einer dreifachen Perspektive: der Perspektive der Schuld und des Gerichts (3.2.), der Perspektive der Hoffnung (3.3.) und der Perspektive der sittlichen Verantwortung und Bewährung (3.4.).

3.2 Heimatlosigkeit als Konsequenz von Schuld: das verwirkte „Recht auf Heimat"

Wenn Iwand auf Flucht und Vertreibung zu sprechen kommt, fällt immer wieder der Begriff des Gerichts. Die Flucht als solche gilt Iwand als ein Gerichtsphänomen, so wahr die *Fluchtursachen* in eigener, kollektiver Schuldverstrickung liegen. Damit redet er keineswegs dem Motto „Selber schuld" das Wort, vielmehr geht es ihm um eine „Solidarität der Schuld" (*FO*, 30). Darum zöge der unbarmherzige Umgang mit den Geflüchteten seinerseits unweigerlich Gericht nach sich (vgl. *FO*, 94). Dabei versteht Iwand das Gericht, das er in der Flucht erblickt, nicht als ein totales und endgültiges „Zorngericht" im paulinischen Sinne (ὀργή), sondern im Geist der Haupt-

---

23 Die Dative sind vom Kontext her je nachdem als *Dativi commodi* bzw. *incommodi* wiederzugeben.

linien alttestamentlicher Prophetie als eine Art Läuterungsgericht und jedenfalls als einen dringenden Ruf zur radikalen Kehrtwende. Das erfahrene Gericht ist ihm Anlass zur Seel-Sorge:

> „Die Flüchtlinge sind nicht nur Vertriebene, die Haus und Heimat verloren haben, sondern sie sind durch Erfahrung und Erlebnisse hindurchgegangen, wie sie nur noch mit den Gerichtsworten der Propheten zu beschreiben sind. Sie brauchen einen, der ihrer Seele hilft, frei zu werden von den Gesichten, die sie begleiten. Wer ihnen Hilfe verspricht durch Entfachung der nationalen Leidenschaften, der läßt sie die eigentliche Tiefe des Problems vergessen" (FO, 28f.).

Die Fluchtbewegungen seiner Zeit sieht Iwand wesentlich in Hass und Gegenhass begründet, ausgelöst durch die geistigen Kräfte des „Nationalismus und Konfessionalismus" (FO, 91). Damit aber erweise sich die Heimatlosigkeit vieler Menschen in letzter Konsequenz als Ergebnis von Schuld.

Iwand erläutert das am Beispiel der deutschstämmigen Ostvertriebenen, die sich nach Jahren der Konsolidierung in der Bundesrepublik auf ihr angestammtes „Recht auf Heimat" berufen und dieses lautstark einfordern. Ihnen widerspricht Iwand ebenso scharf wie unmissverständlich. Unter der Überschrift „Moralische Unverfrorenheit" macht er in einem Leserbrief an die „Welt" vom 18. September 1959 seinem Unmut über die seiner Ansicht nach unsäglichen Einlassungen von Vertriebenenvertretern am „Tag der Heimat" Luft und mahnt:

> „Wer damals das Recht auf Heimat der anderen so gewissenlos mit Füßen trat, sollte heute wenigstens schweigen, wenn er schon nicht in der Lage ist, zu begreifen, was vom Standpunkt einer höheren Gerechtigkeit aus solchem Verhalten folgen mußte. Gott läßt sich nicht spotten. Was der Mensch sät, das wird er ernten. [...] Denn nicht die anderen, wir selbst, dieses Denken und diese Deutschtumsideologie hat uns um das Erbe unserer Väter gebracht."[24]

Dieser Leserbrief löst einen Sturm der Entrüstung aus. In zwei Zeitschriften, die ihn und Teile des Briefwechsels dokumentieren, nimmt Iwand Stellung zu der These, die Vertriebenen hätten ein angestammtes „Recht auf Heimat".[25] Dazu führt er aus: „Wir haben selbst das ‚Recht auf Heimat' zerfetzt und beschmutzt. [...] So wie man sein ‚Recht auf Leben' verliert, wenn

---

24 *Die Welt*, Nr. 217, 18. September 1959, S. 2. Vgl. Gal 6,7.
25 Hans Joachim Iwand, Das Recht auf Heimat, in: *JK* 20 (1959), 477–487; ders./Fritjof Berg, Das Recht auf Heimat, in: *Geist und Tat* 14 (1959), 367–377. Die Seitenzahlen im Fließtext beziehen sich auf *JK*.

man sich gegen die sittlichen Gesetze der Gesellschaft vergeht, so verliert man das Recht auf Heimat, wenn man so elementar gegen die Gesetze des Zusammenlebens der Nationen verstößt" (479f.). Unter Anspielung auf Mt 18,21–35 plädiert Iwand für eine geschichtsbewusste und darum *dankbare* Herangehensweise: „Es ist nicht fein, wenn der Schalksknecht selbst um Vergebung bittet und diese auch empfängt, dann aber hingeht und seinem Mitknecht sagt: Bezahle mir alles, was du mir schuldig bist! [...] Es kommt viel darauf an, daß aus dem deutschen Volk nicht ein Schalksknecht wird" (480). Denn in Gang gesetzt hat die unselige Unrechtsspirale Deutschland:

> „Aber die, welche immer mit dem Satz ‚Unrecht kann nicht durch Unrecht wiedergutgemacht werden' operieren, sollten doch einmal sagen, ob es nicht ein Unterschied ist, wer mit dem Unrecht angefangen hat? Im Falle, daß die anderen uns angegriffen und vertrieben hätten, würde ich nicht einen Augenblick zögern, vom ‚Recht auf Heimat' zu reden. Da wir aber zuerst ihnen das Recht auf Heimat nahmen, ist die Lage schwieriger und ich wäre dankbar, wenn diese konkrete Situation, die den realen Hintergrund unserer politischen Lage bildet, nicht von Theologen und Juristen übersprungen würde. Es geht nicht um das Heimatrecht als solches, sondern darum, was mit dem passiert, der es anderen nimmt und dem es daraufhin selber genommen wird" (480f.).

Vor diesem Hintergrund skizziert Iwand eine prägnante Zukunftsperspektive: Unter den gegebenen Umständen müsse man das Heimatrecht „erst neu erringen", und zwar in einem „langdauernde[n] geschichtliche[n] Prozeß wachsenden Vertrauens", was nach Iwand „aber doch kein hoffnungsloser Fall" ist, „denn nichts ist schöner als wenn Menschen die Chance bekommen, ein neues Recht aufzubauen, das die Feinde von gestern zu Freunden und guten Nachbarn macht" (481).

3.3 Heimatlosigkeit im Zeichen der Hoffnung: auf dem Weg zur „bleibenden Stadt"

So gesehen, könnte der „heimatlose Mensch" schließlich zum *Hoffnungszeichen* werden. Dieser Gedanke deutet sich bei Iwand allerdings erst und nur am Rande an. Denn so sehr er zwei grundlegend *verschiedene* Arten der Heimatlosigkeit kennt, so sehr überwiegt angesichts der konkreten geschichtlichen Situation doch (noch) der negative Aspekt: „Seit der Mensch aufhörte zu wissen, daß seine Heimat im Himmel ist, seitdem er prometheisch die irdische Heimat sich ausbaute mit dem gestohlenen Feuer, ist er hier heimatlos geworden. Es ist ein Unterschied zwischen der christlichen Gelassenheit in dem Wissen: ‚Wir haben hier keine bleibende Stadt, sondern die zukünftige suchen wir' – und dem faustischen Unbehaustsein, dem Flüchtlingsein" (FO, 92; vgl. Hebr 13,14).

Gleichwohl kennzeichnet Iwands Äußerungen eine ebenso denkwürdige wie unbestechliche Hoffnungsgewissheit. Weil er auf die „Gegenwart des Kommenden" vertraut (s.u. 4.6.), rechnet Iwand ernsthaft mit der Möglichkeit, dass das faustische „Unbehaustsein" aufgehoben, das kainitische „Flüchtlingsein" beendet, das geistlose „Nomadisieren" gestoppt und die „Versteppung Europas" aufgehalten werden kann. Die (An-)Erkenntnis des Gerichts soll nicht lähmen, sondern neu ausrichten. Schon im August 1945 schreibt Iwand: „Darauf kommt jetzt alles an, dass wir unseren Weg nicht als einen solchen ansehen, den Menschen zerstört und zerbrochen haben, sondern als einen solchen, der vor Gott ein gerader und rechter Weg ist."[26]

3.4 Heimatlosigkeit als gesellschaftliche Herausforderung: Hilfe für die Heimatlosen

Wie aber ist dieser „vor Gott gerade und rechte Weg" in rechter Weise zu beschreiten? Wie ist mit dem heimatlos gewordenen Menschen *umzugehen*? Für Iwand ist es angesichts konkreter Not letztlich unerheblich, aus welchen Gründen ein Mensch heimatlos geworden ist. Dem „unter die Räuber Gefallenen" ist, so oder so, unbedingt zu *helfen*!

3.4.1 Die Flüchtlingsfrage als theologische Frage

Seit seinem wegweisenden Vortrag auf der ökumenischen Flüchtlingstagung in Hamburg 1949 „versucht" Iwand nach eigenem Bekunden immer wieder, *„die vordergründige Betrachtung der Flüchtlingsfrage in ihrer nationalen und sozialen Erscheinung zu ersetzen durch eine solche, die Gott, Mensch und Gemeinschaft – diese drei Worte – als die entscheidenden Punkte aufzeigt, die alle drei beachtet sein müssen, wenn die Rettung gelingen soll"* (FO, 30).

Für Iwand sind die Armen und Geflüchteten „der Schatz der Kirche": „Je offener wir die Tür für die Armen und Elenden halten, je mehr wir davon

---

26 Hans Joachim Iwand, 1. Rundbrief an die Brüder der BK, in: Gerhard Besier u.a. (Hg.), Kirche nach der Kapitulation, Bd. 2, Stuttgart u.a. 1990, 333–336, hier 334.

wissen und uns darum kümmern, desto reicher wird unsere Gemeinschaft sein an geistlichen Gütern. [...] Das Flüchtlingselend könnte uns allen Hilfe sein zu echter Menschlichkeit und neuer Sinngebung des Daseins" (*FO*, 31). Dabei sei das „erste, woran wir als Christen zu denken haben, [...] nicht die materielle Frage, sondern [...] unsere *Brüder*."[27] Die Formulierung erinnert an die alttestamentliche „Bruderethik", die Iwand allerdings trans-ethnisch und dezidiert anti-nationalistisch ausweitet: „Bruder" ist (oder wird) ihm der Mensch schlechthin (vgl. *FO*, 30f. 64). Im Hintergrund steht das Gleichnis vom „Barmherzigen Samariter" (Lk 10,25–37), aber auch die Rede von den beiden Brüdern im Gleichnis vom „Verlorenen Sohn" (Lk 15,11–32).

Demgegenüber habe „das Regime Hitlers" gezeigt, „wie eng Unmenschlichkeit und Antichristentum zusammenhängen."[28] Dabei habe das „Unheimliche" darin bestanden, „daß *Menschen* an *Menschen* – Menschen, die im Moment die Macht haben, an Menschen, die ohnmächtig sind – so handeln" (*FO*, 28). An diesem Zivilisationsbruch zerbreche auch das Gottvertrauen: „*Der Glaube an Gott wird im Herzen des Menschen zerbrochen, indem der Glaube an den Menschen zerbrochen wird*" (ebd.). Deshalb könne „*nur beides zusammen wiederhergestellt werden*": der Glaube an Gott nur zusammen mit und aus dem Glauben an den Menschen (ebd.). Diese Verantwortung könne man nicht delegieren – auch und gerade nicht an Gott: „Was Menschen, Menschen wie wir [...], an Menschen getan haben, das können nur Menschen – und zwar Menschen ohne Masken und befreit von jeder Uniformierung, Menschen, die ‚Jesum Christum angezogen haben', wieder gut machen" (ebd.). Darin liegt das Movens von Iwands gesellschaftspolitischem und sozialem Einsatz, den er als vordringliche *Christenpflicht* betrachtet.

3.4.2 Die Flüchtlingsfrage als „soziales und caritatives Problem"

Die „religiöse Betrachtung" (*FO*, 28) verschließt die Augen nicht davor, dass das Dasein der Flüchtlinge ein eminent „soziales und caritatives Problem"[29] ist – im Gegenteil, sie öffnet überhaupt erst den Blick für die wahre Not und ihre Überwindung. Gemeinsam mit seiner Frau Ilse († 1950) engagiert Iwand sich in der Zuversicht, dass dem *Tun* des Glaubens „eine große Verheißung"

---

27 Zit. nach *Buchhaas-Birkholz*, 99.
28 *JK* 11 (1950), 172; vgl. *FO*, 29.
29 *JK* 20 (1959), 477.

gilt (*FO*, 31). Unter Berufung auf Offb 12,15f. meint Iwand: „Es gibt ein wunderbares Bündnis der Erde mit der Kirche – im Glauben an dieses Bündnis sollten wir mit gutem Gewissen und freudigem Geist alle nur möglichen Mittel und Wege benutzen, damit der teuflische Anschlag zunichte wird, der Strom versickert und unser Menschenbruder, der Flüchtling, wieder seine Heimat findet auf Erden" (*FO*, 31). Der sein Heimatrecht andernorts verwirkt hat, soll hierzulande eine neue Bleibe finden – was schwer genug ist.[30]

Dass dies „über unsere, ja über aller Menschen Kraft" geht, ist Iwand vollauf bewusst: „Es wäre ein Wunder der Gnade Gottes, wenn das mit den Millionen Flüchtlingen aufbrechende Schicksal nicht uns alle mit in den Abgrund risse. Wirklich ein Wunder" – so notiert Iwand im Jahr 1949 (*FO*, 31). Aber wer anders sollte an dieses Wunder glauben und es herbeirufen, wenn nicht gerade die Christenheit? „Haben wir nicht lange genug an die Wunder des Antichrist geglaubt und ist das, was wir vor uns sehen, nicht die Frucht und das Werk dieses Glaubens? Wird es nicht Zeit, auf die Zeichen zu sehen, die die Zeichen des Christus sind: Liebe, Erbarmen, Gerechtigkeit und Friede, und sie die Wegzeichen unserer Wanderung sein zu lassen?" (*FO*, 31f.). Iwand erinnert dabei an die „erste soziale Tat, die am Anfang der christlichen Kirche steht" – die Heilung des Gelähmten „im Namen Jesu von Nazareth" (Apg 3,6) –, und betont: „Möchte das, was wir hier tun, von diesem Wissen um unsere Ohnmacht und dem Glauben an die Macht des Auferstandenen getragen sein. Denn ,ohne mich könnt ihr nichts tun'" (*FO*, 32; vgl. Joh 15,6).

3.4.3 Die Flüchtlingsfrage als politisches Problem

Zehn Jahre nach seiner ersten öffentlichkeitswirksamen Äußerung zum Flüchtlingsproblem auf der ökumenischen Flüchtlingstagung in Hamburg (1949) schreibt Iwand im Rückblick (1959): „Das Vertriebenenproblem war zunächst ein soziales und caritatives Problem. […] Jetzt erst drängt sich die politische Seite in den Vordergrund".[31] Es ist die Zeit des zunehmend lautstarken Einforderns eines „Rechts auf Heimat" durch Exponenten der Vertriebenenverbände (s.o. 3.2.). Angesichts dieser nach Iwand fatalen, aber keineswegs überraschenden Entwicklung mahnt er:

---

30 Vgl. Kühnapfel, *Auch in der Hölle* (Anm. 2), 178f.: „Das ist die größte Not, durch unsagbare Schrecken hindurchgegangen zu sein und doch keine neue Heimat zu finden. Es bleibt nur der Trost: ,Wir haben hier keine bleibende Stadt, sondern die zukünftige suchen wir.'"
31 *JK* 20 (1959), 477.

„Wir sollten aber nicht so schnell vergessen oder übersehen, was in wirtschaftlicher und auch sozialer Hinsicht inzwischen geleistet wurde. Wir haben lange Zeit nicht zu glauben vermocht, daß es möglich wäre, diesem Problem einer erzwungenen modernen Völkerwanderung überhaupt mit der Aussicht auf Gelingen zu begegnen. Es gehört zu den erstaunlichsten Erfolgen des Wiederaufbaus nach 1945, daß unser Staatsschiff nicht unterging, als Millionen heimatlos gewordene Menschen zu uns hereinströmten."[32]

Das „Wunder", von dem Iwand 1949 gesprochen hatte (FO, 31), war Wirklichkeit geworden: „So selbstverständlich wie heute manchen die gefundene Lösung erscheint, war sie damals keineswegs."[33] Bei allen Unzulänglichkeiten sei nicht zu verkennen, wie viel geschehen sei und dass die noch vorhandenen „Probleme nicht mehr unlösbar" seien.[34] Umso wichtiger sei, das Erreichte nicht durch ebenso unbedachte wie realpolitisch illusorische Forderungen aufs Spiel zu setzen und von neuem eine Hass- und Gewaltspirale in Gang zu setzen. Deswegen legt Iwand in der *politischen* Auseinandersetzung um die Flüchtlingsfrage eine eigentümliche Schärfe an den Tag, die hinsichtlich der sozialen und karitativen, vor allem aber der seelsorgerlichen Dimension völlig fehlt. Denn während Iwand in der politischen Auseinandersetzung Demagogen vor Augen hat, die sich das Leid anderer zunutze machen (FO, 18.26), richtet sich sein soziales, karitatives und seelsorgerliches Bemühen auf genau jene Menschen, die das unsagbar schwere Leid erfahren haben.

Eine Hoffnungsperspektive entwickelt Iwand im Anschluss an die „Kantsche Staatsidee": In ihr sei die „alte augustinisch-biblische Harmonie von Frieden und Gerechtigkeit in neuem Gewande vorgetragen. Wenn das dazwischen eingesprengte ‚Weltbürgerrecht' als ‚Hospitalität' verstanden wird, die dem Fremdling das Recht verbürgt, ‚nicht feindselig behandelt zu werden', so könnte auch für uns heute darin ein Fingerzeig liegen, das den Frieden so erschwerende Emigrantenproblem im Sinne einer solchen Hospitalität des ‚Weltbürgers' zu lösen, wie das schon einmal mit dem Nansen-Paß versucht wurde" (FO, 107).

---

32 Ebd.
33 Ebd.
34 A.a.O., 478.

4. Auf der Suche nach biblisch-theologischen Leitmotiven in Iwands Äußerungen zur Flüchtlingsfrage

Angesichts der skizzierten theologischen und politischen Positionierungen stellt sich die Frage: Wie gelangt Iwand zu seiner Sichtweise? Welche Rolle spielt dabei die Bibel?

4.1 Eine bedeutsame Fehlanzeige

Auf der Suche nach biblisch-theologischen Leitmotiven in Iwands Äußerungen zur Flüchtlingsfrage fällt zunächst auf, worauf er *nicht* Bezug nimmt. Anders als Johannes Calvin oder die verfolgte und heimatlos gewordene Hugenottenkirche („église du désert") rekurriert Iwand angesichts von Flucht und Vertreibung kaum auf einschlägige biblische Migrationsmotivik.[35] Er identifiziert die aktuelle Lage vielmehr mit dem „faustischen Unbehaustsein, dem Flüchtlingsein" (vgl. Gen 4,10–16), das im schroffen Gegensatz stehe zur „christlichen Gelassenheit", wie sie Hebr 13,14 ausdrücke (*FO*, 92). Denn Deutschland ist nicht unverschuldet in die Heimatlosigkeit hineingeraten (s.o. 3.2.). Offenbar entscheidet diese Grundeinsicht darüber, welche biblisch-theologischen Motive Iwand aufgreift und welche nicht.

4.2 Die in Christus versöhnte Menschheit und der universale Christusfriede

Als Dreh- und Angelpunkt in Iwands Erörterungen zur Flüchtlingsfrage erweist sich in zunehmendem Maße die Versöhnungslehre.

Hierzu zitiere ich zwei Äußerungen Iwands, die beide aus dem Jahr 1956 stammen. Es war die Zeit der Wiederbewaffnung der beiden deutschen Staaten durch Bundeswehr und Nationale Volksarmee, aber auch die Zeit der Entstalinisierung in der Sowjetunion unter Nikita Chruschtschow. Als Antwort auf Chruschtschows Rede von einer „friedlichen Koexistenz" lässt sich ein Vortrag lesen, den Iwand am 9. Juli 1956 unter dem Titel „Über das Zu-

---

[35] Zu nennen wäre der „umherirrende [?] Aramäer" (Dtn 26,5) oder die nomadenhafte Existenz Abrahams. „Nomadentum" ist bei Iwand negativ konnotiert und gleichbedeutend mit Kulturverfall und Verwüstung (vgl. *FO*, 29.93; s.u. 4.5.).

sammenleben in einer Welt widerstreitender Ideologien und politischer und wirtschaftlicher Systeme" hielt. Darin fragt er:

> „Müßte es nicht etwas bedeuten auch im Bereich des Politischen, daß Christus für alle Menschen gestorben ist und Gott in seiner Menschwerdung die ganze Menschheit unter sein Recht und seine Gnade gestellt hat? Kam die Intoleranz der Reformationskirchen vielleicht daher, daß sie eine nur partikulare Erlösung des Menschengeschlechts lehrten und mußte darum die Aufklärung eingreifen, indem sie einen universalen Begriff des Menschen und seiner Würde aufstellte? Ich frage nur. Aber das eine dürfte sicher sein, daß die Kirchen das Heil in Jesus Christus nicht mehr begrenzen dürfen, als wäre es nur auf den Kreis derer bezogen, die es angenommen haben. Es ist auf den Menschen schlechthin bezogen. Wenn wir sagen: Mensch, dann meinen wir immer den, für den Gott Mensch geworden und in den Tod gegangen ist und den er mit sich ins ewige Leben erhöht hat" (*FO*, 150f.).

In seinem Festvortrag „Zur Versöhnungslehre" anlässlich des 50-jährigen Bestehens der Bahnauer Bruderschaft hält Iwand fest:

> „[D]er Welt, nicht nur der Kirche gilt die Versöhnung. [...] Die Nichtanrechnung der Sünden ist kein Privileg, das nur besonderen Menschen gilt, besonders ernsten, besonders frommen, besonders unter ihrer Schuld leidenden, denen natürlich auch! Aber die Versöhnung gilt vorbehaltlos. Mit diesem Nein Gottes – und hier dürfen wir sagen, mit diesem im Blute Christi bekräftigten und befestigten Nein ist Ähnliches geschehen wie am Beginn der Schöpfung, als Gott Licht und Finsternis schied" (*GA I*, 219).[36]

Namhaft gemacht wird hier ein Zusammenhang von Protologie und Eschatologie. Dabei berührt die Eschatologie auch *diesen* Äon: „Die Botschaft von der Versöhnung ‚entweltlicht' den Menschen in seinem Glauben gerade nicht, sondern sie trifft ihn als einen, der zu dieser Welt gehört. Nur soweit er diesen seinen Zusammenhang mit der Welt nicht verleugnet, kann er die Gewißheit haben, daß auch ihm die Versöhnungsbotschaft gilt."[37] Das ist zugleich Iwands Antwort auf Luthers Prädestinationszweifel. Iwand gewinnt

---

36 Vgl. *TZ*, 147f.: „Diese ganze Einteilung Th. Harnacks einer ‚Welt außer Christo' und einer ‚in Christo' wird mir mehr und mehr bei meinen Lutherstudien fraglich. Das ‚außer Christo' ist doch nur soweit gültig, als ich damit ‚sine fide' und ‚operibus' eine Wirklichkeit *setzte*, die als solche eben nicht Gottes Wirklichkeit *ist*. Ich konstituiere eben diese Welt ‚extra Christum', sie ist nicht Gottes Welt und Gottes Wirklichkeit, denn diese ist immer in Christo!" Dazu verweist Iwand auf Luthers Auslegung von Gal 3,13.
37 Hans-Joachim Iwand, *Predigt-Meditationen*, Göttingen ³1966, 549.

sie, indem er sich gegen die Lehre von der „begrenzten Sühne" (*limited atonement*) wendet.
Gilt die in Christus geschehene Versöhnung aber *universal*, d.h. unlimitiert (entgrenzt), dann muss sie auch *national entgrenzend* wirken, wie Iwand bereits 1951 in einer Rede vor dem Versöhnungsbund festhält:

> „Jawohl, wir sind ‚allesamt' einer. Alle unsere Gegensätze sind relativ, alle Entweder-Oder lassen sich auflösen in ein fruchtbares Miteinander. Wenn wir das erst einmal *glauben* würden – und zwar glauben um der in *Jesus* vor uns stehenden Versöhnung mit Gott willen –, dann würden wir die Welt anders sehen. [...] Wenn *Gott* seine Versöhnungstat vollzieht, dann gibt es für ihn keine Guten und keine Bösen, sondern nur zwei Söhne, die beide von ihm leben!" (*FO*, 74; vgl. Gal 3,28; Lk 15,11–32).

Das also bedeutet es nach Iwand, wenn es in Eph 2,14 heißt: „Christus ist unser Friede". Diesen Frieden sieht Iwand torpediert durch jene politische Maxime, die „keine Mitte, kein Dazwischentreten, keine Versöhnung, keinen Frieden" erlaubt, weil angesichts des Ost-West-Gegensatzes die Ratio des Freund-Feind-Denkens die politische Agenda diktiert (*FO*, 92). Hier sei im Glauben tatkräftig zu widerstehen, denn Krieg sei nie und nimmer eine christliche Option:

Gerade „auf dem Wege von Ostern nach Pfingsten sollte die Christenheit begreifen und tun, was eben durch Gottes Gnade in Jesus Christus an der Welt und für die Welt geschehen ist, die Versöhnung realisieren. Wir haben keine Verheißung für den Krieg, auch nicht für den ‚christlich' gerechtfertigten, wir haben aber unentwegt Verheißung für den Frieden. Nicht umsonst werden die Friedfertigen – die *pacifici*, wie die Vulgata übersetzt – selig gesprochen und den Sanftmütigen wird das Erdreich verheißen."[38]

Pazifismus ist demnach unbedingte Christenpflicht, so wahr die Christenheit dazu berufen ist, die Versöhnung in Christus zu proklamieren: Unter keinen Umständen dürfe man vergessen, „daß alle Menschen einen Vater im Himmel haben und einen Bruder in Jesus Christus und daß Christentum nichts anderes bedeutet als die *Proklamation* des großen *Versöhnungstages*, so daß alle Menschen, alle Nationen, alle Völker dazu gerufen und eingeladen sind" (*FO*, 72f.). Im Ärgernis des Kreuzes manifestiere sich die Wahr-

---

38 *JK* 11 (1950), 174. Vgl. a.a.O., 182: „Jesus Christus steht heute an den blutgetränkten Grenzen, um dort das Zeichen seines Sieges, die Versöhnung, aufzurichten. Wir müssen ihm dahin folgen, wenn anders die Kirche da sein muß, wo ihr Herr ist."

heit, „daß der von Gott geliebte Mensch der verstoßene und angefochtene, der heimatlose und in Bedrängnis geratene Mensch sein soll" (*NW NF 2*, 379).

4.3 Kritik der lutherischen „Zwei-Reiche-Lehre" und ihrer „Intoleranz"

Angesichts der universalen Versöhnung in Christus fällt mit Notwendigkeit die These von den zwei Reichen und den zwei Regimenten Gottes dahin. Sie basiert ja darauf, dass innerhalb der *einen* Menschheit eine Trennung zwischen Christen und Nichtchristen bestehe. Dagegen betont Iwand: „Es geht nicht, daß wir auf zwei Rechnungen wirtschaften: Hier sind wir Christen, und hier sind wir Nationalisten!"[39] In diesem Zusammenhang erscheint nicht nur Luthers Haltung in den Bauernkriegen als Sündenfall der Reformation,[40] generell kritisiert Iwand die „Intoleranz der Reformationskirchen" (*FO*, 151). Gegen den hier waltenden Ungeist des „Entweder-Oder" richte sich die christliche Versöhnungsbotschaft ursprünglich (vgl. *FO*, 74f.).

4.4 Die unbedingte Geltung des *einen* Wortes Gottes: Gottes Gebot und der prophetische Bußruf

Iwand erwartet, dass der neue „Geist von oben" die wahre, Christus bekennende Kirche dazu befähigt, „dieses, was hier unten ist, [...] zu Leben, Gerechtigkeit und Frieden" zu bringen (*FO*, 74). Das *eine* Wort Gottes in Zuspruch und Anspruch (Barmen I+II) fordere dazu heraus: „Es könnte doch sein – und es müßte sein – daß die Christenheit es aller Welt bezeugt in Wort und Tat, in Taten[,] die zeugnishaft der politischen Intoleranz entgegenlaufen, was es um den Menschen ist!" (*FO*, 151). Hier sieht Iwand sich letztlich auf einer Linie mit Luther: „In der Lehre vom *Geist* sieht doch wohl auch er eine echte Einheit von Gesetz und Evangelium, nur daß diese Einheit immer auf die kommende, auf die in der Auferstehung neu werdende Welt und Wirklichkeit hin ausgerichtet ist" (*TZ*, 148).

---

39 Zit. nach: *Buchhaas-Birkholz*, 92. Vgl. zur Sache *JK* 12 (1951), 205f.363–366.
40 Iwand spricht vom „Scheitern der Reformation auf gesellschaftlichem Felde [...], wie es im Bauernkrieg unglückseligerweise Tatsache wurde" (*NW NF 1*, 190f.).

Die Kraft zu solcher Neuwerdung kommt aus der *Versöhnung*, die eine radikale Kehrtwende bedingt. Hier kann Iwand positiv auf den Bußruf des Täufers und Jesu selbst, aber auch auf den Protest der alttestamentlichen Propheten rekurrieren – nicht zuletzt im Hinblick auf die soziale Frage. Iwands Äußerungen prägt ein prophetischer Impetus gleich den institutionskritischen Propheten im Alten Testament (s.o. 2.5.).

Dabei versteht Iwand „Buße" oder „Umkehr" exegetisch zu Recht[41] als eine radikale *Kehrtwende* und gerade *nicht* als Rückkehr zum Ursprung; „Umkehr" ist tiefgreifender Zerbruch und Neuaufbau gleichermaßen (s.o. 2.1.). Insofern ist die Zeit der Umkehr eine Art *Wüstenzeit* zwischen Alt und Neu.

4.5 Nach dem „Zug durch die Wüste"

Im August 1945 vergleicht Iwand die zurückliegende Zeit mit Israels „Zug durch Wüste" und warnt eindringlich davor, nach überstandener Wüstenwanderung zu den Fleischtöpfen Ägyptens zurückkehren zu wollen – sei es kirchlich oder politisch.[42] Was Iwand bezeichnenderweise *nicht* sagt und wohl bewusst ausspart, ist, dass Deutschland nun an der Schwelle zum Gelobten Land stehe. Und doch sieht er „eine Hoffnung über unserer Situation, daß wieder einmal die Letzten die Ersten sein können."[43]

Einen „Zug durch die Wüste" musste auch die judäische Oberschicht antreten, als sie nach Babylon verbannt wurde. Den damals heimatlos Gewordenen rief der Prophet Jeremia zu: „Suchet der Stadt Bestes, dahin ich euch habe lassen wegführen, und betet für sie zum Herrn; denn wenn's ihr wohl geht, so geht's auch euch wohl" (Jer 29,7). Dieses Wort ist für Iwand Programm. In seinem Entwurf zum „Darmstädter Wort" zitiert er es am Ende der zweiten These:

„Wir sind in die Irre gegangen, als wir begonnen haben, den Traum einer besonderen deutschen Sendung zu träumen und damit den Glauben an den schrankenlosen Gebrauch der politischen Macht zu begründen. Wir haben damit den Beruf aufgegeben und verfehlt, im Dienst an den gemeinsamen Aufgaben der

---

41 Vgl. Emmanuel L. Rehfeld, Rückbesinnung auf Christus. Biblisch-theologische Anmerkungen zur liturgischen Buße, in: *BeTh 7* (2023), 223–246, bes. 227–231.
42 Zit. nach: *Buchhaas-Birkholz*, 43.
43 Zit. nach: ebd.

Völker mit den uns verliehenen Gaben mitzuarbeiten und der Stadt Bestes zu suchen" (FO, 20).

Gegenüber folgenschweren Verkürzungen des Jeremia-Wortes begreift Iwand unter der dort genannten „Stadt" die Welthauptstadt, als die Babylon einst fungierte. Die Stadt, deren Bestes zu suchen ist, ist darum gerade nicht auf die eigene Heimat oder Nation beschränkt, sondern auf die Völkerwelt bezogen; dafür steht „Babel" sinnbildlich.

4.6 Der kommende Christus und das Reich Gottes

Im Gegensatz zu seinen Kritikern, die ihn einen „Schwärmer" nennen, sieht Iwand gerade im Ernstnehmen der eschatologischen Hoffnung ein Kennzeichen von Nüchternheit: „Nüchternheit ist ein eschatologischer Begriff, sie ist der Tenor der protestantischen Predigt, die als ‚Lehre' auftritt" (NW NF 1, 242). Als Christusgläubige leben wir „nicht aufs Ende hin, sondern vom Ende her" (FO, 74). Dieses Ende verschwimmt nicht in einer dubiosen „Hinterwelt" (NW NF 3, 356f.), sondern ragt als „Gegenwart des Kommenden"[44] in diese Welt hinein. Diese Einsicht ermöglicht Iwand auch eine Neubewertung der Bergpredigt.

4.7 Die Wiederentdeckung der Bergpredigt und ihrer sozialen Dimension

In der alten Debatte um die Intention der Bergpredigt positioniert Iwand sich eindeutig. Er vermutet, bei der sozialen Ausgestaltung eines „Neuen Europa" in Frieden und Freiheit werde „die Bergpredigt [...] eine größere Bedeutung gewinnen, als sie sie bisher hatte" (FO, 174). Iwand denkt hier explizit in jene Richtung, die Leonhard Ragaz gewiesen hatte: Er weigert sich, der Bergpredigt und vergleichbaren Worten dadurch auszuweichen, dass man sie allego-

---

44 Vgl. Hans Joachim Iwand, *Die Gegenwart des Kommenden. Auslegung von Lukas 12*, Siegen 1955.

risiert oder nur für eine begrenzte Gruppe gelten lässt (etwa im Sinne einer speziellen Jüngerethik); was da gesagt ist, sei wörtlich gemeint.[45]

4.8 Das Gleichnis vom Barmherzigen Samariter (Lk 10,25–37) als Schlüsselstelle

In vergleichbarer Weise versteht Iwand auch Jesu Gleichnisse nicht als metaphorische Belehrungen, sondern als verpflichtendes Wort Gottes an uns heute. Nicht zufällig beginnt das für Iwand so zentrale „Gleichnis vom Barmherzigen Samariter" mit der Frage nach dem ewigen Leben (Lk 10,25–28) und zielt auf die Abweisung jeder kasuistischen Selbstrechtfertigung (Lk 10,29ff.).

Die Hilfe für den unter die Räuber Gefallenen muss dabei durchaus *handfest* (physisch) sein; das entspricht der leiblichen Realität des nichtidealistischen Menschen, wie er von Gott geschaffen wurde und wie Gott ihn in Christus angenommen hat.[46]

4.9 Resümee: lukanisch-prophetische Entdeckungszusammenhänge

Außer auf die Versöhnungslehre (s.o. 4.2.) rekurriert Iwand im Kontext der Flüchtlings- und Vertriebenenthematik vor allem auf die alttestamentliche Prophetie mit ihrer theologisch begründeten Sozialkritik und das lukanische Ethos mit seinen sozialrevolutionären Anklängen.

Wiederkehrende Motive vom „Flüchtling, der vor unserer Tür liegt"[47] (vgl. Lk 16,20) oder – geradezu als Iwandscher Topos – von dem „unter die Räuber Gefallenen"[48] (Lk 10,30), sowie eine grundsätzliche Skepsis gegen-

---

45 Vgl. Jürgen Seim, Bergpredigt und Politik. Hans Joachim Iwands Auslegung der Bergpredigt, in: ders., *Iwand-Studien. Aufsätze und Briefwechsel Hans Joachim Iwands mit Georg Eichholz und Heinrich Held* (SVRKG 135), Köln 1999, 19–46, hier 29.
46 Besondere Beachtung verdienen Iwands anti-idealistische Ausführungen zum Tod: *NW NF 2*, 178.
47 *FO*, 30.93. Vgl. *NW NF 1*, 45f.; ferner a.a.O., 243.314.
48 *JK* (1950), 539; *FO*, 93; *NW NF 1*, 152.198f.201f.205.214.295.308f.; *NW NF 5*, 68.119. Vgl. *NW 3*, 303!

"Recht auf Heimat"?

über zu viel Institution und zu wenig Geist[49] sind unverkennbar *lukanisch* geprägt.

Mit der Wiedergewinnung der *alttestamentlichen Prophetie* verbindet Iwand die Wiederentdeckung der politischen Predigt: „Die prophetische Verkündigung ist politische Predigt."[50] Demgegenüber laufe „die moderne Theologie" – „von Schleiermacher bis hin zu Bultmanns Spiritualisierung der neutestamentlichen Verheißungen" – Gefahr, auf Erden „einen leeren Raum zu schaffen, der Jesus Christus und seinem Sieg entzogen ist."[51] Dagegen protestiert Iwand vehement.[52]

5. Das strittige Verhältnis von Bibellektüre und Geschichtsdeutung

Inwieweit nun Iwands eigene Theologie seine Bibellektüre überformt oder ob umgekehrt die Bibellektüre ihn zu neuen Einsichten bringt, wird seit jeher kontrovers diskutiert.

Einer der zeitgenössischen Kritikpunkte an dem maßgeblich von Iwand mitverfassten „Darmstädter Wort" lautete, „daß man beim Reichsbruderrat ein bestimmtes Geschichtsbild hat und dieses Geschichtsbild nun genommen und *mit biblischen Worten umkleidet* wird."[53] Diese Kritik veranlasst zu einer gewichtigen Frage: *Gelangt Iwand von biblisch-theologischen, vielleicht sogar im engeren Sinne exegetischen Einsichten her zu seinen politischen Überzeugungen – oder bestimmen seine weltpolitischen Einschätzungen und geistesgeschichtlichen Rekonstruktionen die Rezeption biblisch-theologischer Zusammenhänge?* Die Frage nach der Argumentationsrichtung ist brisant, und die Quellenlage liefert Argumente für konträre Sichtweisen.

Einerseits prägen vorwiegend systematisch-theologische Erwägungen Iwands zeitdiagnostische und politische Äußerungen. Die Zeit wohlfeiler „dicta probantia" zur biblisch-theologischen Legitimierung einer bestimm-

---

49 Vgl. *JK* 12 (1951), 202–206, bes. 202f.
50 *JK* 12 (1951), 106. Die Nichtbeachtung der „Moseoffenbarung [...] in ihrer bleibenden Bedeutung für die Kirche Jesu Christi" habe dazu geführt, dass wir „die prophetische Verkündigung vernachlässigten" und „der Anfechtung des Antisemitismus erlegen" sind (a.a.O., 105f.).
51 *JK* 12 (1951), 205.
52 Vgl. *JK* 12 (1951), 268, unter Berufung auf Ps 24,1. Hier bestätigt sich der anti-idealistische Grundzug der Iwandschen Theologie.
53 Gerhard Jacobi, zit. nach: *Buchhaas-Birkholz*, 126 (Hervorhebung E.R.).

ten Sicht scheint angesichts der totalen Katastrophe endgültig vorbei zu sein. Zum Umdenken bringen Iwand konkrete geschichtliche Vorgänge, die er in einer bestimmten Weise wahrnimmt – wie genau und nach welchen Kriterien, wäre zu untersuchen – und theologisch reflektiert (vgl. *TZ*, 146–149). In einem Brief an Karl Barth vom 31. Dezember 1959 benennt Iwand in durchaus exemplarischer Weise, *was* ihn zu gewichtigen Neubewertungen – in diesem Falle: der Lehre und Zuordnung von Gesetz und Evangelium – veranlasste: „Erst das Versagen der Lutheraner im Kirchenkampf hat mir dafür die Augen geöffnet und mich unterscheiden gelehrt zwischen Gottes Gebot und jenem zeitlosen Nomos, der mit allen Inhalten gefüllt werden kann" (*TZ*, 202).

Andererseits ist Iwand unbedingt an einer biblischen Fundierung theologischer Aussagen gelegen. Das macht diese Notiz über die Arbeit an einer theologischen Erklärung deutlich: „Es mußte noch vieles gefeilt und mit der Sprache und dem Geist der Heiligen Schrift verglichen werden, ehe es herausgehen durfte."[54] Allerdings macht Iwands oft assoziative bis aphoristische Redeweise es zuweilen nicht eben leicht, konkrete Schriftbezüge im Einzelnen einwandfrei zu identifizieren und zu verifizieren, zumal sie eng mit Iwands eigenem pointierten Verständnis der jeweiligen Stellen verflochten sind.

6. Iwands Äußerungen zur Flüchtlingsfrage als Ausdruck diakritischer Seelsorge

Nach Gerard den Hertog ist Iwands „Friedenstheologie" „aus den Fragen der Zeit geboren und darauf bezogen", dabei „aber nur zu verstehen als eine Art theologische Seelsorge", die an die Wirklichkeit heranführe und „Wege zum Leben" weise.[55]

Die *eigene* Beugung unter den Bruch und das beständige Vorhalten des Bruchs als eine Art Beichtspiegel, doch in der Aussicht auf die in Christus begründete All-Versöhnung und den durch Christus in die Welt gebrachten

---

54 *JK* 11 (1950), 540.
55 Gerard den Hertog, An den Frieden glauben!? Die Entstehung von Iwands Friedenstheologie aus seiner Seelsorge in der Not und der Anfechtung der ersten Nachkriegsjahre, in: *EvTh* 78 (2018), 280–297, hier 282.

Frieden, macht Iwands Seelsorge zu einem ebenso ernsten[56] wie hoffnungsgewissen Unterfangen. Man wird seine – zugegebenermaßen oft ungeschützten – Äußerungen missverstehen, wenn man ihnen einen schwärmerischen Optimismus unterstellt. Iwand selbst hat sich immer gegen diese Etikettierung seiner Position gewehrt, und das durchaus mit Gründen:

> „Was heißt eigentlich *nüchtern* sein im biblischen Sinne? Heißt es nicht: damit rechnen, daß der Geist Gottes ausgegossen wird über alles ‚Fleisch' und der neue Aeon, die Wirklichkeit der Auferstehung Jesu Christi, mitten unter uns ist und wir – das Volk Gottes – Zeugen eben dieser seiner Taten? Nüchtern sein heißt in der Sprache des Neuen Testaments, ‚aufstehen vom Schlaf', begreifen, daß die Nacht vorgerückt und der Tag nahe herbei gekommen ist, Nüchternheit heißt in diesem Sinne von Ostern her ‚zeitgemäß' leben, in der Zucht und Klarheit des Geistes. Der Begriff der Schwärmerei ist leicht gebraucht, aber wie weit steht hinter diesem Scherbengericht nicht das Pathos einer sogenannten ‚Realpolitik', das zwar in der Geschichte unserer evangelischen Kirche eine große Rolle gespielt hat, das aber [...] kaum einen *biblischen* Fundus haben dürfte."[57]

Wenn man sich daran macht, Iwands Position nach möglichen Leerstellen und Problemen abzuklopfen – aber auch daraufhin zu befragen, was sie uns heute bei aller Unterschiedlichkeit der Situationen zu sagen haben könnte –, dann darf man nicht übersehen, dass Iwands Äußerungen in erster Linie auf eine aktive Christenheit vor Ort zielen. Ihn treibt die Sorge um die schlafende Christenheit, die weder Salz noch Licht ist und ihren Herrn dadurch verlästert, dass sie den Tanz um das Goldene Kalb der vermeintlichen „Eigengesetzlichkeit" irdischen Lebens unwidersprochen mitmacht.[58]

Auch nach 1945 bleibt Iwand, was er zuvor schon war: Bekenntnistheologe. Für ihn ist der Kampf um eine Christus bekennende und ihrem Herrn gehorsame Kirche weder vorbei, geschweige denn gewonnen: „Denn wir haben den Kirchenkampf verloren. Es ist uns nicht gelungen, der Christenheit in Deutschland die praktischen Entscheidungen, die uns aufgetragen waren,

---

56 Vgl. *JK* 11 (1950), 164: „Uns allen täte jener prophetische Ernst not, wie wir ihn bei Jesaja und Jeremia finden, die erschüttert durch den Untergang des Nordreichs Jerusalem zur Buße rufen."
57 *JK* 12 (1951), 205f. Vgl. zur Sache *FO*, 151f.; *TZ*, 196f.
58 Vgl. *NW* 3, 206–208; *JK* 12 (1951), 366. – Zu Iwands Anliegen vgl. Martin Fischer, Zeuge Christi an unsere Zeit. Hans-Joachim Iwand zum 60. Geburtstag, in: *KiZ* 14 (1959), 272–274.

als solche des Glaubens an Jesus Christus deutlich zu machen" (*NW NF 1*, 189). Das bleibt, so scheint es, Iwands Stachel im Fleisch.

Margit Ernst-Habib

Heimat – Himmel – Niemandsland

Beobachtungen zu Iwands Sprechweisen im Zusammenhang von Migration und Heimat[1]

Dass Migrationen, ob als Flucht oder als Suche nach dem besseren Leben, ein Zeichen unserer Zeit darstellen[2], ist wohl unbestritten – welche Rolle dieses Zeichen der Zeit theologisch über den migrations*ethischen* Diskurs hinaus spielen kann, wird dagegen im deutschsprachigen Raum bisher wenig bedacht. Noch seltener werden Stimmen von Flüchtlingen und Migrant:innen in das theologische Gespräch einbezogen oder gehört; der Diskurs scheint nahezu ausschließlich aus der Perspektive der Beheimateten im Blick auf die „Anderen", die Heimat-losen geführt zu werden. Eine migrationssensible Theologie dagegen wird das Gespräch suchen wollen nicht nur mit Menschen mit Migrationserfahrung der Gegenwart, sondern auch auf Stimmen der Vergangenheit hören wollen, die sich – wenn auch in einem deutlich anderen Kontext – bereits theologisch mit den Fragen nach Flucht, Vertreibung und Migration, aber eben auch mit der Frage nach Heimat auseinandergesetzt haben. Hans-Joachim Iwands Sprechweisen im Zusammenhang von Migration und Heimat zu untersuchen, bietet sich (wie zu zeigen sein wird) dazu auf ganz besondere Weise an; im Gespräch mit ihm sollen Motive für ein migrationssensibles Theologisieren der Gegenwart erarbeitet werden, das sich dieser doppelten Perspektive von Heimat und Migration verpflichtet weiß. Auch wenn Iwands tatkräftiges Engagement für Vertriebene[3] eine

---

1   Vortrag gehalten beim Iwand-Symposion 2023 (Uelzen): Flucht, Vertreibung, Heimat. Hans Joachim Iwand als Theologe, Prediger und Seelsorger einer theologia viatorum, September 2023. Der Vortrag wurde für die Veröffentlichung leicht überarbeitet; bei der Vorbereitung des Vortrags hat sich Christian Kamleiter insbesondere durch gewissenhafte Literaturrecherche verdient gemacht.
2   Vgl. dazu unten Abschnitt 2: Die erste Sprechweise – Flucht und Migration als Zeichen der Zeit.
3   Vgl. dazu etwa Jürgen Seim, Hans Joachim Iwand und die vertriebenen Ostpreußen, in: KZG 25 (1/2012), 24–34.

nicht minder interessante und fruchtbare Quelle für gegenwärtiges Theologisieren darstellt, soll dieses jedoch noch nur als Hintergrundfolie zu Iwands theologischen Sprechweisen dienen. In der Hauptsache beschäftigen sich die folgenden Gedanken mit den zwei Schriften Iwands „Zur religiösen Lage der Flüchtlinge" (1949)[4] und „Menschen ohne Heimat" (1952)[5], nehmen aber natürlich auch Iwands weitere Theologie in den Blick.

1. Der Theologen Beruf: Die Welt

„Man müsste der Welt Gesicht zu zeichnen verstehen, um die Aufgabe der Theologie recht zu bestimmen. [...] Das Licht göttlicher Gnade ist auf das wahre Antlitz der Welt gefallen und hat die Stellen zur Sicht gebracht, an denen es unter der schlecht deckenden Maske hervorstarrt. Es sind ganz bestimmte Menschen, in denen die Welt sich in Wahrheit zeigt, die Menschen, denen der Ruf des ‚Kommet her zu mir' gilt, über denen die Makarismen Jesu ausgesprochen sind. In diesen Menschen zeigt die Welt ihr wahres Angesicht, in diesen Menschen wird die Welt sich selbst offenbar."[6]

Man müsste der Welt Gesicht zu zeichnen verstehen, um die Aufgabe der Theologie recht zu bestimmen – so sagt Iwand in seinem Vortrag „Der Theologen Beruf" von 1929. Und mit diesem Auftrag an die Theologie sollen die Beobachtungen zu Iwands Sprechweisen im Zusammenhang von Migration und Heimat eingeleitet werden, findet sich doch an genau dieser Stelle das für Iwands Sprechweisen Besondere, und das nicht nur im Kontext seiner Zeit: Migration *und* Heimat kann er, der „Vater der Heimatvertriebenen"[7], aus vielerlei Perspektive zu einem zentralen Fokus seiner theologischen Existenz machen, in der Einheit von Glauben, Lehre und Leben kann er über sie an vielerlei verschiedenen Stellen sprechen (sei es in Vorträgen, Aufsätzen, Predigten, politischen Kommentaren), kann sein Handeln in der Flüchtlingsarbeit sprechen lassen. Das alles gehört für ihn zur Aufgabe der Theologie, zum

---

4 Vortrag gehalten auf der ökumenischen Flüchtlingstagung in Hamburg: Hans-Joachim Iwand, Zur religiösen Lage der Flüchtlinge, in: Gerard C. den Hertog (Hg.), *Hans Joachim Iwand – Frieden mit dem Osten. Texte 1933-1959*, München 1988, 25–32.
5 Ansprache bei der Eröffnung der volksmissionarischen Woche in Frankfurt am Main: Hans-Joachim Iwand, Menschen ohne Heimat, in: Den Hertog, *Iwand* (Anm. 4), 91–96 (zuerst veröffentlicht in: *BeKiW* 3 [3/1952], Sp. 1–4).
6 Hans-Joachim Iwand, Theologie als Beruf, in: ders., *Glauben und Wissen* (Nachgelassene Werke 1), hg. von Helmut Gollwitzer, München 1962, 222.
7 Hans-Werner Surkau, Art. Iwand, in: *TRE* 16 (1987), 427–432, 432.

Beruf des Theologen, der – wie die ganze christliche Gemeinde – an diese Welt und diese Zeit gewiesen ist.[8] Iwand erweist sich dabei als ein Theologe, der es versteht, zu seiner Zeit und an seinem Ort, das Gesicht der Welt so zu zeichnen wie wenige andere neben ihm. Iwand schaut auf die Welt seiner Zeit und diese ist – für ihn offensichtlich – in besonderem Maße geprägt von der Situation der Flucht, der Vertreibung, der Heimatlosigkeit. Entgegen den Bemühungen des Vergessens, des Wegschauens vieler seiner Zeitgenossen oder dem Wunsch der restaurativen Instrumentalisierung von Flucht und Flüchtlingen beharrt Iwand darauf, das Thema nicht nur aus einer exklusiv ethischen Perspektive zu thematisieren, sondern macht gerade die Sache der Flüchtlinge zur Aufgabe der Theologie und nicht nur des kirchlich-karitativen oder gesellschaftspolitischen Handelns.

Schon dies ein erster entscheidender Impuls, der aus Iwands Beschäftigung mit den Themen Heimat und Migration mitzunehmen ist: Sie sind als die das Gesicht der gegenwärtigen Welt prägende Realitäten Kennzeichen jener Welt, die eben nicht nur Welt an sich ist, sondern eine Welt, die von der Gnade Gottes erhellt wird. Damit stehen nicht nur Flüchtende und Heimatlose in der Gnade Gottes, sondern darin erkennt die Welt sich selbst als Welt im Licht der Gnade Gottes. Damit wird theologisch Entscheidendes über Gott und Welt, Gott und Mensch, aber auch über Mensch und Mensch ausgesagt; hier findet sich das „zutiefst Humane dieser theologischen Sicht der Wirklichkeit"[9]. Für eine migrationssensible Theologie auch der Gegenwart wird diese Entscheidung zum Impuls und zur Grundlage und beantwortet die Frage, warum gerade Migration zum *locus theologicus,* zum Ort der Theologie werden kann.[10] Mit einem weiteren Zitat aus dem gleichen Vortrag kommt Iwand hier noch einmal zu Wort:

---

8 Vgl. dazu Edgar Thaidigsmann, Theologie in der Zeit. Das Beispiel Joachim Iwands, in: EvTh 41 (2/1981), 114: „Ist die Theologie in der Zeit, dann ist die Zeit nicht sich selbst überlassen. Dann ist die Zeit ein Ort, wo die Wirklichkeit in Wahrheit zur Sprache kommt: befreit von Illusionen über sich selbst, versöhnt in dem, was in der Zeit sich widerstreitet, und auf dem Weg, neu zu werden. Theologie heißt dann: der Zeit wird gesagt, was die Stunde geschlagen hat. Sie erfährt hier in Wahrheit ihr Gericht und ihre Aufrichtung. Theologie ist dann nicht Theorie fern der Praxis, sondern Theorie der Praxis selbst, sowohl im objektiven als auch im subjektiven Sinn."
9 A.a.O., 129.
10 Vgl. dazu etwa Regina Polak, Migration als Ort der Theologie, in: Tobias Keßler (Hg.), *Migration als Ort der Theologie* (Weltkirche und Mission 4), Regensburg 2014, 87–114.

„Die Welt – wirklich die Welt, oder besser, die Menschen, in denen die Welt wirklich wird, ist unser der Theologen Beruf, die Welt, wie sie heute ist, unser der Theologen von heute Beruf."[11]

Dieses Wahrnehmen der Welt und der Zeit, dieses Zeichnen des Gesichtes der Welt, der Menschen, in denen diese Welt wirklich wird, steht in Iwands theologischer Arbeit und seinem Sprechen zu den und über die Themen, die sich um Flucht, Vertreibung, Heimat und Zugehörigkeit drehen, unter einem Vorzeichen, das den Schlüssel zu Iwands theologischem Verständnis dieser Themen bietet und gleichzeitig Impulse für unser theologisches Nachdenken für unsere Welt, wie sie *heute* ist, gibt. Wenn Iwand an anderer Stelle davon sprechen kann, dass Kirche und Gesellschaft seiner Zeit „der Flüchtling vor die Tür gelegt"[12] wurde und dass deshalb nichts mehr so ist, wie es war, dann gilt das ja in nicht geringerem Maße gerade auch für die gegenwärtige Zeit und Weltlage. Das Antlitz unserer Welt hat sich in diesem einem Punkt nicht wesentlich geändert. Iwand geht es aber, und das ist entscheidend, um das „wahre Gesicht" der Welt, das es wahrzunehmen und zu erkennen gelte. Es geht Iwand eben um das Antlitz, „auf das das Licht der göttlichen Gnade gefallen ist" – nur mit und durch diese göttliche Gnade ist es möglich, diese Welt in Wahrheit zu erkennen.

Und weiter: Die Welt wird nach Iwand also nicht an und für sich erkannt, sondern durch das Licht der göttlichen Gnade *in*

„den bestimmten Menschen, in denen die Welt sich in Wahrheit zeigt, die Menschen, denen der Ruf des ‚Kommet her zu mir' gilt, über denen die Makarismen Jesu ausgesprochen sind. In diesen Menschen zeigt die Welt ihr wahres Angesicht, in diesen Menschen wird die Welt sich selbst offenbar."[13]

Nur in dieser von Gott gestifteten Beziehung zur Welt, nur in diesem Licht der göttlichen Gnade wird die Welt in Wahrheit erkannt. Darum ist es ja der Theologen Beruf, das Gesicht dieser Welt zu zeichnen, wie sie wirklich ist und wirklich wird in bestimmten Menschen. Zu diesen bestimmten Menschen gehören, wenn man Iwands Sprechweisen zum Thema Heimat und Migration betrachtet, in herausgehobener Weise dann aber gerade Menschen auf der Flucht, Menschen ohne Heimat, Menschen unterwegs. Für Iwand sind diese Menschen, und das wird für die folgenden Überlegun-

---

11 Iwand, Theologie (Anm. 6), *222*.
12 Iwand, Menschen (Anm. 5), 93.
13 Iwand, Theologie (Anm. 6), 222.

gen entscheidend sein, nicht nur Objekt sozialethischer Überlegungen und christlichen Handelns; sie werden ihm auch, wenigstens im Ansatz, zum *besonderen Ort einer doppelten theologischen Erkenntnis* – der Erkenntnis Gottes und der Menschen. Sie werden zum Ort der theologischen Erkenntnis nicht aufgrund einer ihnen einwohnenden Qualität oder eines Wesensmerkmals; sie werden zum Ort theologischer Erkenntnis, weil gerade ihnen die Makarismen Jesu und das „Kommet her" auf besondere Weise zugesprochen sind. Dazu mehr im Verlauf meiner Überlegungen.

Eine zweite Perspektive sei in diesen Vorüberlegungen zum Beruf des Theologen bereits angezeichnet: Iwands Sprechweisen, sein Theologisieren im Zusammenhang mit Migration, Flucht und Heimat, kann – wie seine gesamte Theologie – als eine Art der *theologia viatorum* verstanden werden, und damit zu einer Art „kartographischer Theologie" für die Pilger:innen unterwegs werden. Diese Theologie des Weges und des Unterwegsseins markiert dabei keine Standpunkte oder gibt den einen sicheren Weg vor, sondern beschreibt den Weg Gottes mit den Menschen, den Weg der Kirche unter dem Kreuz, macht damit aber auch die Irrwege von Kirchen und Menschen[14] (wie etwa im Darmstädter Wort von 1947) deutlich und stellt diese in den Ruf zur Umkehr und in die Verheißung des Himmelreiches. Dieses Bild von Iwands Theologie als kartographischer Theologie, wie sie insbesondere in den „kartographischen Themen" von Flucht und Migration Relevanz gewinnt, ist daher von besonderer theologischer Relevanz, nicht weil es sich für eine migrationssensible Theologie thematisch anbieten würde (das wäre eine problematische Romantisierung und Essentialisierung „des Flüchtlings"), sondern weil es den Unterwegscharakter der Theologie und der theologischen Themen und Fragen skizziert.

Dass diese „kartographische Theologie" dabei nicht zweidimensional wie Landkarten zu verstehen ist, sondern sich nur in ihrer Dreidimensionalität durch das sich nahende Gottesreich erschließt, wird im Folgenden insbesondere am gewählten Themenkreis dieser Überlegung deutlich werden. Mit dieser kartographischen Theologie will Iwand Kirche und Gemeinde nicht näher zum Gottesreich führen, sondern beschreiben, wie sich die Wege der Kirche gestalten, der das Gottesreich, der Gott selbst nahekommt: „Gott ist

---

14 Vgl. dazu die „Irrwege" des Darmstädter Wortes, an dessen Erstellung Iwand federführend beteiligt war; siehe zum Beispiel Andreas Pangritz, „Wir sind in die Irre gegangen ...": Entstehung, Ziele und Wirkungen des Darmstädter Wortes, in: *TeKo* 45 (1.2/2022), 81–98.

nicht, Gott kommt."[15] In der Perspektive dieser kartographischen Theologie wird im Folgenden nicht Iwands Theologie im Blick auf den Fragenkreis von Flucht, Migration und Heimatlosigkeit systematisiert – angesichts der wenig systematischen Bearbeitung dieser Themen durch Iwand wäre dies auch kein verheißungsvolles Unternehmen. Stattdessen sollen drei Sprechweisen Iwands im Zusammenhang von Migration und Heimat dargestellt und jeweils mit theologischen Ansätzen und Herausforderungen unserer gegenwärtigen Zeit in ein Gespräch gebracht werden. Als Partner für dieses Gespräch werden dabei Überlegungen zur migrationssensiblen Theologie eingebracht, die an anderer Stelle entwickelt wurden,[16] die sich aber auch zu Iwands theologischen Gedanken im Blick auf das Thema überraschend fruchtbringend gestalten lassen. Es handelt sich bei diesen Überlegungen um einen Dreischritt, der den Weg folgenden Weg abschreitet:

1. Flucht, Migration und Heimatlosigkeit als „Zeichen der Zeit"
2. Heimat als „Zeichen der Ewigkeit"
3. Die Flucht in die falsche Heimat

2. Die erste Sprechweise: Flucht und Migration als „Zeichen der Zeit"

Nehmen wir zunächst die zentrale Metapher Iwands aus dem letzten Abschnitt auf, dann wird deutlich, von welcher Bedeutung für Iwands Versuch, als Theologe das wahre Gesicht der Welt zu zeichnen, die Frage nach den Flüchtlingen, den Menschen ohne Heimat ist. Für ihn ist die Frage der Flüchtlinge eben nicht nur von biographischer Relevanz und Tiefe, sondern prägt sein Wirklichkeits- und Weltverständnis. Deutlich wird dies etwa gleich zu Beginn von Iwands Ansprache bei der Eröffnung der volksmissio-

---

15 Vgl. Hans-Joachim Iwand, Nicht ich, Johannes. Predigt zu Johannes 1, 1934, in: ders., *Predigten und Predigtlehre* (Nachgelassene Werke. Neue Folge 5), bearbeitet, kommentiert und mit Nachworten versehen von Albrecht Grözinger, Bertold Klappert, Rudolf Landau und Jürgen Seim, Gütersloh 2004, 153.
16 Vgl. zum Folgenden meine Überlegungen in Margit Ernst-Habib, „Wir haben hier keine bleibende Stadt..." Migration Heimat und die Identität der Kirche, in: Marco Hofheinz und Cornelia Johnsdorf (Hg.), *The Grand International Challenges. Theologisch-ethische Perspektiven*, Stuttgart 2021, 81–100.

narischen Woche in Frankfurt mit dem Titel „Menschen ohne Heimat"[17] von 1952. Er betont dort im Blick auf die Situation der Flüchtlinge: „Es ist gut, wenn wir uns klarmachen, dass es sich nicht nur um ein deutsches Problem handelt", und er bemerkt zum Ende hin, dass „es kein karitatives oder bloß soziales Problem, sondern *das politische Problem unserer Tage*"[18] sei. Aber Iwand geht – und das ist zentral an dieser Stelle und für diese Sprechweise – weit darüber hinaus, Flucht und Migration ausschließlich als gesellschaftspolitisches Problem zu begreifen: Der Flüchtling, der heimatlose Mensch wird ihm zum „Zeichen"[19], das zur Erkenntnis des Weges führt und zwar für Flüchtlinge und Vertriebene gleichermaßen wie für die Menschen, denen der „Flüchtling vor die Tür gelegt wird"[20]. Dieser vor die Tür gelegte Flüchtling ist damit nicht nur Objekt der karitativen Fürsorge von Kirche und Gesellschaft, sondern wird in seinem Flüchtling-Sein für Iwand zum theologischen Erkenntnisort: Was der Mensch an sich (oder besser: der Mensch aus der Perspektive Gottes) ist, was die Aufgabe der christlichen Gemeinde ist, was in dieser Zeit gar Irrweg und Sünde ist, all das kommt für Iwand durch die Begegnung mit flüchtenden Menschen in den Brennpunkt: „An der Frage der Flüchtlinge hängt für uns alles."[21] – und das meiner Perspektive nach in mehrfacher Hinsicht.

Für Iwand werden damit Flucht und Migration zu Zeichen der Zeit im Sinne von Mt 16,3[22], die es im Sinne der Nachfolge Christi zu deuten und zu verstehen gilt und die die Kirche auf den Weg der Nachfolge rufen, der der Weg unter dem Kreuz ist. „Zeichen der Zeit" sind für Iwand nicht die reinen Fakten und Gegebenheiten, sondern sie sind ganz strikt nur im Horizont adventlicher Hoffnung der Heiligen Schrift zu deuten, wie er etwa in den Ausführungen seiner Predigtlehre zur „prophetischen Predigt" verdeutlicht:

---

17 Iwand, Menschen (Anm. 5).
18 A.a.O., 95. (Hervorhebungen im Original)
19 Ebd.: „Der Der heimatlose Mensch ist wie ein Zeichen, daß wir daran erkennen sollen, wohin unser Weg führt."
20 A.a.O., 93.
21 Ebd.
22 Und die Pharisäer und Sadduzäer traten herzu, versuchten ihn und baten, dass er ihnen ein Zeichen auf dem Himmel zeigen möchte. Er aber antwortete und sprach zu ihnen: Am Abend sagt ihr: Es wird schön; denn der Himmel ist rot; und am Morgen: Heute kommt ein Ungewitter; denn der Himmel ist rot und trübe. Ihr Heuchler, das Aussehen des Himmels versteht ihr zu beurteilen, die Zeichen der Zeit aber nicht! Das böse und ehebrecherische Geschlecht fordert ein Zeichen; aber es wird ihm kein Zeichen gegeben werden als nur das Zeichen des Propheten Jona. Und er verließ sie und ging davon.

„Deuten Sie die Zeichen der Zeit dabei nicht nur nach irgendwelchen Meinungen, sondern immer anhand der Heiligen Schrift. Wir dürfen nie die Zeichen der Zeit aus einer Weltuntergangsstimmung deuten, sondern wir müssen sie aus der Heiligen Schrift erklären. Das dient dazu, die zerstörenden Faktoren beizeiten zu erkennen, das dient dazu, recht aufzuwachen. [...] ‚Der Herr ist nahe' (vgl. Phil 4,5) muß das Thema jeder prophetischen Predigt sein, daran muß sie geprüft werden. Sie muß immer Adventscharakter tragen. Das Zerrbild der prophetischen Predigt ist die Zeitdeutung, der Literat auf der Kanzel, der nicht das Gericht und die Nähe des Heils verkündigt, sondern eine geistige Deutung der Zeit gibt. [...] Die prophetische Predigt deutet also darauf hin, daß unsere Zeit in Gottes Händen steht, daß Christus nicht nur der ist, der gekommen ist, sondern der kommen wird. Die Zeichen der Zeit müssen als Zeichen Seines Kommens dienen. Die prophetische Predigt führt also zur Erkenntnis, daß Christus nicht nur der Herr der Gemeinde, sondern der Herr der Welt ist."[23]

Iwand bringt so die Zeichen der Zeit mit der Reich-Gottes-Erwartung und der Herrschaft Christi zusammen und hält sie gleichzeitig voneinander getrennt; Heil *und* Gericht spannen den Rahmen der prophetischen Zeitanalyse auf, ohne die jene zum Zerrbild der prophetischen Predigt wird. Auf diese Weise bestimmen die Zeichen der Zeit den Weg und Ausblick der Kirche, wie Iwand in seiner Vorlesung zu Kirche und Gesellschaft aus dem Jahr 1951 festhält: „Das Reich Gottes ist das die Kirche fragende Reich. [...] Die Reich-Gottes-Erwartung ist die politische Ausrichtung der Gemeinde. Sie beachtet die Zeichen der Zeit."[24] Mit diesen angezeichneten Gedanken Iwands, soviel kann hier bereits als Zwischenfazit festgehalten werden, werden auch gegenwärtige Diskussionen in Kirche und Theologie kritisch hinterfragt: Mit welcher Schrifthermeneutik werden gegenwärtige Zeichen der Zeit, die Fragen bezüglich Flucht, Migration und Heimat ethisch und auch dogmatisch bearbeitet? Genügt ein einfacher, nahezu fundamentalistisch anmutender Verweis auf die Fluchtgeschichten der Bibel für den Diskurs? Können diese Fragen ohne Bezug auf die Bibel in Kirche und Theologie diskutiert werden? Auf dem Hintergrund dieser Überlegungen wird im Folgenden noch genauer zu betrachten sein, wie die Frage nach Heimat und Migration tatsächlich und konkret zum locus theologicus werden kann.

Zu diesen Zeichen der Zeit, die in der Reich-Gottes-Erwartung, in adventlicher Perspektive zu deuten sind, gehören nun insbesondere Flucht und

---

23 Iwand, Homiletik-Vorlesung, in: ders., *Predigten und Predigtlehre* (Anm. 15), 497.
24 Iwand, Kirche und Gesellschaft. Vorlesung, Göttingen 1951, in: ders., *Kirche und Gesellschaft* (Nachgelassene Werke. Neue Folge 1), bearbeitet, kommentiert und mit einem Nachwort versehen von Ekkehard Börsch, Gütersloh 1998 (2004), 49.

Migration, die „Heimatlosigkeit, die heute wie eine einzige große Not über die ganze Erde geht"[25], wie Iwand in einer Adventspredigt formuliert. Diese Heimatlosigkeit zeigt geradezu gleichnishaft ein (mindestens) Zweifaches auf:

(1) Zum einen erkennt Iwand in den Zeugnissen der religiösen Lage der Flüchtlinge[26] „Höhen und Tiefen, wie sie für unser normales kirchliches Christentum fast unvorstellbar sind" – die religiöse Lage der Flüchtlinge zeigt sich für ihn in Glauben und Taten „edelster Menschlichkeit" ebenso wie in den Anfechtungen in einem Maße, das sich „den Maßen der Bibel selbst nähert".[27] Not und Elend von Flucht und Heimatlosigkeit (für den Flüchtenden, aber im übertragenen Sinne auch für die sesshafte Kirche) kann Iwand immer wieder zum Thema machen, in seinen Predigten kommen diese Erfahrungen zur Sprache, werden aufgenommen und in die Hoffnung des Advents gestellt – ohne sie zu relativieren oder gar zu romantisieren. Iwand kann in diesem Zusammenhang sogar ungeschönt und hart vom Zerbrechen des Glaubens an Gott und an den Menschen sprechen.[28] Flucht und Heimatlosigkeit als Zeichen der Zeit werden damit an sich *nicht bejaht*, sondern können nur im Trotzdem der adventlichen Hoffnung erkannt und verstanden werden. Das Leiden und die Not der Flüchtlinge können bei Iwand Raum behalten, in aller Ambivalenz und ungeschönt.

„Eine Flüchtlingskirche ist heute die Gemeinschaft solcher, die mehr und tiefer als andere Menschen durch das Tal des Todes wandern mußten, die ihn zu schmecken bekamen in der ganzen Dunkelheit seiner inneren und äußeren Schrecknisse. Hüten wir uns, mit menschlichem Trost und menschlicher Zuversicht dies Erschrecken heilen zu wollen. Wir könnten uns alle durch das, was wir heute an uns und anderen erleben, gewiesen sehen auf die eherne Schlange,

---

25 Iwand, Johannes (Anm. 15), 141.
26 So der Titel seines Vortrages von 1949; siehe oben Anm. 4.
27 Vgl. Iwand, Religiöse Lage (Anm. 4), 27.
28 Vgl. a.a.O., 28: „Das Unheimliche ist, daß *Menschen* an *Menschen* – Menschen, die im Moment die Macht haben, an Menschen, die ohnmächtig sind – so handeln. *Der Glaube an Gott wird im Herzen des Menschen zerbrochen, indem der Glaube an den Menschen zerbrochen wird. Man täusche sich nicht, es kann nur beides zusammen wiederhergestellt werden.* Was Menschen, Menschen wie wir, in was für Masken und Uniformen auch immer, an Menschen getan haben, das können nur Menschen – und zwar Menschen ohne Masken und befreit von jeder Uniformierung, Menschen, die ‚Jesum Christum angezogen haben', wieder gut machen." (Hervorhebungen im Original)

die Gott in dieser Welt des Todes errichtet hat, daß alle, die zu ihr die Augen erheben, leben sollen und nicht sterben."[29]

Gerade die Bibel als Buch von Fluchtgeschichten, als Buch des Volkes Gottes unterwegs, wird für Iwand aufgeschlüsselt durch diese Erfahrungen der Flüchtlinge, die „wie ein Mahnmal" vor uns stehen,[30] aber eben nur unter der gerade angezeichneten Perspektive, dass die Hoffnung der Bibel die Zeichen der Zeit deutet.

(2) Aber auch das Gegensätzliche ist von Bedeutung: An der „mächtigen Bewegung der Hilfe und des Erbarmens in der Welt", dem Einsatz für die Flüchtlinge in Deutschland, kann Iwand gar die Hoffnung des Kreuzes erkennen:

> „Es war ein Geschehen, der Taube gleich, die mit dem Ölzweig in die Arche zurückkehrt. Wir erkannten an diesem Zeichen: Die Wasser fallen! Die größten Wendungen in der Welt ereignen sich im tiefsten Leid. Das Kreuz ist nicht umsonst das das Zeichen der größten Hoffnung. Das Leid, das in diesen furchtbaren Jahren menschlicher Besessenheit gelitten worden ist und noch gelitten wird, könnte um Christi Willen das Heilmittel sein, an dem wir noch einmal im kleinsten wie im größten Kreis zueinander finden als die eine große Menschheitsfamilie. [...] Die Armen sind der Schatz der Kirche. Das Flüchtlingselend könnte uns allen Hilfe sein zu echter Menschlichkeit und neuer Sinngebung des Daseins."[31]

Auch wenn Iwand, ganz der Realist, sofort hinzufügen kann, „wie weit unser kirchliches Handeln dieser Weisheit entspricht, soll hier nicht entschieden werden"[32], so wird doch unmittelbar deutlich, dass Iwand das Flüchtlingselend, das es zu überwinden gilt, auch als *locus theologicus* in ethischer wie dogmatischer Perspektive verstehen kann. Iwand beendet seine Überlegungen zur religiösen Lage der Flüchtlinge und den Zeichen barmherzigen Handelns in der Welt mit einer Frage, die wiederum die eingangs erwähnt kartographische Perspektive seiner Theologie, gerade auch im Blick auf die Zeichen der Zeit, verdeutlicht: „Wird es nicht Zeit, auf die Zeichen zu sehen, die die Zeichen des Christus sind: Liebe, Erbarmen, Gerechtigkeit

---

29 Aus dem Vorwort zum Heft „Die Hilfe" für die Freunde des Beienroder Hauses (1950) abgedruckt in: Iwand, *Predigten und Predigtlehre* (Anm. 15), 531.
30 Iwand, Religiöse Lage (Anm. 4), 29.
31 A.a.O., 30f.
32 A.a.O., 31.

und Friede, und sie die Wegzeichen unserer Wanderung sein zu lassen?"[33] Die Zeichen der Zeit bestehen nach Iwand eben nicht nur darin, Heimatlosigkeit und Flüchtlingselend wahr- und ernstzunehmen, entsprechend zu denken und zu handeln, sondern die *Zeichen des Christus* wahrzunehmen und sie für die *communio viatorum* zu Wegzeichen der Wanderung werden zu lassen. Es ist gerade diese doppelte Perspektive der Zeichen der Zeit und der Zeichen des Christus, die Iwands Sprechweise hier bestimmt und seine *theologia viatorum* ausmacht und die auch für den gegenwärtigen theologischen Diskurs entscheidende Impulse geben kann. Wenn es auch nicht darum gehen kann, barmherzige und solidarische Taten von Kirchen und Gesellschaften der Aufnahmeländer zu heroisieren, so kann doch der Blick gerade auf sie den Blick auf den Christus lenken, dessen Zeichen auch in der Gegenwart „Liebe, Erbarmen, Gerechtigkeit und Friede" sind – Wegzeichen auch für das Handeln vieler Menschen in Kirche und Gesellschaft.

Diese Überlegungen Iwands treffen sich damit erstaunlicherweise an vielen Stellen mit dem, was im gegenwärtigen internationalen theologischen wie nicht-theologischen Diskurs schon seit einigen Jahrzehnten immer stärker diskutiert wird. Wenn sich etwa die türkisch-amerikanische Professorin für Politikwissenschaften und Politik mit jüdischem Hintergrund Seyla Benhabib, die letzten beiden Päpste und die Weltbank in einem einig sind, dann dass die weltweite Migration der Gegenwart zu „einem der wichtigsten Themen unserer Zeit"[34], gar zu einem „Zeichen der Zeit"[35] und „entscheidendem Faktor des 21. Jahrhunderts"[36] geworden ist. Der katholische Theologe und Ethiker Christoph Mandry illustriert in seinem Literaturüberblick von 2017 zum Thema „Ethik der Migration" eindrucksvoll, auf welchem realen Hintergrund sich die gegenwärtige globale theologische Diskussion zur Migrationsfrage entfaltet:

„Nicht nur in Europa, sondern weltweit sind aktuell so viele Menschen wie seit dem Zweiten Weltkrieg nicht mehr unterwegs. Sie verlassen ihre Heimat aus

---

33 A.a.O., 31f.
34 Seyla Benhabib, *Die Rechte der Anderen*, Frankfurt a.M. 2008, 7.
35 Gerade in Bezug auf das *aggiornamento* und die Begrifflichkeit des Zweiten Vatikanischen Konzils gerade in römisch-katholischer Theologie; vgl. dazu zum Beispiel Agostina Marchetto, Migration als Zeichen der Zeit und als Sorge der Kirche, in: *PThI* 34 (2/2014), 237–256.
36 Zitiert in Judith Gruber, Remembering Borders. Notes toward a Theology of Migration, in: dies./Sigrid Rettenbacher (Hg.), *Migration as a Sign of the Times. Towards a Theology of Migration*, Leiden 2015, 79–106, 79.

sehr unterschiedlichen Gründen: Politische Krisen wie Kriege, Bürgerkriege und sonstige bewaffnete Konflikte, der Zusammenbruch von Staaten aufgrund ökonomischer und ethnischer oder religiöser Konflikte spielen dabei eine große Rolle, aber auch Armut, wirtschaftliche Aussichtslosigkeit und ökologische Gefährdung gehören zu den wichtigsten Ursachen. Obwohl Migration ein globales Phänomen ist, spielt sie sich häufig regional ab und die Formen der Migration können ebenso wie die Motivationen, Wünsche und Hoffnung der Menschen sehr unterschiedlich sein. Migration betrifft auch Christen, denn sie sind erstens unter den Migranten, zweitens treffen sie in ihren Heimatländern auf die Menschen, die zu ihnen kommen oder häufig auch schon längst da sind, und drittens sind Christen und christliche Gemeinschaften in Transit- und Zielländern stark involviert und engagieren sich in der pastoralen Betreuung, der Gesundheitsversorgung, in der Rechtsberatung und in anderen Zusammenhängen für migrierende und flüchtende Menschen. Migration, die häufig mit Gewalt und Ungerechtigkeit verbunden ist, stellt einen Appell an die Verantwortung aller Staaten und jedes Menschen dar, sie führt die Frage nach der Hoffnung auf Gerechtigkeit für diese Welt drängend vor Augen."[37]

Eine entscheidende Perspektierweiterung, die Iwand bereits vor mehr als siebzig Jahren im Blick hatte, ist dabei in diesem Dialog die *weltweite Dimension*, die Migration erhält; es geht in einer migrationssensiblen Theologie eben gerade nicht allein um die Flüchtlinge „bei uns" und darum, „ob wir es schaffen" – eben nicht um den angstbesetzen eurozentrischen Fokus. Flucht und Migration sind Phänomene, die die globalisierte Welt der Gegenwart schon jetzt bestimmen und in Zukunft vermutlich immer stärker bestimmen werden. Und hier treffen sich gegenwärtige theologische Anliegen mit denen Iwands, der eben nicht nur in einer politisch-ethischen Analyse der Zeichen der Zeit verbleibt, sondern in diesen „ganz bestimmten Menschen" das wahre Antlitz der Welt erkennt. Expliziter noch als Iwand es getan hat, wird Migration selbst im gegenwärtigen Diskurs als eine theologisch-hermeneutische Schlüsselkategorie verstanden; ähnlich wiederum wie bei Iwand dabei nicht nur als ethische Reflexionen herausforderndes Ereignis, sondern als Erkenntnisort der Theologie. Der Migrationsdiskurs selbst wird so zum Teil des theologischen Diskurses und das insbesondere über die Frage nach dem, was als christliche Identität, als kirchliche Identität in Zeiten der Migration verstanden werden kann. Migration als „Zeichen der Zeit" theolo-

---

37 Christoph Mandry, Menschen und Grenzen. Neuerscheinungen zur Ethik der Migration, in: *ThRv* 113 (1/2017), 3. Vgl. dazu auch Musa W. Dube und Paul L. Leshota, Introduction, in: dies. (Hg.), *Breaking the Master's S.H.I.T. holes. Doing Theology in the Context of Global Migration* (Contact Zone 25), Leipzig 2020, 7f.

gisch zu verstehen und zu deuten, kann dann konkret bedeuten, diese auf die Integrität des eigenen Gottesglaubens und die Nachfolgegemeinschaft von Christ:innen zu beziehen und den Prozess des Theologisierens selbst als ein „Unterwegssein mit Gott" zu verstehen.

Zentral für viele dieser neuen migrationstheologischen Überlegungen ist dabei, Flüchtlinge nicht ausschließlich als Objekt von ethischen Überlegungen oder religionswissenschaftlichen Beobachtungen zu verstehen, sondern ihre Erfahrungen (wie wenigstens in Ansätzen schon bei Iwand vorhanden) zum theologischen Locus zu machen – und dies (ebenfalls wie bei Iwand) sowohl in der Erfahrung von Gottes Beistand als auch in der Erfahrung der Gottesferne und des Zerbrechens von Glaubensgewissheiten. Wie ließen sich dogmatische Themen nun aus den Erfahrungen der Heimatlosen, Flüchtenden, Vertriebenen ausdeuten? Die römisch-katholische Theologin Judith Gruber versucht Impulse dazu herauszuarbeiten und lässt an vielen Stellen überraschenderweise Verbindunglinien zu Iwands Ansätzen und Sprechweisen erkennen, die Impulse für eine migrationssensible Theologie bieten können.[38] Migrant:innen werden auf diese Weise nicht mehr allein als Objekt von Handlungen oder Theologie wahrgenommen, sondern zu einer Quelle für die Theologie. Iwand weitergedacht hieße dies, dass die flüchtenden Menschen den Beheimateten vor die Tür gelegt sind und dadurch zum Ort der Theologie sowie der Welt- und Gotteserkenntnis werden, *und* dass die Theologie der Flüchtlinge selbst zur Quelle einer migrationssensiblen Theologie wird. Wenn die „Flüchtlingsfrage" für Iwand so zur „Glaubensfrage"[39] wird, dann wird auch der Glaube der Flüchtlinge, wenngleich selbstredend nicht unkritisch, zur theologischen Quelle. Für eine migrationssensible Theologie der Gegenwart erwachsen daraus weitreichende, auch ekklesiologische Fragen: Wie interpretieren und bestimmen diese Erfahrungen der Migrant:innen dabei die Identität der Kirche allgemein als Kirche unterwegs, als Kirche in der Fremde? Wie lehren sie die Kirche in der Sesshaftigkeit und Beheimatung, dass auch ihre Identität im Sinne des 1. Petrusbriefes die Identität von Pilgern und Fremden ist – mit der Bibelübersetzung „Hoffnung für alle" übersetzt: „Ihr wisst, dass ihr in dieser Welt Fremde seid; sie ist nicht eure Heimat." (1. Petr 2,11). Migrationstheologische Überlegungen streben an, das grenzüberschreitende, Grenzen hinterfragende Motiv von Migration

---

38 Vgl. dazu Gruber, Borders (Anm. 36), 99f.
39 Vgl. Gerard den Hertog, An den Frieden glauben!? Die Entstehung von Iwands Friedenstheologie aus seiner Seelsorge in der Not und der Anfechtung der ersten Nachkriegsjahre, in: *EvTh* 78 (4/2018), 280–297, 280f.

und Heimatlosigkeit auch auf den Prozess des Theologisierens selbst zu beziehen – welche Grenzen und Markierungen „sesshafter Theologie" müssen für die *ecclesia semper migranda* hinterfragt oder aufgebrochen werden, um eine Theologie für den Weg und nicht eine Theologie für den Standpunkt, die Begrenzung zu erarbeiten? Auch hier ließen sich also vielfach Anknüpfungspunkte für eine kartographische Theologie finden, wie sie zu Beginn für Iwand beschrieben wurde. Mit diesen Überlegungen zur Sprechweise von Migration und Flucht als Zeichen der Zeit wurde in Anfängen schon eine zweite Sprechweise deutlich, die auch bei Iwand eine zentrale Rolle in diesem Zusammenhang spielt (und inhärent mit der ersten Sprechweise verbunden ist): die Sprechweise von der Heimat als *Zeichen der Ewigkeit*.

3. Die zweite Sprechweise: Heimat als Zeichen der Ewigkeit

„Wir haben hier keine bleibende Stadt, sondern die zukünftige suchen wir." (Hebr 13,14).

Anhand der *Zeichen der Zeiten* – Flucht, Migration, Heimatlosigkeit – bricht für Iwand (und für die migrationstheologischen Überlegungen der Gegenwart) die Frage nach der wahren Heimat auf. Noch einmal in der Perspektive der kartographischen Theologie gefragt: ist die Kirche schon angekommen oder ist sie ihrem Wesen entsprechend noch und bis zur Wiederkunft des Herrn unterwegs? Kann sie als Weggemeinschaft Christi überhaupt je ankommen, hier beheimatet sein? Oder führt dieser Wunsch nach irdischer Heimat, nach Ankommen, nach Sesshaftigkeit vielmehr in die Irre, ins religiöse Niemandsland, in die Flucht vor dem wahren Angesicht der Welt und in die Flucht vor dem Gottesreich in seiner gnadenvollen Verheißung und seinem gandenvollen Gericht? Für Iwand ist zunächst entscheidend und grundlegend: Die wahre Heimat des Menschen ist im Himmel; wir haben hier keine bleibende Stadt.[40] Der Mensch, die Kirche ist wirklich heimatlos geworden, als sie genau dies vergessen hat, als sie ihre wahre himmlische Heimat mit der irdischen auszutauschen versuchte:

„Seit der Mensch aufhörte zu wissen, daß seine Heimat im Himmel ist, seitdem er prometheisch die irdische Heimat sich ausbaute mit dem gestohlenen Feuer,

---

40 Iwand, Menschen (Anm. 5), 92.

ist er hier heimatlos geworden. [...] Wir haben diese irdischen Dinge nur für eine vergehende Zeit, nicht für die Ewigkeit."[41]

Nur in diesem Sinne können alle irdischen Dinge wahrhaft genossen werden, das ist die besondere Wendung Iwandscher *theologia viatorum*: Irdische Heimat kann nur dann wirklich Heimat sein, wenn sie als *irdische* erkannt wird. Dieses Wissen um den zeitlichen, vergehenden Charakter der irdischen Heimat bringt in Iwands bereits angezeichneter Perspektive dann nicht die Angst um deren Vergänglichkeit mit sich, sondern das, was er als „christliche Gelassenheit" bezeichnet.[42] „Das wahre Angesicht der Welt unter dem Licht der Gnade Gottes zeichnen" als des Theologen Beruf bringt die Aufgabe und Berufung mit sich, diesen Unterschied deutlich herauszustellen: Die Kirche als *ecclesia semper migrans* bringt diese Art der irdischen Heimatlosigkeit unweigerlich mit sich; jedes Sesshaftwerden der Kirche muss kritisch hinterfragt werden – von Theologie und Gesellschaft: Die Kirche steht in der Mitte der Gesellschaft und richtet ihre Botschaft aus, aber „ohne Heimatrecht in ihr, als das ganz und gar Fremde, Wunderbare und Ärgerliche, als Mund ihrer Botschaft."[43] In seiner Vorlesung zu Kirche und Gesellschaft stellt Iwand die Menschheit weiter in den größeren Rahmen der Beziehung zu Gott und dem Gottesreich: „Unsere Heimat ist der Himmel, von wo wir auch warten des Heilandes Jesus Christus." (Phil 3,20)[44] Der Mensch hat gerade nicht „im Diesseits seine Bleibe und seine einzige Heimat"[45], wie Iwand gegen Feuerbach und die Gott-ist-tot-Theologie in die Waagschale wirft. Alles, was aus Iwands Perspektive über Heimat (in welcher Form auch immer) gesagt werden kann und gesagt werden muss, beginnt mit dieser essenziellen Verankerung der Heimat der Menschheit (nicht nur der Christen) im „Himmel".

Diese Himmelsheimat aber verweist die Kirche und die Gläubigen in ihr nicht weg von der Welt, sondern im Gegenteil wieder zurück in die Welt und wird darin (und hier findet sich die zweite Sprechweise Iwands) zum *Zeichen der Ewigkeit*. Irdische Heimatlosigkeit, das Flüchtlingssein, das „faustische Unbehaustsein" bleibt für Iwand ja das, was Gott *nicht* will, was die Kirche in Nachahmung von Gottes Gerechtigkeit zu beseitigen hat:

---

41 A.a.O., 92f.
42 Vgl. ebd.
43 Iwand, *Kirche* (Anm. 24), 275.
44 A.a.O., 53.
45 A.a.O., 130.

„Und – damit niemand meine, seine Häuser gehörten ihm und seine Habe sei seine Habe, noch eine kurze Mahnung: Herbergt gern! Das gilt vor allem dann, wenn sie eure Brüder verfolgen und es Gefahr bringt, mit ihnen unter einem Dach zu wohnen. Herbergt gern, weil Gott seine Herberge unter den Menschen aufgemacht und euch als seine Gäste, ja mehr: als Mitbürger eingeladen hat. Seht ihr denn nicht, daß sich diese göttliche Gerechtigkeit nachahmen läßt? Eure menschliche schwebt über dem Leben wie ein Racheengel, der alles verzehrt. Aber die göttliche wohnt unter uns und verwandelt damit das Leben. Nein, sie stellt es wieder her, indem sie dem Verfolgten Schutz und dem Heimatlosen eine Herberge gibt. Wohl euch, wenn ihr euch so als Mitarbeiter erweist an seinem guten und gnädigen Willen!"[46]

Kurz gefasst: Sorgt Euch um die Heimat der Heimatlosen, der „Gemeinschaft der Leidenden in Verbundenheit mit Jesus Christus"[47] hier auf Erden, weil Gott Euch Heimat und Bürgerrecht im Himmel gegeben hat. Darin erkennt der Gläubige die Gnade Gottes als Gabe und Aufgabe; darin weiß er sich auch vor der Richterstuhl Gottes: „Der Flüchtling wird unser eigenes Gericht sein!"[48] Irdische Heimat wird dann zum Zeichen der Ewigkeit, wenn sie in ihrer Vorläufigkeit und Gegebenheit als Geschenk der Gnade Gottes verstanden wird, auf das, so können diese Gedanken Iwands weitergeführt werden, kein Anspruch, kein Besitzrecht besteht. In diesem Sinne besteht auch für die Sesshaften und Beheimateten kein Recht auf Heimat. Diesen Gedanken nehmen migrationssensible Theologien der Gegenwart auf, die jedes herkömmliche Verständnis von Heimat zunächst einmal dekonstruieren und irritieren, wie etwa Regina Polak betont:

---

46 A.a.O., 49.
47 Iwand, Menschen (Anm. 5), 95.
48 A.a.O., 94. Iwand schlägt in der Beschreibung der Aufgabe von Gesellschaft und Kirche angesichts der Not der Flüchtlinge einen nahezu prophetischen Ton an: „In einer völligen Verkennung der Lage gilt es heute als Vernachlässigung der eigenen Berufspflichten, wenn man sich um die Flüchtlinge kümmert, dafür sind doch die Regierungsstellen da! So beruhigte man sich im Dritten Reich: ‚Ich erfülle meine Pflicht – für das andere (z. B. für das Schicksal der Juden) ist die Regierung verantwortlich'. Und so lebt heute unser Bürgertum in größter Gefahr, die ihm von Gott gestellte Aufgabe nicht zu sehen. *Der Flüchtling wird unser eigenes Gericht sein!* Was ihm heute geschieht, wird uns morgen geschehen! Es wird sich an uns erfüllen, was Jesaja den einst so sicher dahinlebenden Frauen von Jerusalem zurief: ‚Bald gibt's statt der Wohlgerüche Modergeruch – statt der Schärpe den Strick – statt der Prachtgewänder den Bettelsack!' (Jes 3,16ff). Die Bibel ist das einzige Buch, das recht behält, alle Parteiprogramme erweisen sich als Lügen." Ebd. (Hervorhebungen von mir)

„Migration kann der Theologie [...] helfen, Heimatideologien aller Art zu entlarven. Heimat ist in biblischer Tradition eine Beziehungs-Kategorie: Die wesentliche Heimat des Menschen ist bei Gott. Heimat in ihrem geographischen, aber auch kulturellen Sinn wird deshalb doch sehr stark relativiert. Migration irritiert eine Theologie, in der Glaube und Kirche sich einseitig und dominant als ‚Heimat' präsentieren. Sie erinnert daran, dass Aufbruch und Unterwegs-Sein, Anders- und Fremd-Sein unverzichtbare Dimensionen christlicher Spiritualität sind. Ist eine solche Spiritualität nicht zugleich ein Gegengift gegen alle nationalistischen, rassistischen und fremdenfeindlichen sowie totalitären Ideologien?"[49]

„Heimat" – ein Begriff, der in Gesellschaft und Kirche im Blick auf die Flucht- und Migrationsbewegungen der letzten Jahre Hochkonjunktur hat. War der Heimatbegriff lange Zeit eher als verstaubt anmutendes Konzept belächelt und ignoriert worden, so geriet er durch die Ereignisse der letzten Jahre und Jahrzehnte und die darauffolgende Stärkung rechter politischer Strömungen wieder in den Mittelpunkt eines Identitätsdiskurses, der in Teilen emotional und nostalgisch verklärt geführt wurde. Heimat wurde in der Diskussion nicht selten zu einem Besitz, der gegen den Verlust, das Eindringen der „Fremden", gegen eine so empfundene „Überfremdung" zu verteidigen ist, der in der „Bedrohung" wieder an Bedeutung und Relevanz gewinnt. Heimat wird so zur „Heimat zwischen Sehnsucht und Gefährdung"[50], zu „Sehnsuchtsort und Sehnsuchtswort"[51] – im Englischen etwa durch das Wortpaar *longing – belonging* wiedergebbar. Wenig Aufmerksamkeit, gerade in der medialen Darstellung, erhielt dagegen die Perspektive der Migrierenden und Flüchtlinge, die ihr Leben mit Heimatbedrohung und -verlust und der Sehnsucht nach einer neuen Heimat gestalten müssen und dafür oftmals ihr Leben aufs Spiel setzen. Heimat ist ja nicht nur das, was von den Beheimateten zu verteidigen ist, sondern was zusammen mit den Migrierenden gestaltet werden kann und muss. Heimat bleibt Weg und Utopie.[52]

---

49 Regine Polak, Perspektiven einer migrationssensiblen Theologie, in: *Migration und Integration – wissenschaftliche Perspektiven aus Österreich. Jahrbuch V/2*, Göttingen 2013, 210.
50 So Amélé Adamavi-Aha Ekué u.a., Heimat zwischen Sehnsucht und Gefährdung, in: dies. (Hg.), *Heimat(en)? Beiträge zu einer Theologie der Migration*, Zürich 2017, 11–38. Vgl. auch Frank Mathwig, Zwischen Heimweh und Heimat. Theologisch-ethische Exkursionen in die Heimat, in: *Zeitschrift für Theologie und Gemeinde* 25 (2020), 283–304.
51 So Pascal Schmitt, *Sehnsuchtsort – Sehnsuchtswort: Heimat als theologisch anschlussfähiger Begriff bei Arnold Stadler*, München 2014.
52 Vgl. dazu Ernst Bloch, *Das Prinzip Hoffnung*, Frankfurt a.M. 1959, 1628 u.ö.

Dass Christ:innen in ihren Überlegungen zum Thema Heimat durchaus andere Akzente zu setzen haben, hat sich durch die Beschreibung einer migrantischen Identität des wandernden Gottesvolk und „Fremde" schon indirekt abgezeichnet: Heimat kann in diesem Sinne nicht einfach und exklusiv als geographisch, kulturell, sprachlich, religiös verankerter Bezug und Besitztum verstanden werden, sondern ist zunächst eine Kategorie, die auf die Beziehung der Christ:innen zu Gott ausgerichtet ist, wie schon Iwand betont hat und wie Polak im oben angeführten Zitat formuliert: „Die wesentliche Heimat des Menschen ist bei Gott." Dass diese Beziehungsqualität von Heimat und ihre Bedeutung für eine christliche Identität auf ein Kernanliegen und Grundverständnis christlicher Theologie und Spiritualität beruht, zeigt der Niederschlag, den eine theologische „Heimatdiskussion" im Umfeld von Migration, aber auch Nationalismus in Europa in den letzten Jahren gefunden hat. Dass „Heimat" aus der Sicht der Bibel kein Wohlfühlsessel, sondern eine „stachlige und herausfordernde Zumutung"[53] für die Beheimateten wird, ist eine Perspektive, die mit Sicherheit weder allen Theolog:innen noch der Mehrheit der Kirchenglieder unmittelbar präsent sein dürfte. Die Hoffnung der Kirche zielt nicht darauf ab, eine kirchliche/religiöse/spirituelle/ geographische/kulturelle Heimat zu bewahren und ihre Identität von hierher zu erhalten, sondern die Hoffnung der christlichen Kirche ist bezogen auf die Heimat, die sie in Gott haben, die sie vorläufig kennen und erkennen und die erst im *eschaton* vollständig offenbar werden wird. Auf diese Heimat sind die Christ:innen bezogen, in Richtung dieser Heimat hin sind sie unterwegs, auf diese Heimat bezieht sich ihr Heimweh; darum sind sie *ecclesia semper migranda*, notwendigerweise unterwegs als Migrationskirche, „die Heimat von beheimateten und heimatlosen Menschen, die ein gemeinsames Heimweh verbindet."[54] Es ist doch sehr erstaunlich, dass es das Wort „Heimat" in seiner ganzen Bedeutungsbreite in keiner anderen europäischen Sprache gibt;[55] müsste es nicht daher unbedingt geboten sein, den Begriff der Heimat zu dekonstruieren, bevor er erneut theologisch besetzt werden kann?

Mit dem Verständnis von der Kirche als *ecclesia semper migrans*, mit dieser Identität von Christ:innen als den Fremden auf dem Weg wird der Heimatbegriff allerdings nicht vollständig eschatologisiert und auf die Zu-

---

53 Adamavi-Aha Ekué, Heimat (Anm. 50), 13.
54 A.a.O., 14.
55 Vgl. Svenja Kück, *Heimat und Migration. Ein transdisziplinärer Ansatz anhand biographischer Interviews mit geflüchteten Menschen in Deutschland*, Bielefeld 2021, 27–50: Kapitel 2. Heimat als kulturgeschichtliches Produkt – historischer und soziopolitischer Zugriff.

kunft projiziert. Heimat, auch die vorläufige Heimat in der Fremde, ist ein Geschenk, eine Gabe Gottes, ein Schutzraum, der Leben gelingen lässt. Gott gibt den Menschen aber schon in der Bibel das verheißene Land nur zur Nutzung, die Menschen aber leben wie „Fremdlinge und Beisassen" (Lev 25,23) bei Gott. Heimat, das Zuhause-Sein an einem Ort, in einer Kultur, in einer Gesellschaft, ist diesem Verständnis nach daher nicht ein erworbenes und zu verteidigendes Recht, sondern eine Gabe Gottes, die – wie alle Gaben Gottes – kein Privileg, keine Bevorzugung der Einen (Beheimateten) und Vernachlässigung der Anderen (Heimatlosen) bedeutet, sondern gleichzeitig eine Aufgabe Gottes beinhaltet. Heimat ist Gnadengabe und Aufgabe der Christ:innen, zum Wohle der gesamten Schöpfung. Heimat ist damit nicht allein Verweis auf Herkunft, sondern in eschatologischer Perspektive auch für die Zukunft, die in die Gegenwart hineinwirkt. Heimat ist, so verstanden, ein Zeichen der Ewigkeit, der die von Gott geliebte Welt in Hoffnung entgegenstrebt; Migration als Zeichen der Zeit erinnert die Kirche, die Christenmenschen daran, wer sie sind und wie sie in der Nachfolge Christi handeln können, um sich auf diesem Weg in Richtung der Zukunft Gottes zu begeben.

Beide Sprechweisen Iwands (Flucht und Migration als Zeichen der Zeit und Heimat als Zeichen der Ewigkeit) sind in einer migrationssensiblen Theologie genau wie in der Theologie Iwands immer aufeinander bezogen und können nicht voneinander getrennt werden. Es ist aber, theologisch wie auch ekklesiologisch und sogar gesellschaftspolitisch von entscheidender Bedeutung, auch die Ambivalenz dieser Begriffe weiterhin deutlich zu benennen und die Irrwege, die mit diesen Begriffen gegangen worden sind, zu kennzeichnen. Und damit kommen wir zur dritten Sprechweise, die die „falsche Heimat" und das Niemandsland in den Blick nehmen soll. Dazu kehren wir wieder zu Iwands Theologie zurück.

4. Die dritte Sprechweise: Flucht in die falsche Heimat und das Niemandsland

Es ist gerade die dritte Sprechweise Iwands, die die beiden anderen Sprechweisen noch einmal deutlicher konturiert hervortreten lässt. Die Rede ist hier von der *falschen* Heimat, die sich die Kirche sucht, wenn sie vor ihrer Aufgabe in der Welt flieht. Und auch hier bedient sich Iwand wieder einer Art kartographischer Sprechweise, die im Umfeld von Heimat und Flucht anzusiedeln ist – diesmal aber auf eine ganz andere Weise. Zeugnis dafür legt etwa das Darmstädter Wort ab und das fünffache „wir sind in die Irre gegangen" – zusammengedacht mit den vorherigen Überlegungen könnte auch formuliert werden: wir haben die Zeichen der Zeit und die Zeichen Christi nicht erkannt und wir stehen wieder in der Gefahr, vor diesem Auftrag zu fliehen. Wohin? In das *Niemandsland der Religion*: „Wir verhelfen dem Volk zu einer Flucht vor der unabweisbaren Verantwortung in Staat und Gesellschaft ins Niemandsland der Religion." [56] Die Kirche betreibt, im negativen Sinne, Fluchthilfe in dieses Niemandsland der Religion, der Weltflucht, in die private Existenz des gerechtfertigten Sünders, wenn sie eben nicht wenigstens versucht, das Angesicht der Welt zu zeichnen. In Auseinandersetzung mit lutherischer Rechtfertigungstheologie kann Iwand wiederum ähnliche kartographische Bilder gebrauchen, um die Weltflucht, die falsche Heimat theologisch in das Gespräch zu bringen, wie ein längeres Zitat aus der Vorlesung „Der Tod Jesu als Genugtuung" verdeutlichen soll:

„Gnade Gottes kann ja nicht bedeuten, daß Gott vor der Wirklichkeit ausweicht, daß er in ein Land der Wünsche und der Träume ginge, wohin dann auch wir als Glaubende ihm zu folgen hätten. Das ‚umsonst' (gratis) kann nicht heißen: ‚Weil es keine Möglichkeit gibt, die Schuld zu begleichen; weil die gottferne, todgezeichnete, durch Gesetz und Sünde geformte Wirklichkeit mächtiger ist als ich, Gott, und du, Mensch, weil wir beide sozusagen ohnmächtig sind vor den Gewalten, die in der Welt herrschen, also etwa vor der Macht oder dem Trieb oder dem Mammon; weil die Größe dieser Gewalten auf der einen Seite und die Ohnmacht und Angst der Menschen auf der anderen Seite so groß sind, daß alle Religion und Sittlichkeit demgegenüber ohne Realität sind: so laßt uns *emigrieren*, du, Mensch, und ich, Gott, in das *Jenseits*, in die *Außerweltlichkeit*, in die *Fremde*! Laßt die Welt ihren Göttern, die mit ihr zugrunde gehen werden! Aber du, Mensch, sollst eine *neue Heimat* finden – in mir und ich, meine wahre Herrschaft, in dir! Bauen wir uns ein außerweltliches Reich, das Reich des Geistes und der Wahrheit.' Das wäre ein ‚gratis' ohne ‚satis'!" [57]

Dass die wahre Heimat im Himmel ist, heißt eben gerade nicht, dass die Gläubigen weltflüchtig werden, genauer: dass Gott weltflüchtig würde und die Gläubigen ihm folgen würden. Im Licht der Gnade Gottes wird dagegen die irdische Heimat erkannt, an sie sind die Gläubigen gewiesen – eben weil

---

56 Iwand, Erstentwurf des Darmstädter Wortes, in: Den Hertog, *Iwand* (Anm. 4), 22.
57 Iwand, Christologie. Eine Einführung in ihre Probleme (Vorlesung, Bonn 1953/54), in: Iwand, *Christologie. Die Umkehrung des Menschen zur Menschlichkeit* (Nachgelassene Werke. Neue Folge 2), bearbeitet, kommentiert und mit einem Nachwort versehen von Eberhard Lempp und Edgar Thaidigsmann, Gütersloh 1999, 212.

Gott nicht weltflüchtig geworden ist. Wenn Kirche und Theologie also ihr Zelt im Niemandsland der Religion aufschlagen und dort die falsche Heimat suchen, dann dürfen sie sich nach Iwand ihre Rechtfertigung dafür nicht mit einem Bezug auf die Bibel selber geben:

> „Die Bibel ist kein Niemandsland. Die Bibel schickt uns vor zum Angriff, dass wir unsere Glieder in den Dienst stellen als Waffen der Gerechtigkeit. […] Es gibt keinen Rückzug, wenn wir ihn machen, werden wir mitschuldig sein an dem, was dann in der Welt geschieht."[58]

Es ist gerade diese Spannung zwischen der Wahrnehmung und Deutung der Zeichen der Zeit (und hier ganz besonders Migration und Flucht) und der Erkenntnis von Heimat als Zeichen der Ewigkeit, die wertvolle Impulse für eine migrationssensible Theologie gibt. Die Warnung vor dem *Niemandsland der Religion* und der falschen Heimat ist dabei eine stets aktuelle, angesichts gegenwärtiger globaler Ungerechtigkeiten und konkreter Herausforderungen wird ihre Bedeutsamkeit auch in den nächsten Jahrzehnten nicht kleiner werden. Dazu braucht es eine Theologie, die – und hier schließt sich der Kreis – das Angesicht der Welt zu zeichnen versteht.

---

58 Iwand, *Frieden* (Anm. 4), 183.

Michael Basse

Praxis der Versöhnung

Hans Joachim Iwands Engagement für Flüchtlinge und Vertriebene[1]

Iwands Engagement für Flüchtlinge und Vertriebene war theologisch begründet und zugleich biographisch motiviert. Im Folgenden sollen diese historischen und theologischen Zusammenhänge analysiert werden, indem zunächst Iwands Wahrnehmung von Flucht und Vertreibung nach dem Ersten Weltkrieg und in der NS-Zeit rekonstruiert wird, um dann sein Engagement nach dem Ende des Zweiten Weltkriegs im theologiegeschichtlichen und politischen Kontext dieser Zeit zu erschließen.[2]

1. Iwands Wahrnehmung von Flucht und Vertreibung bis zum Ende des Zweiten Weltkriegs

Iwands Lebensweg war für seine Wahrnehmung von Flucht und Vertreibung von Bedeutung:[3] Er wurde in Schreibendorf, dem heutigen Pisary, in der damals preußischen Provinz Schlesien geboren. Ab 1909 besuchte er das Gymnasium in Görlitz und wohnte dort bei seinen Großeltern väterlicherseits. 1917 begann er mit dem Studium der Theologie an der Universität Breslau. Nachdem er im Frühjahr 1918 zum Kriegsdienst einberufen worden war,

---

1 Erweiterte Fassung eines Vortrags, der am 28. September 2023 auf dem Symposion der Hans Iwand-Stiftung e.V. in Uelzen gehalten wurde.
2 Zu den Begriffen „Flüchtlinge" und „Vertriebene" vgl. Martin Greschat, „Mit den Vertriebenen kam Kirche"? Anmerkungen zu einem unerledigten Thema, in: *Historisch-Politische Mitteilungen* 13 (2006), 47–76, 48. – Der Begriff der „Migration" ist in diesem Zusammenhang nicht passend (vgl. Wilhelm Hüffmeier, „Wir sind richtig evangelisch" – Migration und Konfession nach 1945 in der Perspektive der Evangelischen Kirche der Altpreußischen Union, in: Uwe Rieske [Hg.], *Migration und Konfession. Konfessionelle Identitäten in der Flüchtlingsbewegung nach 1945* [LKGG 27], Gütersloh 2010, 90–108, 96).
3 Vgl. zum Folgenden Jürgen Seim, *Hans Joachim Iwand. Eine Biografie*, Gütersloh ²1999, 3–12.

schloss er sich nach dem Ende des Krieges einer Grenzschutzgruppe in der Provinz Posen an und wurde im Juni 1919 aus dem Militärdienst entlassen. Er setzte sein Studium fort, bis dann 1921 der Streit über die staatliche Zugehörigkeit Oberschlesiens eskalierte. Nach den Bestimmungen des Versailler Vertrages fand 1921 in der deutschen Provinz Oberschlesien, die dem Völkerbund unterstellt war, eine Volksabstimmung statt, bei der fast 60 Prozent der Bevölkerung für den Verbleib beim Deutschen Reich votierten.[4] Daraufhin kam es zu gewalttätigen Auseinandersetzungen zwischen polnischen Freischärlern und deutschen Kampfverbänden, die sich aus ehemaligen Freikorps rekrutierten. Iwand begab sich als „einer der ersten", wie er seiner Mutter mitteilte,[5] zu den Freikorps und beteiligte sich an den Kämpfen. Nach der Eroberung des Annabergs kehrte er, mit dem schlesischen Adlerschild Erster Klasse ausgezeichnet, nach Breslau zurück.[6] Als dann entgegen der Volksabstimmung beschlossen wurde, Oberschlesien zu teilen, verließen viele Deutsche das Land gen Westen – zum Teil freiwillig, zum Teil aber auch fluchtartig aus Furcht vor Drangsalierung bis hin zur Vertreibung. Iwand legte 1922 das Erste Theologische Examen ab und begab sich 1923 nach Königsberg, um dort eine Stelle als Inspektor des Lutherheims anzutreten und den akademischen Weg einzuschlagen.

Iwands kirchenpolitische Rolle in der Bekennenden Kirche Ostpreußens führte dazu, dass er im Sommer 1934 seiner Abberufung als Inspektor des Lutherheims in Königsberg zuvorkam, indem er selbst seinen Rücktritt anbot, der dann auch angenommen wurde.[7] Anschließend lehrte Iwand für kurze Zeit am Herder-Institut in Riga, bis ihm dort die Lehrbefugnis entzogen wurde und er mit der Familie nach Ostpreußen zurückkehrte und im August 1935 in Bloestau, in der Nähe Königsbergs, die Leitung des Predigerseminars der Bekennenden Kirche übernahm. Zwei Jahre später, im Mai 1937, wurde er aus Ostpreußen ausgewiesen. Mit den Kandidaten des Predigerseminars begab er sich nach Paradies bei Jordan in der Mark Branden-

---

4 Benjamin Conrad, Deutschland und die Volksabstimmung in Oberschlesien 1919–1921. Der Weg zum Volksentscheid, Emigrantenfrage, Wahlergebnisse, in: David Skrabania/Sebastian Rosenbaum (Hg.), *Die Volksabstimmung in Oberschlesien 1921. Nationale Selbstbestimmung oder geopolitisches Machtspiel?*, Paderborn 2023, 169–185, 169.
5 Seim, Iwand (Anm. 3), 25.
6 Vgl. ebd.
7 Vgl. Hans Joachim Iwand, Brief an Bischof Kessel vom 8. Juli 1934, in: ders., *Nachgelassene Werke Bd. 6: Briefe an Rudolf Hermann*, hg. von Karl Gerhard Steck, München 1964, 346f.; Seim, Iwand (Anm. 3), 129.

burg, bis sie auch dort im Oktober desselben Jahres des Landes verwiesen wurden und schließlich nach Dortmund kamen und dort Zuflucht fanden.

Nach dem Beginn des Zweiten Weltkriegs nahm Iwand dann Flucht und Vertreibung aus einer anderen Perspektive wahr, als auf der Grundlage des Hitler-Stalin-Paktes Umsiedlungen und Vertreibungen begannen, die vor allem Polen betrafen. Iwand gewann hiervon einen persönlichen Eindruck, als er im Januar 1940 in die Gegend um Posen reiste und mitbekam, dass Baltendeutsche aus ihrer von der Sowjetunion annektierten Heimat in das von Deutschen eroberte und besetzte Westpolen umgesiedelt wurden, was zur Vertreibung der dort lebenden Polen führte.[8] In seiner Auseinandersetzung mit den Vertriebenen-Verbänden um das „Recht auf Heimat" Ende der 1950er Jahre hat Iwand das noch einmal aus seiner persönlichen Sicht geschildert: „Ich weiß, wie bedrängt die Lage dieser Menschen [d.h. der Baltendeutschen, M. B.] war und wie verlockend die Aussicht, die sich ihnen bot. Aber es war entsetzlich und als ich 1940 davon hörte, brach mir wirklich eine Welt zusammen."[9]

Sehr persönliche und belastende Erfahrungen machte Iwand auch hinsichtlich der Flucht und Vertreibung der Juden aus Deutschland. Seine Schwiegermutter, die jüdischer Herkunft war und sich im Alter von 21 Jahren hatte taufen lassen, galt aufgrund der Nürnberger Gesetze von 1935 als Nichtarierin und war deshalb ebenso gefährdet wie Iwands Frau Ilse und letztlich auch seine Kinder. Seine beiden Schwager, Arnold und Rudolf Ehrhardt, emigrierten 1939 nach England bzw. Holland.[10] Iwand und seine Familie beteiligten sich in den Jahren 1942 bis 1944 daran, Juden zu verstecken, damit sie der Deportation entkommen konnten – zum Teil diente das Dortmunder Pfarrhaus selbst als Versteck.[11]

Und noch eine andere Form der Vertreibung bzw. Verschleppung erlebte Iwand während des Zweiten Weltkriegs unmittelbar mit: So berichtete er 1950 auf der Synode der EKD in Berlin-Weißensee von den russischen Kriegsgefangenen, die als Zwangsarbeiter in den Kohlegruben des Ruhrgebiets schuften mussten, und seinen Besuchen in Lagern, in denen Frauen

---

8   Vgl. Seim, *Iwand* (Anm. 3), 248f.
9   Hans Joachim Iwand, Leserbrief, in: *Die Welt* vom 18. September 1959 [abgedr. in: Hans Joachim Iwand/Fritjof Berg, Das Recht auf Heimat, in: *Geist und Tat* 14 (1959), 367–377, 376]; vgl. Seim, *Iwand* (Anm. 3), 249.
10 Vgl. Seim, *Iwand* (Anm. 3), 51.
11 Vgl. a.a.O., 269 u. 283f.

2. Iwands Engagement für Flüchtlinge und Vertriebene nach dem Zweiten Weltkrieg

Infolge des Zweiten Weltkriegs mussten Millionen Menschen fliehen oder wurden aus ihrer Heimat vertrieben – und das nicht nur in Deutschland, sondern auch in anderen Ländern Europas, in Nordafrika und in Asien. Iwand hat auf diese globale Dimension des Flüchtlingsproblems in seiner Ansprache hingewiesen, die er 1952 bei der Eröffnung der volksmissionarischen Woche in Frankfurt a. M. gehalten hat:

> „Es ist gut, wenn wir uns klarmachen, daß es sich nicht nur um ein deutsches Problem handelt. Eine große Völkerbewegung erschüttert die Welt. [...] Diese Flüchtlingszüge bedeuten ein unvorstellbares Maß an Elend. Die meisten träumen von Rückkehr oder von Rückeroberung als ihrem guten Recht und schüren den Haß gegen diejenigen, die sie vertrieben haben. [...] Ein neuer Nationalismus und Konfessionalismus sind erwacht, vor allem in den östlichen Räumen. Infolgedessen werden Fremdstammige und Andersgläubige als unerträglich empfunden."[13]

Von Januar bis März 1945 flohen 5 Millionen Menschen aus den deutschen Ostgebieten nach Westen, das war ungefähr die Hälfte der dort ansässigen Bevölkerung.[14] Insgesamt waren es nach dem Zweiten Weltkrieg 12 Millionen Vertriebene aus den Gebieten östlich von Oder und Neiße, etwa zwei Drittel davon gehörten der evangelischen Konfession an.[15] Die Unterbringung und Versorgung der Flüchtlinge stellte die Städte und Gemeinden

---

12 Vgl. a.a.O., 270f.
13 Hans Joachim Iwand, Menschen ohne Heimat [1952], in: ders., *Frieden mit dem Osten. Texte 1933–1959* (KT 28), hg. von Gerard C. den Hertog, München 1988, 91–96, 91.
14 Vgl. Hartmut Rudolph, *Evangelische Kirche und Vertriebene 1945 bis 1972. Bd. 1: Kirchen ohne Land* (AKZG.B 11), Göttingen 1984, 1.
15 Vgl. Peter Maser, Die Aufnahme der Flüchtlinge und Vertriebenen, in: Gerhard Besier/ Eckehard Lessing (Hg.), *Die Geschichte der Evangelischen Kirche der Union. Band 3: Trennung von Staat und Kirche, Kirchlich-politische Krisen, Erneuerung kirchlicher Gemeinschaft*, Leipzig 1999, 649–671; Felix Teuchert, *Die verlorene Gemeinschaft. Der Protestantismus und die Integration der Vertriebenen in die westdeutsche Gesellschaft (1945–1972)* (AKZG.B 72), Göttingen 2018, 13; ders., Eine protestantische Kultur des Politischen? Die Integration der Ostvertriebenen als politisches Handlungsfeld protestantischer Akteure,

vor große Herausforderungen, zumal die entsprechenden Strukturen auf lokaler und regionaler Ebene unmittelbar nach Kriegsende fehlten.[16] Zugleich befanden sich in Westdeutschland noch etwa 9,6 Millionen Ausländer, die zum größten Teil als Zwangsarbeiter oder Kriegsgefangene dorthin verschleppt worden waren und nun in ihre Heimat zurückzukehren versuchten oder als sogenannte „Displaced Persons" erst einmal in Deutschland blieben.[17] Die allgemeine Notsituation verschärfte sich dann 1946/47 noch einmal durch einen rapiden Anstieg der Flüchtlingszahlen.[18]

Flucht und Vertreibung erlebten Iwand und seine Familie in dieser Zeit ganz unmittelbar – Iwands Vater Otto starb im Januar 1946 auf der Flucht aus Breslau und seinen Schwiegereltern gelang erst Ende 1947 die Flucht aus Königsberg.[19] Und auf Schloss Cappenberg bei Lünen, das nach den verheerenden Bombenangriffen auf Dortmund im März 1945 das Zuhause von Iwand und seiner Familie geworden war, mussten bald schon Verwandte der Grafenfamilie von Kanitz untergebracht werden, die aus dem Osten geflohen waren.[20] Als dann die englische Besatzungsmacht das Schloss beanspruchte, musste die Familie Iwand in zwei kleine Zimmer im Dorf umziehen.[21]

Im Sommer 1945 begann Iwand, Rundbriefe an die Brüder der Bekennenden Kirche Ostpreußens zu schreiben – in dem ersten schrieb er gleich zu Beginn: „Meine Gedanken gehen unablässig zu allen Brüdern und ihren Familien, die aus Ostpreußen fliehen mußten und nun weithin nicht wissen, was aus ihnen werden soll. Wir wollen versuchen, zu helfen, so gut wir können."[22] In dem folgenden Rundbrief entfaltete Iwand auch erstmals die theologischen Grundgedanken, die sein Engagement für Flüchtlinge und Vertriebene fortan bestimmen sollten. Sie waren in seinen Augen in Anlehnung an 2 Kor 6,10 die „Armen, die noch viele reich machen", und für ihn kam jetzt alles darauf an, „daß wir unseren Weg nicht als einen ansehen, den

---

in: Claudia Lepp (Hg.), *Christliche Willkommenskultur? Die Integration von Migranten als Handlungsfeld christlicher Akteure nach 1945* (AKZG.B 75), Göttingen 2020, 23–46, 23.
16 Vgl. Rudolph, *Evangelische Kirche und Vertriebene*, Bd. 1 (Anm. 14), 15.
17 Vgl. ebd.; Wolfgang Jacobmeyer, *Vom Zwangsarbeiter zum heimatlosen Ausländer. Die Displaced Persons in Westdeutschland 1945–1951*, Göttingen 1985.
18 Vgl. Rudolph, *Evangelische Kirche und Vertriebene*, Bd. 1 (Anm. 14), 16.
19 Vgl. Seim, *Iwand* (Anm. 3), 311 u. 340.
20 Vgl. a.a.O., 290f.
21 Vgl. a.a.O., 291.
22 Hans Joachim Iwand, Brief an die Brüder vom 28. Juli 1945, in: Gerhard Besier u.a. (Hg.), *Kirche nach der Kapitulation. Band 2: Auf dem Weg nach Treysa*, Stuttgart u.a. 1990, 333 Anm. 1; vgl. Seim, *Iwand* (Anm. 3), 295.

Menschen zerstört und zerbrochen haben, sondern als einen solchen, der vor Gott ein gerader und rechter Weg ist".[23]

In einer Predigt, die Iwand kurz vor Kriegsende, am 10. Februar 1945, über 2 Kor 6,1–10 gehalten hat, sprach er – noch ohne Bezug zur Flüchtlingsthematik – davon, dass „[d]ieser selbe Weg, der eine Kette von Bedrängnissen ist, gleichzeitig ein Weg herrlichster Entdeckungen [ist], mitten in dieser Finsternis leuchten sehr helle klare Lichter, es ist ein Gehaltensein da, ein Gehaltensein von oben her".[24] Und es sei die Aufgabe der „Zeugen des Wortes" in der Kirche,

> „daß sie dies hineinrufen müssen in den Haß der Menschen, in den Untergang der Kulturen, in den Zusammenbruch ihres Ethos, als die wichtigste, die notwendigste Kunde: Gott hat uns versöhnt, Christus ist für uns gestorben, nun tretet selbst unter diese Gnade, macht ernst mit der Tatsache, daß ihr versöhnt seid, schlagt ein in die Hand Gottes, die er euch reicht."[25]

Iwand hat in seiner Schlussandacht auf der Kirchenkonferenz in Treysa am 6. Juni 1947 noch einmal über diesen Paulus-Text gepredigt und dabei das Vertrauen auf die Gnade Gottes im Hier und Jetzt der von Nöten und Ängsten bestimmten Welt hervorgehoben:

> „Gott hat uns alles genommen, was wir noch zu retten, noch aus diesem erwarteten Zusammenbruch zu retten glaubten. Wir denken an den protestantischen Osten und es erübrigt sich jedes weitere Wort. Wir denken an unsere zerstörten Städte, wir denken an die zerstörten Kirchen und Hochschulen. Wir denken an die Toten, an die Heimatlosen, an alle Leidenden, Verzweifelten, Hungernden und Sterbenden. [...] Was haben wir noch, worüber verfügen wir noch? Und doch! So, gerade so, werdet ihr ganz angewiesen bleiben auf Gott. Auf seine Gnade, auf seinen Reichtum."[26]

Gegen das „schreckliche Dogma von der Eigengesetzlichkeit der Dinge" betonte Iwand: „Er [Gott, M. B.] hat die Welt nicht sich selbst, nicht ihrer

---

23 Hans Joachim Iwand, Rundbrief an die Brüder der Bekennenden Kirche vom 12. August 1945, in: Besier (Hg.), *Kirche* (Anm. 22), 333–336, 334; vgl. Seim, *Iwand* (Anm. 3), 296.
24 Hans Joachim Iwand, Predigt über 2. Korinther 6,1–10, Dortmund am 10. Februar 1945, in: ders., *Nachgelassene Werke, Bd. 3: Ausgewählte Predigten*, hg. von Hans Helmut Eßer/ Helmut Gollwitzer, München 1963, 143–148, 146.
25 A.a.O., 145f.
26 Hans Joachim Iwand, Predigt über 2. Korinther 6,1–10, Treysa, 6. Juni 1947, in: ders., *Nachgelassene Werke, Bd. 3* (Anm. 24), 206–212, 212.

Bosheit, nicht ihrer Schuld, nicht ihrem Verfall überlassen, er hat ihr das große, unbegreifliche Angebot der Versöhnung gemacht."[27]

Der systematischen Konzeption, die Ethik von der Versöhnungslehre her zu entwickeln,[28] entsprach es, dass der Versöhnungsgedanke das Zentrum der theologischen Reflexion und des praktischen Engagements Iwands in der Flüchtlingsfrage bildete, die er als „Glaubensfrage"[29] verstand und die vielfältig verwoben war mit grundlegenden Fragen des Selbstverständnisses und der Gestaltung der Evangelischen Kirche in Deutschland sowie des Verhältnisses von Kirche und Staat respektive Kirche und Gesellschaft. Dabei schlug Iwand einen anderen Weg ein als eine Mehrheit in Kirche und Gesellschaft, insofern er den Versöhnungsgedanken nicht nur in den Mittelpunkt der Evangelischen Kirche in Deutschland, sondern zugleich auch der Ökumene rückte und damit das gängige Schema der Abgrenzung von West und Ost zu überwinden suchte. Er wurde dafür massiv kritisiert und persönlich angefeindet, hielt aber aus theologischen Gründen an seiner Position und seiner Vision fest.

In seiner Konzentration auf den Versöhnungsgedanken folgte Iwand Martin Kähler und August Tholuck,[30] vor allem aber Karl Barth.[31] Auch wenn dieser die Versöhnungslehre im Rahmen der „Kirchlichen Dogmatik" erst ab 1953 entfaltete, hatte er seine Auffassung, dass die Versöhnungslehre das „zentrale Wort des ganzen christlichen Bekenntnisses und Dogmas" sei, be-

---

27 A.a.O., 206f.
28 Vgl. Martin Hoffmann, *Bezeugte Versöhnung. Die trinitarische Grundlegung der Ethik bei Hans Joachim Iwand* (Theologie im Gespräch 5), Essen 1988, 61–68.
29 Gerard den Hertog, An den Frieden glauben!? Die Entstehung von Iwands Friedenstheologie aus seiner Seelsorge in der Not und der Anfechtung der ersten Nachkriegsjahre, in: EvTh 78 (2018), 280–297, 280.
30 Vgl. Hans Joachim Iwand, Zur Versöhnungslehre (1956), in: ders., *Um den rechten Glauben. Gesammelte Aufsätze* (ThB 9), hg. von Karl Gerhard Steck, München 1959, 214–221, 214.
31 Zum Verhältnis zwischen Iwand und Barth in der Zeit des Kirchenkampfes vgl. Gerard C. den Hertog, Annäherung und Entfremdung in der geteilten „theologischen Existenz heute". Das Verhältnis zwischen Hans Joachim Iwand und Karl Barth in der Zeit des Kirchenkampfes, in: Michael Beintker u.a. (Hg.), *Karl Barth im europäischen Zeitgeschehen (1935–1950). Widerstand – Bewährung – Orientierung. Beiträge zum internationalen Symposion vom 1. bis 4. Mai 2008 in der Johannes a Lasco Bibliothek Emden*, Zürich 2010, 333–354.

reits 1942 in der Gotteslehre seiner „Kirchlichen Dogmatik" betont.[32] Nach dem Ende des Zweiten Weltkriegs war Barth als „Lehrer der Versöhnung"[33] für Iwand auch insofern prägend, als dieser in seinem Engagement für Versöhnung ebenfalls auf der „Suche nach einem Weg zwischen den Fronten des Kalten Krieges" war.[34] Ihre gemeinsame Fokussierung auf das „Wort von der Versöhnung der Welt mit Gott in Jesus Christus"[35] kam 1947 im Entstehungszusammenhang des Darmstädter Wortes zur Geltung. In dem Referat, das Barth auf der Sitzung des Bruderrates am 5. Juli 1947 hielt,[36] entfaltete er sein Verständnis der „lebendige[n] Gemeinde" als dem „Ereignis, in welchem Menschen miteinander vor die Tatsache der in Christus geschehenen Versöhnung der Welt und also miteinander unter die richtende Gnade und das gnädige Gericht Gottes gestellt sind".[37] In der Diskussion, die sich an Barths Referat anschloss, sprach sich Iwand dafür aus, „das heiße Eisen des Nationalismus an[zu]fassen",[38] woraufhin Barth vorschlug, dass Iwand ein entsprechendes Wort des Bruderrates entwerfen solle. In seinem Entwurf der ersten These des Darmstädter Wortes verknüpfte Iwand den „Dienst der Versöhnung" mit der Schuldfrage, die in der evangelischen Kirche und Theologie seit dem Stuttgarter Schuldbekenntnis vom Oktober 1945 kontrovers diskutiert wurde:

---

32 Karl Barth, *Kirchliche Dogmatik*, Bd. II/2, Zürich (1942) ³1948, 95; vgl. Bertold Klappert, *Versöhnung und Befreiung. Versuche, Karl Barth kontextuell zu verstehen* (NBST 14), Neukirchen-Vluyn 1994, 216 Anm. 2.
33 Michael Beintker/Georg Plasger/Michael Trowitzsch (Hg.), *Karl Barth als Lehrer der Versöhnung (1950-1968). Vertiefung – Öffnung – Hoffnung. Beiträge zum Internationalen Symposion vom 1. Bis 4. Mai 2014 in der Johannes a Lasco Bibliothek Emden*, Zürich 2016; vgl. Hartmut Ludwig, Karl Barths Dienst der Versöhnung. Zur Geschichte des Stuttgarter Schuldbekenntnisses, in: Heinz Brunotte (Hg.), *Zur Geschichte des Kirchenkampfes. Gesammelte Aufsätze II* (AGK 26), Göttingen 1971, 265-326.
34 Rinse Reeling Brouwer, Karl Barth und die Suche nach einem Weg zwischen den Fronten des Kalten Krieges, in: Beintker u.a. (Hg.), *Karl Barth als Lehrer der Versöhnung* (Anm. 33), 170-191; Martin Greschat, Hans Joachim Iwand im Ost-West-Konflikt, in: Christian Neddens/Gerard den Hertog (Hg.), *Über das Zusammenleben in einer Welt. Grenzüberschreitende Anstöße Hans Joachim Iwands*, Gütersloh 2014, 50-63.
35 Ein Wort des Bruderrates der Evangelischen Kirche in Deutschland zum politischen Weg unseres Volkes, Darmstadt 1947, in: KJ 72-75 (1945-1948), 220-222, 220f. (These 1).
36 Vgl. Hartmut Ludwig, *Die Entstehung des Darmstädter Wortes* (JK.B 8/9), 1977, 1.
37 Karl Barth, *Die lebendige Gemeinde und die freie Gnade* (TEH.NF 9), München 1947, 4; vgl. Klappert, *Versöhnung* (Anm. 32), 216f.; Seim, *Iwand* (Anm. 3), 332.
38 Zit. nach Ludwig, *Entstehung* (Anm. 36), 2; vgl. Seim, *Iwand* (Anm. 3), 332.

„Die Gemeinde Jesu Christi ist die Gemeinde derer, die das Wort von der Versöhnung der Welt mit Gott in Christus hören, annehmen und tun. Der Dienst der Versöhnung wird aber verleugnet und nicht ausgerichtet, wenn wir uns nicht freisprechen lassen von aller unserer Schuld, nicht nur der privaten, sondern auch der politischen, und uns von Jesus Christus, dem guten Hirten, heimrufen lassen von den falschen und bösen Wegen, auf denen wir als Deutsche in die Irre gegangen sind."[39]

Aus dieser theologischen Einsicht in den Zusammenhang von Versöhnungsbereitschaft und Schulderkenntnis resultierte Iwands nachdrücklicher Aufruf zur Umkehr und zum Umdenken in Kirche und Gesellschaft.[40]

Iwands praktisches Engagement konzentrierte sich zunächst auf das Hilfskomitee für die ostpreußischen Pfarrer und ihre Familien. Das Hilfswerk der EKD wurde im August 1945 auf der Kirchenversammlung in Treysa gegründet, nachdem der Vorläufige Ausschuss für den im Aufbau begriffenen Ökumenischen Rat der Kirchen hierfür schon in den letzten Kriegsjahren die organisatorische Grundlage geschaffen hatte.[41] Dieser ökumenischen Verankerung verdankte das Hilfswerk auch in materieller Hinsicht sehr viel, denn die Geld- und Sachspenden, die aus dem Ausland kamen, waren für die karitative Arbeit des Hilfswerks von entscheidender Bedeutung.[42] Stand das Hilfswerk der EKD insgesamt unter der Leitung von Eugen Gerstenmaier, so war es nach den einzelnen Landeskirchen bzw. Kirchenprovinzen untergliedert. Iwand übernahm die Leitung des Hilfskomitees für Ostpreußen.[43] Er organisierte regelmäßige Pfarrkonvente, die ab September 1945 zunächst

---

39 Hans Joachim Iwand, Entwurf vom 5./6. Juli 1947, in: ders., *Frieden mit dem Osten* (Anm. 13), 20–22, 20.
40 Vgl. Gerhard Sauter, Theologisches Feuer. Hans Joachim Iwands Anstöße für evangelische Theologie und Kirche, in: EvTh 60 (2000), 177–191, bes. 180–184; Gerard den Hertog, Wider die Aufteilung der einen Wirklichkeit. Hans Joachim Iwands „angel's eye view", in: Neddens/den Hertog (Hg.), *Zusammenleben* (Anm. 34), 24–45, bes. 37–39.
41 Vgl. Rudolph, *Evangelische Kirche und Vertriebene*, Bd. 1 (Anm. 14), 27–29; Johannes Michael Wischnath, *Kirche in Aktion. Das Evangelische Hilfswerk 1945–1957 und sein Verhältnis zu Kirche und Innerer Mission* (AKZG.B 14), Göttingen 1986, 1–83; Geofrey Murray, Erneuerung durch gemeinsamen Dienst, in: Harold E. Fey (Hg.), *Geschichte der Ökumenischen Bewegung 1948–1968*, bearb. von Günther Gassmann, Göttingen 1974, 266–308, 272.
42 Vgl. Rudolph, *Evangelische Kirche und Vertriebene*, *Bd. 1* (Anm. 14), 30 u. 44–51; Wischnath, *Kirche in Aktion* (Anm. 41), 90–92.
43 Vgl. Rudolph, *Evangelische Kirche und Vertriebene*, Bd. 1 (Anm. 14), 85–87; Seim, *Iwand* (Anm. 3), 302.

Praxis der Versöhnung 153

in Hannover und ab 1950 dann in Beienrode stattfanden.⁴⁴ Zudem war er Mitglied im Ostkirchenausschuss, in dem die EKD die seelsorgerlichen und kirchlichen Aufgaben ihres Dienstes an den Vertriebenen bündelte.⁴⁵ An der innerkirchlichen Debatte, ob und inwieweit es Aufgabe der EKD und hier speziell des Hilfswerks sei, wegen der Wohnungsnot der Flüchtlinge und Vertriebenen eigene Siedlungsprojekte zu konzipieren, wie es dann z.b. in Espelkamp geschehen ist, beteiligte sich Iwand durch seine Mitwirkung im Bruderrat der EKD, der im Februar 1949 einen „Aufruf an die evangelischen Gemeinden zur Bildung von Baugemeinden" verfasste.⁴⁶

Iwand engagierte sich vor allem auch für die sog. Ostpfarrer, die zunächst oft Widerstände in den kirchlichen Verwaltungsapparaten überwinden mussten, bevor sie eine Anstellung in den westdeutschen Landeskirchen fanden. Indem Iwand sich persönlich für sie einsetzte, leistete er einen wichtigen Beitrag zur Integration dieser insgesamt zweieinhalbtausend Pfarrer, die als „eine der großen Leistungen der Kirchen der EKD" angesehen werden kann,⁴⁷ wobei die Gemeinden auf diese Pfarrer angesichts der großen Zahl von Flüchtlingen und Vertriebenen auch angewiesen waren.⁴⁸

Die Gründung eigenständiger Flüchtlingsgemeinden lehnte Iwand ab, auch wenn ihm bewusst war, dass sich die Flüchtlinge und Vertriebenen in den Gemeinden, in denen sie untergekommen waren, oftmals „fremd und nur gerade geduldet" fühlten.⁴⁹ Aber Iwand war der festen Überzeugung,

„sobald das Wort recht erklingt und die Stimmen des Neuen Testaments recht zu Worte kommen, sobald alle, ob heimatlose oder landeskirchlich beheimatet, begriffen haben, dass wir eben hier „keine bleibende Statt" haben, dass, was heute den Kirchen im Osten widerfuhr, als Zeichen vor den anderen aufgerichtet ist, als Zeichen des Wachseins und der Barmherzigkeit, dann ist der Bann gebrochen und wir wissen, dass die momentanen Unterschiede zwischen uns und denen, die ihre Gemeinde und ihre Häuser haben, eben nur ‚momentane' sind, dass wir alle haben, als hätten wir nicht, dass wir alles nur von Gott haben

---

44 Vgl. Rudolph, *Evangelische Kirche und Vertriebene, Bd. 1* (Anm. 14), 87; Seim, *Iwand* (Anm. 3), 304f.
45 Vgl. Rudolph, *Evangelische Kirche und Vertriebene, Bd. 1* (Anm. 14), 390–393.
46 Vgl. a.a.O., 130f.
47 Dorothea Wendebourg, Die Evangelische Kirche und die vertriebenen Ostdeutschen, in: *ZThK* 108 (2011), 16–49, 21.
48 Vgl. Jürgen Seim, Hans Joachim Iwand und die vertriebenen Ostpreußen, in: *KZG* 25 (2012), 24–34, 25.
49 Hans Joachim Iwand, Rundbrief vom 12. August 1945 (Anm. 23), 335.

und aus unverdienter Gnade Häuser, Kinder, Frauen und Gemeinde behalten haben."[50]

Wenn in der neueren Forschung behauptet wird, Iwand habe mit seiner Absage an selbstständige Flüchtlingsgemeinden das Ziel verfolgt, dass „die Vertriebenen an Ordnung und Sitte der aufnehmenden Kirchen assimiliert werden sollten",[51] so steht das im Widerspruch zu Iwands eigener Aussage, wonach es darauf ankomme, dass die Vertriebenen und die Alteingesessenen in den Gemeinden zueinander finden sollten, indem sie gemeinsam auf Gottes Wort hören, d.h., es ging in seinen Augen gerade nicht um „Assimilation", sondern um Veränderung auf beiden Seiten und das in sehr grundsätzlicher Hinsicht. Das bedeutete aber zugleich, dass für ihn nicht die Kultur- und Traditionspflege im Vordergrund stand, wie das in den 1950er Jahren vor allem vonseiten des Ostkirchenausschusses vertreten wurde.[52] Für Iwand war nicht die Bewahrung von Traditionen, sondern der Aufbruch in den Gemeinden das Gebot der Stunde und das verpflichtende Erbe des Kirchenkampfes. Dass das weder Geschichtsvergessenheit noch fehlende Wertschätzung von Tradition bedeutete, hat Iwand zwei Wochen vor seinem Tod in einem Rundbrief an den Freundeskreis des Beienroder „Hauses der helfenden Hände" hervorgehoben:

„Mir hat immer als Ziel vorgeschwebt, ein lebendiges Denkmal unserer ostpreußischen Kirche zu erhalten, keine falschen Traditionen zu pflegen und keiner irrealen Politik anzuhängen und den verführerischen Klängen der Rattenfänger nicht zu folgen, die uns hoffen lassen möchten, daß alles wieder so wird, wie es war. […] Ich denke, wenn uns Beienrode als Mittelpunkt unserer

---

50 Ebd.
51 Teuchert, *Gemeinschaft* (Anm. 15), 108; vgl. Arnulf von Scheliha, „Der Flüchtling ist […] eine Gabe Gottes an seine Kirche". Migration und Integration als Thema der protestantischen Sozialethik in der Bundesrepublik Deutschland, in: Lepp (Hg.), *Willkommenskultur* (Anm. 15), 279–300, 283.
52 Vgl. Hartmut Rudolph, *Evangelische Kirche und Vertriebene 1945 bis 1972. Bd. 2: Kirche in der neuen Heimat* (AKZG.B 12), Göttingen 1985, 296f.; Claudia Lepp, Der Protestantismus in den Debatten um gesellschaftliche Integration und nationale Identität, in: Christian Albrecht/Reiner Anselm (Hg.), *Teilnehmende Zeitgenossenschaft. Studien zum Protestantismus in den ethischen Debatten der Bundesrepublik Deutschland 1949–1989*, Tübingen 2015, 65–80, 73.

Begegnung mit den Brüdern und Schwestern aus dem Osten erhalten werden könnte, so wäre das eine gute Sache."[53]

Das Bemühen um „Integration", wie sie nach dem Zweiten Weltkrieg vor allem im Zusammenhang mit der Vertriebenenseelsorge zur Geltung kam und insbesondere von Herbert Girgensohn, dem Vorsitzenden des Ostkirchenausschusses, gefördert wurde,[54] war nicht Iwands primäres Anliegen und das hatte vor allem ekklesiologische Gründe: Da die Kirche nach Iwands Verständnis durch das Hören auf Gottes Wort und das Wirken des Heiligen Geistes konstituiert ist, galt es auch darauf das Hauptgewicht zu legen – und damit korrespondierte dann auch das Konzept der Göttinger Predigtmeditationen, die Iwand zunächst zur Unterstützung der aus Ostpreußen geflohenen Pfarrer ins Leben rief.[55] Sie sollten nach seiner Vorstellung dazu dienen, das „eigentliche Gebrechen der Kirche", die „Ohnmacht und Hohlheit ihrer Verkündigung", zu überwinden.[56] Dass es dann in den 1950er Jahren faktisch doch zu einer weitgehenden Assimilation der Flüchtlinge und Vertriebenen an die Frömmigkeitskulturen der Regionen, in denen sie aufgenommen wurden, gekommen ist,[57] war gerade nicht Iwands Intention, zumal die restaurativen Tendenzen in der evangelischen Kirche dadurch noch verstärkt wurden.[58]

Die EKD und ihr Hilfswerk sahen sich im Blick auf die Flüchtlingsarbeit zunehmend mit politischen Interessen vonseiten staatlicher Organe und dann ab 1948 vor allem vonseiten der säkularen Vertriebenenorganisationen konfrontiert.[59] So war auch Iwands Engagement für Flüchtlinge und Vertriebene in politischer Hinsicht mit der Gründungsgeschichte der Bundesrepublik und deren innen- sowie außenpolitischen Entwicklung in den 1950er Jahren eng verwoben. Besonders kritisch war sein Verhältnis zu den Ver-

---

53 Hans Joachim Iwand, Rundbrief vom 16. April 1960, in: *Die Hilfe*, Juli 1960, 4, zit. nach Gerard C. den Hertog, Einleitung des Herausgebers, in: Hans Joachim Iwand, *Frieden mit dem Osten* (Anm. 13), 26.
54 Vgl. Wendebourg, Kirche (Anm. 47), 42; Teuchert, *Gemeinschaft* (Anm. 15), 35–37.
55 Vgl. Seim, *Iwand* (Anm. 3), 314–316.
56 Hans Joachim Iwand, Rundbrief an den ostpreußischen Bruderrat vom 19. Mai 1946, zit. nach Seim, *Iwand* (Anm. 3), 315.
57 Vgl. Teuchert, *Gemeinschaft* (Anm. 15), 127–133; Lepp, *Protestantismus* (Anm. 52), 73; Jürgen Kampmann, Migration und konfessionelle Identität in Westfalen nach 1945, in: Rieske (Hg.), *Migration* (Anm. 2), 245–296, bes. 268–278.
58 Vgl. Wendebourg, Kirche (Anm. 47), 38.
59 Vgl. Rudolph, *Evangelische Kirche und Vertriebene*, Bd. 1 (Anm. 14), 169.

triebenenverbänden, die nach dem Ende des Zweiten Weltkriegs zunächst auf kommunaler Ebene entstanden und sich 1948 auch überregional zusammenschlossen, nachdem die Westalliierten angesichts des sich verschärfenden Ost-West-Gegensatzes das 1946 ausgesprochene Verbot der politischen Betätigung und Koalition der Vertriebenen aufgehoben hatten, weil diese nun wegen ihrer antikommunistischen Haltung geschätzt wurden.[60] Die Landsmannschaften der Vertriebenen, die ihre Interessen mit Nachdruck vertraten, veranstalteten ab 1950 jährliche Bundestreffen und gründeten dann 1957 den Bund der Vertriebenen als Dachorganisation. In einer 2013 veröffentlichten Studie des Instituts für Zeitgeschichte zeigt sich, dass ein Großteil der Gründungs- und Präsidiumsmitglieder durch ihr Wirken in der NS-Zeit belastet war.[61] Iwands scharfe Kritik an den revisionistischen Auffassungen der Vertriebenenverbände und ihrer führenden Funktionäre war in dieser Hinsicht vollkommen berechtigt.[62]

Die kirchliche Integration der Flüchtlinge und Vertriebenen stellte die Evangelische Kirche in Deutschland nicht nur vor praktische Herausforderungen, sondern warf in theologischer und kirchenpolitischer Hinsicht auch grundsätzliche Fragen auf, die das Selbstverständnis und den Bekenntnisstand betrafen.[63] Während die große Mehrheit der Flüchtlinge und Vertriebenen aus den östlichen Landeskirchen der altpreußischen Union kam und vom Luthertum geprägt war, traf sie in den Landeskirchen des Westens, in denen sie aufgenommen wurden, auf unterschiedliche konfessionelle Organisationsformen und Frömmigkeitskulturen.[64] Daraus resultierten zum

---

60 Vgl. Michael Schwartz, *Vertriebene und „Umsiedlerpolitik". Integrationskonflikte in den deutschen Nachkriegs-Gesellschaften und die Assimilationsstrategien in der SBZ/DDR 1945–1961. Veröffentlichungen zur SBZ-/DDR-Forschung im Institut für Zeitgeschichte* (Quellen und Darstellungen zur Zeitgeschichte 61), München 2004, 63.
61 Vgl. ders., *Funktionäre mit Vergangenheit. Das Gründungspräsidium des Bundes der Vertriebenen und das „Dritte Reich"*, München 2013, 528–531.
62 Vgl. Hans Joachim Iwand, Die politische Existenz des Christen unter dem Auftrag und der Verheißung des Evangeliums von Jesus Christus, in: ders./Walter Kreck/Karl Gerhard Steck (Hg.), *Die Verkündigung des Evangeliums und die politische Existenz* (TEH 41), München 1954, 7–22, 16f.; Christian-Erdmann Schott, Flucht – Vertreibung – Vertriebene als Herausforderung für die Deutungskompetenz der Kirche, in: ders., *Schicksal und Geschichte. Zum Weg der deutschen Schlesier nach 1945* (Beiträge zu Theologie, Kirche und Gesellschaft im 20. Jahrhundert 20), Berlin 2010, 79–95, 82f.
63 Vgl. Rudolph, *Evangelische Kirche und Vertriebene*, Bd. 1 (Anm. 14), 480–521.
64 Vgl. Peter Maser, Ein schwieriger Neuanfang. Flucht und Vertreibung als Problem der evangelischen Kirchen, in: *Deutsche Studien* 150 (2005), 35–56; Friedrich-Otto Scharbau, Die Ausbildung konfessioneller Identität in lutherischer Perspektive 1933–1945, in: Ries-

Teil Konflikte, die wiederum konfessionspolitisch im Zusammenhang mit konträren Bestrebungen bei der Gründung und der weiteren Entwicklung der EKD instrumentalisiert und verstärkt wurden.[65]

Die konfessionelle Frage innerhalb des deutschen Protestantismus war auch für Iwands theologische und kirchenpolitische Arbeit von grundsätzlicher Bedeutung und spielte bei seinem Engagement für Flüchtlinge und Vertriebene eine wichtige Rolle. So wie er den Konfessionalismus neben dem Nationalismus für die Verfolgung von Andersgläubigen weltweit verantwortlich machte,[66] so wandte er sich in Deutschland vor allem gegen das konfessionelle Luthertum, das sich mit der Gründung der VELKD auch organisatorisch verfestigte und dem Iwand deshalb so kritisch gegenüber stand, weil damit aus seiner Sicht die Restauration in Kirche und Gesellschaft gefördert und der Bruch, den der Kirchenkampf bedeutete, verkannt wurde.[67] Auch das war ein Grund, warum Iwand die Bildung eigenständiger Flüchtlingsgemeinden ablehnte, weil damit aufseiten der Vertriebenen oftmals der Wunsch und aufseiten des konfessionellen Luthertums die strategische Erwartung verbunden war, dass so das lutherische Bekenntnis gestärkt werden könne, während es Iwand um die Überwindung der konfessionellen Abgrenzungen im deutschen Protestantismus ging.[68] Dabei berief sich Iwand in seinem Kirchenverständnis dezidiert auf Luther – so auch in einem Artikel, der im Januar 1952 in der rheinischen Kirchenzeitschrift „Kirche in der Zeit" unter dem Titel „Luthers Theologie und der Konfessionalismus des

---

ke (Hg.), *Migration* (Anm. 2), 56–89; Hüffmeier, „Wir sind richtig evangelisch" (Anm. 2), 90–108; Hans Otte, Sind wir nicht alle evangelisch? Konfession und Gemeindebildung in Nordwestdeutschland nach dem Zweiten Weltkrieg, a.a.O., 202–244; Stephan Bitter, *Altarkerzen oder Wort Gottes? Eine theologische Ratlosigkeit bei der Integration von Flüchtlingen und Vertriebenen in der Nachkriegszeit*, Bonn 2013, 13–19; Philipp Stoltz/ Felix Teuchert, Integration durch Architektur? Überlegungen und Beobachtungen zum Zusammenhang von Vertriebenenintegration und Kirchbau in der Nachkriegszeit, in: *Mitteilungen zur kirchlichen Zeitgeschichte* 9 (2015), 41–66.

65 Vgl. Christian Erdmann Schott, Alternativen zum Territorialprinzip? Fragen an die Eingliederung der Vertriebenen in der evangelischen Kirche, in: Josef Pilvousek/Elisabeth Preuß, *Aufnahme – Integration – Beheimatung. Flüchtlinge, Vertriebene und „Ankunftsgesellschaft"*, Berlin 2009, 105–115.

66 Hans Joachim Iwand, *Menschen ohne Heimat* (Anm. 13), 91.

67 Vgl. Seim, *Iwand* (Anm. 3), 430f.

68 Vgl. Hans Joachim Iwand, Lutherische Theologie? Warum ich ein grundsätzlicher Gegner der VELKD bin, in: *EvTh* 6 (1946/1947), 385–388; ders., Luthers Theologie und der Konfessionalismus des Leitenden Bischofs der VELKD, in: *KiZ* 7 (1952), 17–19; Rudolph, *Evangelische Kirche und Vertriebene, Bd. 1* (Anm. 14), 492f. Anm. 32.

Leitenden Bischofs der VELKD" veröffentlicht wurde und in dem sich Iwand in aller Schärfe von Hans Meiser distanzierte.[69]

Die kirchliche und auch politische Bewältigung der Flüchtlingsfrage hing für Iwand ebenso wie die Neugründung der Evangelischen Kirche in Deutschland davon ab, ob Kirche und Gesellschaft dazu bereit waren, sich der Schuldfrage zu stellen. Auf der ökumenischen Flüchtlingstagung, die im Februar 1949 in Hamburg stattfand, brachte Iwand das in seinem Vortrag mit dem Titel „Zur religiösen Lage der Flüchtlinge" auf den Punkt:

> „Der Flüchtling trägt heute in unserem Volk ein Los, das von allen gemeinsam verschuldet ist. Sollten wir nicht von da aus neue Wege finden, ihm zu helfen, damit er nicht unter einem Kreuz zerbricht, das uns allen zu tragen auferlegt ist? Hier hat es Sinn von einer Solidarität der Schuld zu reden. Tun wir das nicht, werden wir an Selbstgerechtigkeit zugrunde gehen und einander gegenüberstehen als die, die sich entschuldigen und die anderen verklagen."[70]

Der unmittelbare Bezug zur Stuttgarter Schulderklärung vom Oktober 1945 war hier mit der Rede von der „Solidarität der Schuld" für die Zeitgenossen offensichtlich.[71] Und den Zusammenhang der Erkenntnis sowie des Bekenntnisses von Schuld mit der Bereitschaft, sich von dieser Schuld durch „das Wort der Versöhnung der Welt mit Gott in Christus" freisprechen zu lassen, hat Iwand in der ersten These des Darmstädter Wortes zur Geltung gebracht.[72]

Unmittelbar nach der Hamburger Flüchtlingstagung gründete Iwand im März 1949 mit finanzieller Unterstützung ausländischer Freunde und des Hilfswerks der evangelischen Kirchen der Schweiz das „Haus der helfenden Hände" in Beienrode.[73] Es sollte nach seinen Vorstellungen zum einen ein „modernes ‚Beghinenhaus' [...] oder ein kleines ‚Herrnhut'" sein,[74] in

---

69 Vgl. Hans Joachim Iwand, Luthers Theologie und der Konfessionalismus des Leitenden Bischofs der VELKD, in: *Kirche in der Zeit* 7 (1952), 17–19; Seim, *Iwand* (Anm. 3), 430.
70 Hans Joachim Iwand, Zur religiösen Lage der Flüchtlinge, in: *JK* 10 (1949), 227–230 (abgedr. in: ders., *Frieden mit dem Osten* [Anm. 13], 25–32, 30).
71 Vgl. Stuttgarter Schulderklärung des Rates der EKD vom 18./19. Oktober 1945, in: Gerhard Besier/Gerhard Sauter, *Wie Christen ihre Schuld bekennen. Die Stuttgarter Erklärung 1945*, Göttingen 1985, 62; Martin Greschat, *Die evangelische Christenheit und die deutsche Geschichte nach 1945. Weichenstellungen in der Nachkriegszeit*, Stuttgart 2002, 131–149.
72 Hans Joachim Iwand, Entwurf (Anm. 39), 20; s. o. S. 7f.
73 Vgl. Seim, *Iwand* (Anm. 3), 368f.
74 Hans Joachim Iwand, Brief an Ilse Gräfin von Kanitz, vom 12. April 1949, zit. nach Seim, *Iwand* (Anm. 3), 369.

Praxis der Versöhnung 159

dem Frauen und Kinder von ostpreußischen Pfarrern, die gefallen waren, ein neues Zuhause finden sollten, und zum anderen als Zentrale des Hilfskomitees für Ostpreußen dienen.[75] Um die Organisation vor Ort kümmerten sich in der Anfangszeit vor allem Iwands Frau Ilse und Emmy Walther, seine enge Mitarbeiterin und tatkräftige Unterstützerin der gesamten Familie Iwand nach dem frühen Tod von Iwands Frau Weihnachten 1950.[76] In diesem Jahr übertrug Iwand die Leitung des „Hauses der helfenden Hände" an Frieda Maria Raffel, eine Pfarrerwitwe, die er mit dem Titel einer Oberin auszeichnete, und an Pfarrer Paul Kaufmann, den früheren Geschäftsführer der ostpreußischen Inneren Mission.[77] Während Iwands Ideal einer alternativen Lebens- und Arbeitsform sich in Beienrode auf längere Sicht doch nur zum Teil als realisierbar erwies,[78] wurde das „Haus der helfenden Hände" seiner zweiten Aufgabe, als Zentrale des Hilfswerks für Ostpreußen zu dienen, doch gerecht. Iwand gab eine eigene Hauszeitschrift heraus, der er den Namen „Die Hilfe" gab, um so neben dem Erbe der Bekennenden Kirche auch das der christlich-sozialen Bewegung zu betonen, hatte doch Friedrich Naumann eine Zeitschrift gleichen Namens gegründet.[79] Einmal im Jahr fand auch noch weit über den Tod Iwands hinaus bis 1996 der Beienroder Konvent statt – ein Treffen vor allem, aber nicht allein von ostpreußischen Pfarrern, auf dem aktuelle kirchliche und gesellschaftspolitische Themen besprochen wurden. Diese Beienroder Konvente entwickelten sich unter Iwands Leitung zu einem „Zentrum der Versöhnungsarbeit".[80]

Auf dem Deutschen Evangelischen Kirchentag, der 1950 in Essen unter dem Motto „Rettet den Menschen" stattfand,[81] leitete Iwand die Arbeitsgruppe „Rettet des Menschen Heimat".[82] In dem Memorandum und der

---

75 Vgl. Seim, *Iwand* (Anm. 3), 368–370.
76 Vgl. a.a.O., 369f u. 284.
77 Vgl. a.a.O., 384.
78 Vgl. ders., Iwand und die vertriebenen Ostpreußen (Anm. 48), 33f.
79 Vgl. ders., *Iwand* (Anm. 3), 385.
80 Andrzej Wójtowicz, Die Kirchen haben es gewagt, in: Uwe-Peter Heidingsfeld/Andrzej Wójtowicz (Hg.), *Neue Bäume pflanzen. Versöhnungsbemühungen zwischen dem Polnischen Ökumenischen Rat und der Evangelischen Kirche in Deutschland*, Frankfurt a.M. 1984, 16–22, 18.
81 Vgl. Harald Schroeter, *Kirchentag als vor-läufige Kirche. Der Kirchentag als besondere Gestalt des Christseins zwischen Kirche und Welt* (Praktische Theologie heute 13), Stuttgart 1993, 72–79; Norbert Friedrich, Kirchentage im Ruhrgebiet, in: Günter Brakelmann u.a. (Hg.), *Kirche im Ruhrgebiet*, Essen ²1998, 423–429, bes. 423–425.
82 Vgl. Seim, *Iwand* (Anm. 3), 399.

Resolution, die von dieser Arbeitsgruppe erarbeitet wurden, kamen die wirtschaftlichen und sozialen Probleme angesichts der Flüchtlingsfrage zur Sprache und wurde die Errichtung eines europäischen Flüchtlingsamtes gefordert.[83] Zur selben Zeit wurde die Gründung des UN-Hochkommissariats für Flüchtlinge vorbereitet, die dann auf der Generalversammlung der Vereinten Nationen am 14. Dezember 1950 vollzogen wurde.[84] Im Blick auf die religiöse Situation der Flüchtlinge in Deutschland brachte die von Iwand geleitete Arbeitsgruppe des Essener Kirchentags die Sorge zum Ausdruck, „daß unsere evangelischen Gemeinden in Stadt und Land nicht offen genug sind für die Not der Verlassenen".[85] Deshalb sollten vor allem die Stadt- und Kreissynoden konkrete Maßnahmen ergreifen und den Aufbau evangelischer Baugemeinden fördern.[86] Sowohl die Eingesessenen als auch die Vertriebenen wurden dazu aufgerufen, „sich gemeinsam unter Gottes Gericht zu beugen",[87] und mit direktem Bezug auf die Charta der deutschen Heimatvertriebenen, die kurz zuvor, am 5. August 1950, verkündet worden war,[88] wurde der Verzicht auf Rache und Vergeltung gefordert.[89]

Wenige Wochen nach dem Evangelischen Kirchentag verabschiedete der Deutsche Bundestag eine Resolution, in der die Anerkennung der Oder-Neiße-Linie sowie die „Mißachtung des Schicksals und des Heimatrechts der Vertriebenen" als „Verbrechen an Deutschland und gegen die Menschlichkeit" verurteilt wurden.[90] Die Parole „Verzicht ist Verrat" gehörte fortan zum Standardrepertoire der Vertriebenenverbände und kennzeichnete die aufgeladene Stimmung in den politischen Diskussionen über das „Recht auf Heimat".[91] Der Heimatbegriff wurde in den 1950er Jahren in der Bundesrepublik geschichtspolitisch instrumentalisiert, um zum einen territoriale

---

83 Vgl. Hellmut Reitzenstein (Hg.), *Kreuz auf den Trümmern. Zweiter Deutscher Evangelischer Kirchentag in Essen 1950*, Hamburg/Berlin o.J. [1950], 64.
84 Vgl. Jakob Schönhagen, *Geschichte der internationalen Flüchtlingspolitik 1945–1975*, Göttingen 2023, 62–83.
85 Reitzenstein, *Kreuz* (Anm. 83), 65.
86 Vgl. ebd.
87 Ebd.
88 Vgl. Eugen Lemberg/Friedrich Edding, *Die Vertriebenen in Westdeutschland. Ihre Eingliederung und ihr Einfluss auf Gesellschaft, Wirtschaft, Politik und Geistesleben*, Bd. 3, Kiel 1959, 662f.; Rudolph, *Evangelische Kirche und Vertriebene*, Bd. 2 (Anm. 52), 3–12.
89 Vgl. Reitzenstein, *Kreuz* (Anm. 83), 65f.
90 Protokoll der 85. Sitzung des Deutschen Bundestages am 14. September 1950, in: Verhandlungen, 1. Wahlperiode, 3187f., 3188; vgl. Teuchert, *Gemeinschaft* (Anm. 15), 338.
91 Vgl. Teuchert, *Gemeinschaft* (Anm. 15), 338f.

Ansprüche geltend zu machen und zum anderen Verlusterfahrungen und -ängste zu kompensieren.[92] Dass es ein „Recht auf Heimat" gab, wie es von den Vertriebenenverbänden postuliert und öffentlichkeitswirksam eingefordert wurde, fand im deutschen Katholizismus überwiegend Zustimmung, zumal das der politischen Linie des katholischen Bundeskanzlers Adenauer entsprach, während es im Protestantismus höchst umstritten war.[93] Die kontroversen Diskussion darüber wurden auf Synoden und in theologischen Ausschüssen sowie in den Akademien und auf Kirchentagen geführt. Iwand spielte dabei eine wichtige Rolle, wobei auffällt, dass er selbst den Begriff „Heimat" nur zurückhaltend gebrauchte – auch darin lässt sich schon seine kritische Haltung gegenüber dem postulierten „Recht auf Heimat" erkennen. In diesen Kontext gehört sein Vortrag mit dem Titel „Menschen ohne Heimat", den er Anfang März 1952 bei der Eröffnung der volksmissionarischen Woche in Frankfurt a.M. hielt. Der „heimatlose Menschen" war für Iwand „wie ein Zeichen, daß wir daran erkennen sollen, wohin unser Weg führt", und auch die Situation derer, die nicht zu den Vertriebenen gehörten – und Iwand selbst zählte sich dazu –, sah er „von Grund auf dadurch geändert, daß uns der Flüchtling vor die Tür gelegt wird".[94] Mit dem Verweis auf das Gleichnis vom barmherzigen Samariter betonte er: „An der Frage der Flüchtlinge hängt für uns alles. [...] *Der Flüchtling wird unser eigenes Gericht sein!* Was ihm heute geschieht, wird uns morgen geschehen!"[95] Es komme darauf an, „Brücken zu schlagen von Mensch zu Mensch", wenn hingegen „Ideologien und Prinzipien uns das Wesentliche sind, dann werden wir Menschen ohne Heimat!"[96]

Bezeichnend für Iwands theologische und kirchenpolitische Position in den kontroversen Debatten dieser Zeit war, dass er die Identifizierung von Kirche und Volk strikt ablehnte, die durch die völkische Theologie der NS-Zeit diskreditiert worden sei.[97] Er distanzierte sich damit von der zunehmenden Tendenz in Kirche und Theologie, die Begriffe „Volk" und „Volkstum" wieder theologisch zu legitimieren und damit die kirchliche und gesell-

---

92 Vgl. Lepp, Protestantismus (Anm. 52), 70.
93 Vgl. a.a.O., 71; Rudolph, *Evangelische Kirche und Vertriebene*, Bd. 1 (Anm. 14), 309–319.
94 Hans Joachim Iwand, Menschen ohne Heimat (Anm. 13), 93.
95 A.a.O., 93f.
96 A.a.O., 95.
97 Vgl. Teuchert, *Gemeinschaft* (Anm. 15), 108f.

schaftliche Restauration zu fördern.⁹⁸ Auch dem ordnungstheologisch oder kulturprotestantisch konzipierten Narrativ eines „christlichen Abendlandes" und der daraus abgeleiteten Schlussfolgerung, im Sinne einer europäischen Sendung des Christentums für die Vertriebenen das „Recht auf Heimat" zu reklamieren, erteilte Iwand eine deutliche Absage.⁹⁹ Auf der Tagung des Ostkirchenkonvents im Oktober 1953 auf der Reichenau betonte er, dass die Rede von einer „Bekehrung Europas" nicht dazu missbraucht werden dürfe, „unsere menschlichen Wünsche in den Himmel zu transponieren".¹⁰⁰ Zugleich wandte er sich dagegen, eine wirkliche Umkehr Europas in dem Freund-Feind-Schema des ideologischen Gegensatzes von Abendland und Bolschewismus zu verorten.¹⁰¹ Für die Verkündigung der Kirche und ihr politisches Handeln galt nach Iwands Auffassung: „Wo immer das Wort von der Versöhnung gepredigt wird und die Lehre von ihr das Zentrum bildet, da darf und kann das Dogma von der Unversöhnlichkeit im politischen Bereich nicht unangetastet bleiben."¹⁰²

Seit Iwands Wechsel von Göttingen nach Bonn im Jahr 1952 intensivierte sich nicht nur die theologische Zusammenarbeit mit Helmut Gollwitzer und Walter Kreck, sondern auch die politischen Implikationen seiner Theologie wurden hier, im unmittelbaren Umfeld des Regierungssitzes, noch weiter profiliert.¹⁰³ Dabei ergaben sich vielfältige Verbindungen zwischen der Flüchtlingsfrage und anderen politischen Themen der 1950er Jahre wie den Debatten um die deutsche Wiederbewaffnung und die Atomrüstung der Bundeswehr sowie die politische Stellung Deutschlands im Ost-West-

---

98 Vgl. Christian Neddens, *Politische Theologie und Theologie des Kreuzes. Werner Elert und Hans Joachim Iwand* (FSÖTh 128), Göttingen 2010, 764.
99 Vgl. Rudolph, *Evangelische Kirche und Vertriebene*, Bd. 2 (Anm. 52), 26–28.
100 Hans Joachim Iwand, Referat, zit. nach Rudolph, *Evangelische Kirche und Vertriebene*, Bd. 2 (Anm. 52), 26.
101 Vgl. ebd.; Hans Joachim Iwand., Die Teilung zwischen Ost und West als Anfechtung des Geistes (1952), in: ders., *Frieden mit dem Osten* (Anm. 13), 76–90. – Zu Iwands Auffassung einer angemessenen Redeweise vom „christlichen Abendland" vgl. Kai-Ole Eberhardt, Edition, Einleitung und Kommentar zu Hans Joachim Iwand, „Recht und Bedeutung der Redeweise vom ‚christlichen Abendland'" (1954/55), in: Kai-Ole Eberhardt/Ingo Bultmann (Hg.), *Das Spannungsfeld von Religion und Politik. Deutung und Gestaltung im kulturellen Kontext*, Baden-Baden 2019, 433–482.
102 Hans Joachim Iwand, Die politische Existenz des Christen unter dem Auftrag und der Verheißung des Evangeliums von Jesus Christus (1954), in: ders., *Um den rechten Glauben* (Anm. 30), 183–201, 191.
103 Vgl. Seim, *Iwand* (Anm. 3), 437–442.

Konflikt.[104] Die Leitperspektive der Versöhnung, die für Iwand und seine theologischen Weggefährten entscheidend war, entsprach nicht dem Mainstream in Kirche und Politik. Mit der deutschen Wiederbewaffnung wurde nach Ansicht Iwands die Teilung zwischen Ost und West vertieft und in der „Ächtung des Denkens der Neutralität [...] der Geist geächtet, der den Versuch macht, den Gegensatz zu versöhnen".[105] Im Ostkirchenausschuss sah sich Iwand zunehmend isoliert, zumal ihm dort seine Reisen nach Russland und nach Prag im Jahr 1955 als „Verharmlosung des Bolschewismus und des Schicksals der Vertriebenen" vorgeworfen wurden,[106] weshalb er dann auch aus diesem Gremium ausschied.[107] Auf Initiative Iwands wurde ein Jahr später an der Bonner Fakultät ein Ökumenisches Institut gegründet.[108] Im Unterschied zu dem Ostkircheninstitut der EKD, das 1957 in Münster auf Betreiben des Ostkirchenausschusses gegründet wurde und das in Iwands Augen „in der Nähe der Landsmannschaften" stand,[109] sollte das Bonner Institut dem ökumenischen Dialog dienen.[110]

Iwands Abgrenzung des eigenen Engagements für Flüchtlinge und Vertriebene von der Politik der Bundesregierung und der Vertriebenenverbände spitzte sich ein Jahr vor seinem Tod noch einmal zu und richtete sich vor allem gegen Theodor Oberländer, der seit 1953 Bundesminister für Angelegenheiten der Vertriebenen in Adenauers Regierung war. Iwand kannte Oberländer aus der gemeinsamen Zeit an der Königsberger Universität.

---

104 Vgl. Hans Joachim Iwand, Die Teilung zwischen Ost und West als Anfechtung des Geistes (1952), in: ders., *Frieden mit dem Osten* (Anm. 13), 76–90; ders., Das geschichtliche Phänomen der Atomwaffe und die Angst – Ein Versuch der Überwindung (1955), a.a.O., 97–124; ders., Über das Zusammenleben in einer Welt widerstreitender Ideologien und politischer und wirtschaftlicher Systeme (1956), a.a.O., 138–152.
105 Iwand, Die Teilung zwischen Ost und West (Anm. 104), 80; vgl. Greschat, *Iwand* (Anm. 34), 56.
106 Seim, *Iwand* (Anm. 3), 515; vgl. Hans Joachim Iwand, Besuch bei der Christenheit in der Sowjet-Union (1955), in: ders., *Frieden mit dem Osten* (Anm. 13), 125–128; ders., Besuch bei den Glaubensbrüdern in der Tschechoslowakei (1955/1956), a.a.O., 129–137.
107 Vgl. Rudolph, *Evangelische Kirche und Vertriebene*, Bd. 2 (Anm. 52), 33–36; Teuchert, *Gemeinschaft* (Anm. 15), 350f.
108 Vgl. Heiner Faulenbach, *Die Evangelisch-Theologische Fakultät Bonn. Sechs Jahrzehnte aus ihrer Geschichte seit 1945*, Göttingen 2009, 371–375.
109 Seim, *Iwand* (Anm. 3), 511.
110 Vgl. Hans Joachim Iwand, Brief an Heinrich Held vom 13. Juli 1956, in: Jürgen Seim, *Iwand-Studien. Aufsätze und Briefwechsel Hans Joachim Iwands mit Georg Eichholz und Heinrich Held* (SVRKG 135), Köln 1999, 264–266 (Nr. 60), 265; Faulenbach, *Fakultät* (Anm. 108), 374.

Oberländer war dort von 1933 bis 1937 Direktor des Instituts für Osteuropäische Wirtschaft und widmete sich in dieser Zeit der sog. „Ostforschung".[111] Als Wehrmachtsoffizier verfasste er dann während des Krieges verschiedene Denkschriften, in denen er sich zu Hitlers Kriegsziel der Eroberung von „Lebensraum im Osten" bekannte, zugleich aber eine Korrektur im Umgang mit der Bevölkerung der eroberten Gebiete forderte, weshalb ihm 1943 das Kommando über seine Einheit entzogen wurde.[112] 1946 wurde Oberländer Mitglied der „Organisation Gehlen" und dort zuständig für antisowjetische Propaganda.[113] 1950 gehörte er zu den Mitbegründern des „Bundes der Heimatvertriebenen und Entrechteten" und wurde Landesvorsitzender dieser Partei in Bayern.[114] Von 1951 bis Februar 1953 war Oberländer Staatssekretär für Flüchtlingsfragen im bayerischen Staatsministerium des Innern, bevor er dann im Oktober 1953 Bundesminister für Angelegenheiten der Vertriebenen wurde.[115] In einem Schreiben vom 21. Oktober 1953 gratulierte Iwand Oberländer zu seiner Ernennung und zeigte sich erfreut, dass dieser nun für diesen wichtigen Aufgabenbereich zuständig war.[116] Als Oberländer dann aber doch eine andere Politik verfolgte und er im September 1959 auf dem „Tag der Heimat", der jährlichen Versammlung des Bundes der Vertriebenen, deren Auffassung von einem „Recht auf Heimat" bekräftigte, verfasste Iwand einen Leserbrief, der in der Tageszeitung „Die Welt" veröffentlicht wurde. Iwand schilderte darin, dass er die Ausführungen auf dem „Tag der Heimat" „[m]it Entsetzen, Beschämung über den Bildungsstand und Empörung über die in den Reden zum Ausdruck kommende moralische Unverfrorenheit" gelesen habe.[117] In aller Deutlichkeit stellte er die Frage: „Wo blieb das Recht auf Heimat, als wir unsere jüdischen Mitbürger, seit Jahrhunderten in Deutschland eingesessen, oftmals hochverdient um unser Vaterland in Wissenschaft, Kunst und Wirtschaft, mittellos des Landes verwiesen?"[118] Für Iwand stand fest:

---

111 Vgl. Philipp-Christian Wachs, *Der Fall Oberländer (1905–1998). Ein Lehrstück deutscher Geschichte*, Frankfurt a. M. 2000, 25–51.
112 Vgl. a.a.O., 128–135.
113 Vgl. Thomas Wolf, *Die Entstehung des BND. Aufbau, Finanzierung, Kontrolle* (Veröffentlichungen der Unabhängigen Historikerkommission zur Erforschung der Geschichte des Bundesnachrichtendienstes 1945–1968, Bd. 9), Berlin 2018, 66–68.
114 Vgl. Wachs, *Oberländer* (Anm. 111), 324–326.
115 Vgl. a.a.O., 328–333.
116 Vgl. a.a.O., 346 Anm. 48.
117 Hans Joachim Iwand, Leserbrief (Anm. 9), 367.
118 Ebd.

„Wer damals das Recht auf Heimat der anderen so gewissenlos mit Füßen trat, sollte heute wenigstens schweigen, wenn er schon nicht in der Lage ist, zu begreifen, was vom Standpunkt einer höheren Gerechtigkeit aus solchem Verhalten folgen muss. Gott läßt seiner nicht spotten. Was der Mensch sät, das wird er ernten".[119]

Nachdem ihm selbst „das Recht auf Heimat genommen" worden sei, als er sich gegen den „paganistischen Kult von Blut und Boden" wandte, könne er sich nicht daran beteiligen, „wenn sich jetzt die Mörder am Grabe des Ermordeten sammeln. Denn nicht die anderen, wir selbst, dieses Denken und die Deutschtumsideologie hat uns um das Erbe unserer Väter gebracht."[120]

3. Fazit

Iwands eigene Biographie lässt sich als eine Migrationsgeschichte nachzeichnen, die seine Wahrnehmung von Flucht und Vertreibung prägte und sein Engagement für Flüchtlinge und Vertriebene motivierte. Dabei spielte der jeweilige politische, kirchliche und kulturelle Kontext in den Jahren 1917 bis 1921, in der NS-Zeit und in den Jahren 1945 bis zu Iwands Tod 1960 eine wichtige Rolle. Entscheidend war aber für Iwand die theologische Perspektive, denn so, wie sein kirchen- und gesellschaftspolitisches Engagement generell theologisch begründet war, so resultierte auch sein Einsatz für Flüchtlinge und Vertriebene aus seinem Verständnis christlichen Glaubens, dessen Zentrum der Versöhnungsgedanke bildete. Seine Haltung wurde damals von seinen theologischen und politischen Gegnern bekämpft – sie erwies sich aber in politischer Hinsicht als zukunftsträchtig, insofern zunächst die Ostdenkschrift der EKD aus dem Jahr 1965 und dann auch die Ostpolitik der sozialliberalen Koalition ab 1969 dem von Iwand beschrittenen Weg der Versöhnung mit den östlichen Nachbarn folgten.[121]

---

119 Ebd.
120 Ebd.
121 Vgl. Sauter, Theologisches Feuer (Anm. 40), 180f.

Kai-Ole Eberhardt

Von ernsthaftem Fragen und prophetisch-Apostolischer Art

Reformationsgedenken und Lutherhermeneutik bei Karl Barth 1920 und 1933

1. Einleitung

Das Œuvre von Karl Barth ist reich an theologiegeschichtlichen Bezügen und seine Theologie steht in einem breiten Diskurs z.B. mit Stimmen der Alten Kirche, der Reformation, der Orthodoxie, mit Schleiermacher oder dem Pietismus. Barth beginnt seine akademische Karriere in Göttingen mit reformationsgeschichtlichen Vorlesungen über den Heidelberger Katechismus (WiSe 1921/22)[1], über Calvin (SoSe 1922)[2] und Zwingli (WiSe 1922/23)[3] sowie die Theologie der reformierten Bekenntnisschriften (SoSe 1923)[4] und er verfasst 1946 eine ausführliche Studie zu „Vorgeschichte und Geschichte" der „protestantischen Theologie des 19. Jahrhunderts"[5]. Seine Kirchliche Dogmatik entfaltet er auf dem Fundament zahlreicher theologie-

---

1 Eine aktuelle Edition der Vorlesung wird derzeit von Matthias Freudenberg für die *Karl Barth GA* vorbereitet.
2 Karl Barth, *Die Theologie Calvins. Vorlesung Göttingen Sommersemester 1922* (GA II), hg. von Hans Scholl in Verbindung mit Achim Reinstädtler, Zürich 1993.
3 Karl Barth, *Die Theologie Zwinglis. Vorlesung Göttingen Wintersemester 1922/1923* (GA II), hg. von Matthias Freudenberg, Zürich 2004.
4 Karl Barth, *Die Theologie der reformierten Bekenntnisschriften. Vorlesung Göttingen Sommersemester 1923* (GA II), hg. von der Karl-Barth-Forschungsstelle an der Universität Göttingen unter d. Leitung von Eberhard Busch, Zürich 1998.
5 Karl Barth, *Die protestantische Theologie im 19. Jahrhundert. Ihre Vorgeschichte und ihre Geschichte*, Zürich ⁶1994. Vgl. dazu Christophe Chalamet, Karl Barth und die Praxis der Historischen Theologie. Schatten und Licht, in: Georg Pfleiderer/Christiane Tietz/Matthias D. Wüthrich (Hg.), *Zentrierte Theologie. Karl Barths Beitrag zur Verständigung der theologischen Disziplinen* (Theologische Anstöße 10), Göttingen 2023, 86–103.

geschichtlicher Exkurse. Zeigt sich da ein besonderes Gespür Barths für die Relevanz der Kirchengeschichte? Oder sind diese Bezugnahmen ganz anders zu deuten? Denn diesem vermeintlich historischen Interesse steht die Diagnose eines konsequenten Bruchs des Systematischen Theologen Barth mit der Disziplin der Kirchengeschichte gegenüber, die auf der Ablehnung des Historismus der Lehrergeneration fußt. Barths Verhältnis zu einer den Ansprüchen moderner Kirchen- und Theologiegeschichtsschreibung entsprechenden historisch-kritischen Methode wird bereits in den Rezensionen zu seinem ersten Römerbriefkommentar 1919 (im Folgenden RI)[6] problematisiert und bildet ein wesentliches Fundament für die radikale Barthkritik der Münchner Schule.[7] Im Rahmen seiner Diagnose einer „antihistorischen Revolution" konstatiert dementsprechend z.B. Friedrich Wilhelm Graf mit Blick auf Barths Paulusexegese der Römerbriefe (1919/1922) und KD I/1 (1932):

„Die von den Dialektischen Theologen postulierte neue Exegese zielt auf den Abbau der historischen Distanz. Für Karl Barth ist die Kirchengeschichte keine ‚selbständige theologische Disziplin‘, sondern allein eine ‚Hilfswissenschaft der exegetischen, der dogmatischen und der praktischen Theologie'; [...]."[8]

Graf kritisiert, dass die Dialektische Theologie ihr Verhältnis zur Geschichte von ihrer Kritik am Historismus bestimmen lässt und sich auf einer Linie mit dem Nietzsche-Freund und Basler Kirchenhistoriker Franz Overbeck (1837–1905) bewegt, wenn sie auf die Kirchen- und Theologiegeschichte blickt. Er verkennt bei seiner Beschreibung dieser Entwicklung als „antihistorische Revolution" aber das Potential, das dem aus Historismuskri-

---

6   Karl Barth, *Der Römerbrief (Erste Fassung) 1919* (GA II/16), hg. von Hermann Schmidt, Zürich 1985.
7   Vgl. dazu Stefan Holtmann, *Karl Barth als Theologe der Neuzeit. Studien zur kritischen Deutung seiner Theologie* (FSÖTh 118), Göttingen 2007.
8   Friedrich Wilhelm Graf, Die „antihistorische Revolution" in der protestantischen Theologie der zwanziger Jahre, in: ders., *Der heilige Zeitgeist. Studien zur Ideengeschichte der protestantischen Theologie in der Weimarer Republik*, Tübingen 2011, 111–137, 123. Die 1932 von Barth in KD I/1, 3, geäußerte These von der Hilfswissenschaft wird im Übrigen bereits bei Schleiermacher in der Glaubenslehre problematisiert, der sich von der Auffassung, dass neben der Kirchengeschichte auch die Schriftauslegung in den Status der „Hülfswissenschaften" gerückt seien, abgrenzt: Friedrich Schleiermacher, *Der christliche Glaube. Nach den Grundsätzen der evangelischen Kirche im Zusammenhange dargestellt*, mit einem Vorw. aktual. Studienausg. der 2. Aufl. von 1830/31, 1. u. 2. Band, hg. von Rolf Schäfer, Berlin/New York 2008, §19, 149.

tik, Römerbriefhermeneutik und Overbeckrezeption resultierenden neuen Zugang Barths zur Theologiegeschichte innewohnt.

So hat Peter Opitz am Beispiel der Göttinger Vorlesungen Barths zu Calvin und Zwingli exemplarisch zeigen können, dass Barth die Kirchengeschichte und ihre *theologische* Bedeutung in besonderer Weise würdigt, indem er sie als „Begegnungsgeschichte im Horizont der freien Zuwendung der Gnade Gottes in Gericht und Gnade" versteht und damit zugleich Zielsetzungen der Kirchengeschichte als *historische* Disziplin durchaus entspricht.[9] Opitz erschließt mit dieser Deutung Barths Verhältnis zur Theologiegeschichte auf ähnliche Weise wie bereits Matthias Freudenberg in seiner Studie über „Karl Barth und die reformierte Theologie".[10] Er hat dabei zweierlei herausgearbeitet: Zum einen bedarf es für die Bestimmung von Barths Verhältnis zur Theologie- und Reformationsgeschichte eines besonderen Blicks auf seine Hermeneutik, die sich in Kontext der Diastasentheologie des zweiten Römerbriefkommentars von 1922 (im Folgenden RII) entwickelt, und dass bei der Entfaltung von Barths Hermeneutik Martin Luther eine besondere Bedeutung zukommt.[11]

---

9 Peter Opitz, Dialektisch-theologische Reformatoreninterpretation und die Frage nach der Sachbezogenheit der Kirchengeschichte, in: Pfleiderer/Tietz/Wüthrich, *Zentrierte Theologie* (Anm. 5), 62–85, 75–83: Opitz zeigt hier, dass Barths Kritik an der Kirchengeschichte im Schatten seiner Religionskritik zu verstehen ist und darauf zielt, sich für Gott als kritisches, von Vereinnahmungen durch historische Traditionen freies Gegenüber offen zu halten. Im Gegensatz zu Kirchengeschichte als Religionsgeschichte steht dann bei Barth aber die Geschichte der „Zeugen". Kirchengeschichte wird so zur „Begegnungsgeschichte mit Gestalten der Vergangenheit im Horizont des Angesprochenseins durch Gottes Wort, und damit in der gemeinsamen ‚Besinnung' auf die Wirklichkeit Gottes über alle Zeiten hinweg." (a.a.O., 80f.).

10 Matthias Freudenberg, *Karl Barth und die reformierte Theologie. Die Auseinandersetzung mit Calvin, Zwingli und den reformierten Bekenntnisschriften während seiner Göttinger Lehrtätigkeit* (Neukirchener theologische Dissertationen und Habilitationen 8), Neukirchen-Vluyn 1997. Freudenberg, a.a.O., 95–105, analysiert insbes. die Bedeutung der klassischen Sentenz „Historia vitae magistra", die Barth seiner Calvin-Vorlesung als „hermeneutischen Grundsatz" vorangestellt hat, für die Verhältnisbestimmung von historischer und theologischer Perspektive.

11 Vgl. bes. Peter Opitz, Dialektisch-theologische Reformatoreninterpretation (Anm. 9), 71–72, der diese Beobachtung damit begründet, dass sich Luthers Kreuzestheologie besonders dafür anbietet, die Diastase von Gott und Mensch zu präzisieren und Luther über Barths Referenzen wie Kierkegaard und Overbeck besonders präsent wird. Es bestätigt sich hier die Wichtigkeit, der spätestens seit Gerhard Ebelings Studien immer wieder forcierten Frage nach der Lutherrezeption Barths und der Bedeutung des Reformators für seine Theologie. Vgl. grundlegend Gerhard Ebeling, Karl Barths Ringen mit Luther,

Die folgende Studie vertieft und verbindet diese beiden Erkenntnisse. Am Beispiel von Barths Lutherrezeption, die im Folgenden vor allem anhand von Barths Reformationsgedenken in den Schlüsseljahren 1920 und 1933 nachgezeichnet werden soll,[12] lässt sich das theologische Potential von Barths Zugang zur Reformationsgeschichte präzisieren. Dabei wird exemplarisch deutlich, dass die Dialektische Theologie ihre theologiegeschichtliche Verantwortung im Rahmen eines durch historische Quellenarbeit reflektierten und für ihre Gegenwart aktualisierten Reformationsgedenkens sehr ernst nimmt. Sie legt dabei Zugänge zu theologischen Traditionen offen, die ein rein historisch-kritischer Blick auf die Theologiegeschichte möglicherweise anders wahrnehmen und gewichten würde, ohne jedoch hinter die Zielsetzungen der historischen Methodologie zurückzufallen. Dabei nimmt sie das Selbstverständnis der Theologiegeschichte als dezidiert theologische Disziplin besonders ernst und kann gerade so die Relevanz der untersuchten historischen Traditionen für die Gegenwart präzise herausarbeiten.

Um dies anhand von Barths Luthergedenken nachzuvollziehen, muss in einem ersten Schritt an Barths Römerbriefhermeneutik erinnert werden. Sie ist letztlich der Ausgangspunkt für den Vorwurf „antihistorischer" Theologie, zugleich aber – wie zu zeigen sein wird – die Grundlage für eine neue Form der Lutherhermeneutik innerhalb der Dialektischen Theologie.

Das Entstehen dieser Lutherhermeneutik im Schatten des Römerbriefes und die aus ihr resultierende Form des Reformationsgedenkens soll zweitens anhand von Barths Safenwiler Reformationstagspredigt des Jahres 1920 ver-

---

in: ders., *Lutherstudien 3: Begriffsuntersuchungen – Textinterpretationen – Wirkungsgeschichtliches*, Tübingen 1985, 428–573; ders., *Über die Reformation hinaus? Zur Luther-Kritik Karl Barths*; in: ders., *Wort und Glaube 4: Theologie in den Gegensätzen des Lebens*, Tübingen 1995, 270–312, sowie die aktuelleren Analysen von Michael Beintker, Martin Luther im Denken Karl Barths, in: Herman J. Selderhuis/J. Marius J. Lange van Ravenswaay (Hg.), *Luther and Calvinism. Image and Reception of Martin Luther in the History and Theology of Calvinism* (Refo500 Academic Studies 42), Göttingen 2017, 265–279, und Matthias Gockel, Barth, Luther und die Lutheraner, in: *ThZ* 73 (4/2017), 358–380.

12 Das Jahr 1920 erhält seine Schlüsselstellung durch Barths Arbeit an RII, während das Jahr 1933 (neben den persönlich belastenden ehelichen Entwicklungen) Barths Theologie theologisch aufgrund der Stellung der Kirche zum Nationalsozialismus ganz anders herausfordert. Vgl. zu 1933 als Schlüsseljahr bes. Michael Hüttenhoff, Theologische Opposition 1933. Karl Barth und die Jungreformatorische Bewegung, in: Michael Beintker/Christian Link/Michael Trowitzsch (Hg.), *Karl Barth in Deutschland (1921–1935). Aufbruch – Klärung – Widerstand. Beiträge zum Internationalen Symposion vom 1. bis 4. Mai 2003 in der Johannes a Lasco Bibliothek Emden*, Zürich 2005, 425–444.

anschaulicht werden.[13] Sie ist bestimmt von der unmittelbar zuvor begonnenen Neubearbeitung des Römerbriefkommentars.[14]

Nachdem nur schlaglichtartig drittens auf die Ausdifferenzierung der Lutherhermeneutik innerhalb der Dialektischen Theologie verwiesen werden soll, lassen sich in einem vierten Schritt, ausgehend von Barths Lutherentdeckungen der 1920er Jahre, in denen seiner entstandenen Lutherhermeneutik auch ein klassischerer theologiegeschichtlicher Blick auf die Reformation an die Seite getreten war, die (kirchen-)politischen Implikationen von Barths Luthergedenken hervorheben. Mit seinem Vortrag „Reformation als Entscheidung"[15], den Barth zum Reformationstag auf Einladung des sich gerade konsolidierenden Pfarrernotbundes in Berlin im Schatten von Gleichschaltung der Kirche und dem „Deutschen Luthertag" der Glaubensbewegung Deutsche Christen (DC) gehalten hat, präsentiert er sich im Kirchenkampf als „schlichtes ‚Frontschwein', nur mit einem Gewehr bewaffnet"[16] – und dieses Gewehr ist die Theologie Martin Luthers.

In der Gesamtschau wird deutlich, dass der Römerbrief zum Lerngegenstand einer die Theologiegeschichte neu erschließenden Hermeneutik geworden ist, die es ermöglicht, die Ergebnisse historischer Arbeit, zuvorderst in Bezug auf Luther, auch existentiell, spirituell oder gegenwartspolitisch dadurch zu befragen, dass diese die Auslegenden selbst befragt. Barths vielbesprochene Forderung aus dem Vorwort von RII, „Kritischer müssten mir die Historisch-Kritischen sein"[17], steht für einen derartigen Zugang zur Theologiegeschichte. Das zeigt besonders das Beispiel seiner Lutherrezeption.

---

13 Karl Barth, Predigt zu Röm 5,8, Safenwil am 7. November 1920, in: ders., *Predigten 1920* (GA I), hg. von Hermann Schmidt, Zürich 2005, 365–375.
14 Karl Barth, *Der Römerbrief (Zweite Fassung) 1922* (GA II), hg. von Cornelis van der Kooi/ Katja Tolstaja, Zürich 2010.
15 Karl Barth, Reformation als Entscheidung (1933), in: ders., *Vorträge und kleinere Arbeiten 1930–1933* (GA III), hg. von Michael Beintker/Michael Hüttenhoff/Peter Zocher, Zürich 2013, 516–550.
16 Karl Barth an Pfarrer Gerhard Jacobi, 22. Oktober 1933, in: ders., *Briefe des Jahres 1933*, hg. von Eberhard Busch, Zürich 2004, 470–472, 472.
17 Karl Barth, *RII* (Anm. 14), 14 (Vorwort). Vgl. dazu Michael Weinrich, *Karl Barth. Leben – Werk – Wirkung*, Göttingen 2019, 168–172.

2. Von Paulus zu Luther: Barths hermeneutische Entwicklungen 1920

2.1 Der hermeneutische Ausgangspunkt von 1919

Barth eröffnet den ersten Römerbrief mit einer hermeneutischen Prämisse, die sich nicht nur für seine Paulusinterpretation, sondern auch für seinen Zugang zur Reformation als zentral erweisen wird: „Paulus hat als Sohn seiner Zeit zu seinen Zeitgenossen geredet. Aber *viel* wichtiger als diese Wahrheit ist die andere, daß er als Prophet und Apostel des Gottesreiches zu allen Menschen aller Zeiten redet."[18]

Dies ist das Fundament der zuerst von Eberhard Jüngel so genannten „Hermeneutik der Gleichzeitigkeit"[19]. Sie basiert auf der Annahme, dass die historische Distanz zu Paulus durch die prophetisch-apostolische Qualität seines Denkens transzendiert wird, so dass sich eine Aktualisierung in die Gegenwart hinein vollziehen kann. Paulus spricht also insofern auch heute noch, als dass seine Fragen die unseren sind.

„Was einmal ernst gewesen ist, das ist es auch heute noch, und was heute ernst ist und nicht bloß Zufall und Schrulle, das steht auch in unmittelbarem Zusammenhang mit dem, was einst ernst gewesen ist. Unsere Fragen sind, wenn wir uns selber recht verstehen, die Fragen des Paulus, und des Paulus Antworten müssen, wenn ihr Licht uns leuchtet, unsere Antworten sein."[20]

Treffend hatte schon Barths erster großer Kritiker, der Neutestamentler und Kirchenhistoriker Adolf Jülicher (1857–1938), in seiner Rezension zu RI festgehalten, dass Barth sich hier neben Paulus zu stellen scheine, „während wir Anderen gelassen als Beobachter dem Paulus gegenübertreten."[21] Genau diese Gelassenheit, genauer der damit verbundene Habitus einer vermeintlichen Objektivität und Gleichgültigkeit, markiert das Problem, das

---

18 Karl Barth, *RI* (Anm. 6), 3 (Vorwort). Vgl. die Besprechung des Vorworts und seiner Folgen sowie zur Entfaltung der Bibelhermeneutik Barths aufgrund der Debatte über sein Verhältnis zur historisch-kritischen Methode grundlegend Eberhard Jüngel, Die theologischen Anfänge. Beobachtungen, in: ders., *Barth-Studien*, Zürich/Köln 1982, 61–126, 83–98.
19 A.a.O., 85.
20 Karl Barth, *RI* (Anm. 6), 3 (Vorwort).
21 Adolf Jülicher, Ein moderner Paulusausleger (1920), in: Jürgen Moltmann (Hg.), *Anfänge der dialektischen Theologie*, Bd. 1 (TB 17), München ²1966, 87–98.

Barth mit der historisch-kritischen Arbeit seiner Zeit hat und von deren Beschränkung er die Theologiegeschichte befreit wissen will. Die Alternative, die Barth bietet, ist die Herstellung einer Gleichzeitigkeit zwischen Paulus und Gegenwart durch prophetisch-apostolische Rede, die Leser:innen bewegen kann. Sie ist im Vorwort von RI vor allem dadurch gekennzeichnet, dass sie von einem Fragen nach dem ausgeht, was tatsächlich für den Menschen „ernst" ist. Ernsthaftes Fragen, das meint das existentielle Fragen des Glaubens nach der Wahrheit, dem Heil, der Erwählung, dem Verhältnis von Gott, Welt und Mensch, konstituiert Gleichzeitigkeit. Die Antworten, die Paulus auf seine Fragen bekommen hat, können, so der Anspruch, darüber auch zu meinen werden.

2.2 Die Entwicklungen des Jahres 1920: Overbeck als Türöffner für die Hermeneutik des zweiten Römerbriefkommentars

Bei der Weiterentwicklung der Hermeneutik Barths von RI zu RII bleibt dies ein bestimmender Kerngedanke. Er wird nicht zuletzt durch die Auseinandersetzung mit Franz Overbeck entscheidend angereichert und von dort aus auch mit Luther ins Gespräch gebracht.[22]

Overbeck ist Barths erste große Entdeckung von 1920.[23] Die Lektüre einer Sammlung von Texten aus dessen Nachlass, die unter dem Titel „Christentum und Kultur"[24] 1919 erschienen und Barth von seinem Bruder Heinrich noch im selben Jahr zu Weihnachten geschenkt worden war, steht am

---

22 Vgl. zum Folgenden detailliert Kai-Ole Eberhardt, Karl Barths „Wendung von Osiander zu Luther" (1920). Beobachtungen zur Genese der Kreuzestheologie Barths, in: Michael Basse/Christian Neddens (Hg.), *Anstoß des Kreuzes. Kreuzestheologische Aufbrüche im 20. und 21. Jahrhundert* (LThG 2), Leipzig 2021, 28–46.

23 Vgl. zu Overbeck unter den älteren Arbeiten, insbesondere Hans Schindler, *Barth und Overbeck. Ein Beitrag zur Genesis der dialektischen Theologie im Lichte der gegenwärtigen theologischen Situation*, Darmstadt 1974; Eberhard Jüngel, Die theologischen Anfänge (Anm. 18), 62–83, sodann Niklaus Peter, *Im Schatten der Modernität. Franz Overbecks Weg zur „Christlichkeit unserer heutigen Theologie"* (Diss. Basel), Stuttgart 1992 sowie Dieter Schellong, Noch einmal: Franz Overbecks unerledigte Anfragen an das Christentum, in: Rudolf Brändle/Ekkehard W. Stegemann (Hg.), *Franz Overbecks unerledigte Anfragen an das Christentum*, München 1988, 139–166.

24 Franz Overbeck, *Christentum und Kultur. Gedanken und Anmerkungen zur modernen Theologie*, hg. von Carl Albrecht Bernoulli, (Basel 1919) Darmstadt ²1963. Vgl. die kritische Edition (mit abweichender Seitenzählung) von Franz Overbeck, *Werke und Nachlass, Bd. VI: Kirchenlexikon und Materialien 1: Christentum und Kultur. Anmerkungen*

Anfang seines Lektürejahres. Er bespricht den Band zeitnah und gibt dabei Einblicke in seine eklektische und stark vereinnahmende Rezeption Overbecks.²⁵ Barths Rezension bestätigt, wie sehr er sich von Overbeck in seinem hermeneutischen Kurs bestätigt fühlt. So zitiert er:

> „Eine *neutestamentliche Schrift* ernst nehmen heißt neben ihr von ihrem Verfasser nichts weiter (nichts ‚Zeitgeschichtliches!') wissen. Und unmittelbare Unterhaltung mit dem Verfasser macht das Buch als solches überflüssig, streicht es aus seinem historischen Dasein. Verfasser und Buch fallen in eins zusammen. […]"²⁶

Dementsprechend hat Eberhard Jüngel unterstrichen, wie sehr Barths Hermeneutik von Overbecks Grundsatzkritik historisch-kritischer Exegese beflügelt wurde, wonach durch den rein historischen Zugang ein Text ge-

---

zur modernen Theologie, kritische Neuausgabe hg. von Barbara von Reibnitz, Stuttgart/ Weimar 1996.

25 Barth hatte das Buch bereits am 16. Januar 1920 durchgearbeitet und tauschte sich mit Thurneysen und seiner Mutter intensiv über die hohe Bedeutung aus, die er ihm beimaß. Zudem trat er mit Overbecks Witwe Ida Overbeck (1848–1933) und dessen Herausgeber Bernoulli in Kontakt. Die zusammen mit Thurneysen im Juni 1920 publizierte Rezension ist sehr wertschätzend: Karl Barth/Eduard Thurneysen, *Zur inneren Lage des Christentums. Eine Buchanzeige und eine Predigt*, München 1920, verbindet Barths Rezension mit einer Predigt von Thurneysen zu Lk 15,3–7. Die Rezension wird unter dem Titel „Unerledigte Anfragen an die heutige Theologie", in: Karl Barth, *Die Theologie und die Kirche, Ges. Vorträge 2*, München 1928, 1–25, wiederveröffentlicht und ediert in: ders., *Vorträge und kleinere Arbeiten 1914–1921* (GA III), hg. von Hans-Anton Drewes in Verbindung mit Friedrich-Wilhelm Marquardt, Zürich 2012, 622–661. Ryan Glomsrud, The Cat-Eyed Theologians. Franz Overbeck and Karl Barth, in: *JHMTH* 16 (1/2009), 37–57, hat Barths Overbeckrezeption grundlegend untersucht.

26 Karl Barth, Unerledigte Anfragen (Anm. 25), 644 (Zitat aus Franz Overbeck, *Christentum und Kultur* [Anm. 24], 21–23). Barth und Thurneysen stellen Overbeck in der Rezension als Verkörperung eines kritischen Neins neben das Ja der Theologie von Christoph Friedrich Blumhardt (1842–1919). Barth, a.a.O., 635, sieht die beiden „unmittelbar nebeneinander […] Rücken an Rücken, […] zusammengehörig in der Sache, Blumhardt als der vorwärtsschauende hoffende Overbeck, Overbeck als der rückwärtsschauende kritische Blumhardt […]." Beide stehen in dieser Darstellung jeweils für eine Infragestellung der gegenwärtigen Theologie. Es sind drei Fragekomplexe, die sich Barth von Overbecks Ausholbewegung zu einem vernichtenden Schlag aus ergeben: 1. nach der Geschichtlichkeit des Christentums (a.a.O., 642–647), 2. nach dem Wesen des modernen Christentums (a.a.O., 647–653) und 3. nach der Christlichkeit aller und speziell der gegenwärtigen Theologie (a.a.O., 653–657). Vgl. die Analyse der Rezension im Diskurs mit Overbecks eigentlicher Position und im Kontext der theologischen Rahmenbedingungen bei Eberhard Jüngel, Die theologischen Anfänge (Anm. 18), 62–83

radezu getötet werde.²⁷ Die Folge, die Overbeck für eine entsprechende Bibelauslegung daraus gezogen hatte, war, wie auch Friedrich Wilhelm Graf betont, „daß die historistischen liberalen Theologen nicht mit dem lebendigen, auferstandenen Christus, sondern nur ‚mit einem Leichnam' – ihrem historischen Jesus – ‚leben' […]."²⁸

Hier wird deutlich, dass Overbeck Barth dazu reizt, seinen hermeneutischen Zugang zu Paulus über den Römerbrief hinaus auszuweiten. Bereits im berühmt gewordenen Vortrag „Biblische Fragen. Einsichten und Ausblicke" auf der christlichen Studentenkonferenz in Aarau vom 17. April 1920²⁹ zieht Barth diese Konsequenz explizit. Er wendet darin seine Hermeneutik nicht nur auf die gesamte Bibel an, sondern differenziert dabei auch das Motiv des ernsthaften Fragens weiter aus.³⁰

Bereits bei der Erklärung des Titel des Vortrags – „Biblische Fragen" – will Barth deutlich machen, dass es nicht unproblematisch sei, mit einer objektiven Fragehaltung an die Bibel heranzutreten. Denn die echten „biblischen Fragen" sind Fragen der Bibel an den Menschen, die zwangsläufig daraus resultieren, dass menschlich-wissenschaftliche Fragen an die Bibel gestellt werden. Barth beginnt seinen Vortrag dementsprechend damit, dass er seine Themenstellung radikal und überraschend um 180 Grad umstellt, indem er sie auf ihre theologischen Voraussetzungen zurückführt. Er erklärt seinen Untersuchungsgegenstand, nämlich die Frage nach dem, was die Bibel an Erkenntnissen zur Weltdeutung biete, bereits einleitend zu einem Bumerang: „Die Frage kehrt sich […] sofort um, richtet sich an uns selbst und lautet dann, ob wir denn in der Lage sind, uns die in der Bibel gebotene Erkenntnis zu eigen zu machen."³¹ Wer die Bibel befragen will, muss sich also zunächst selbst nach seinen Voraussetzungen befragen lassen, und das

---

27 Vgl. a.a.O., 67.
28 Friedrich Wilhelm Graf, Die „antihistorische Revolution" (Anm. 8), 125 (mit Anm. 42), zitiert Franz Overbeck, Christentum und Kultur (Anm. 24), 68. Graf denkt hier vor allem Kurt Nowak, Die „antihistorische Revolution". Symptome und Folgen der Krise historischer Weltorientierung nach dem Ersten Weltkrieg, in: Horst Renz/Friedrich Wilhelm Graf (Hg.), Umstrittene Moderne. Die Zukunft der Neuzeit im Urteil der Epoche Ernst Troeltschs (Troeltsch-Studien 4), Gütersloh 1984, 133–171, weiter.
29 Karl Barth, „Biblische Fragen, Einsichten und Ausblicke" (1920), in: ders., Vorträge und kleinere Arbeiten 1914–1921 (Anm. 25), 662–701.
30 Vgl. mit dieser Beobachtung schon die Rezension von O. Herpel in der Darmstädter Zeitung, Beilage zu Nr. 288 vom 8.12.1920, zitiert nach der Einleitung von Hans-Anton Drewes zu Karl Barth, Biblische Fragen (Anm. 29), 666.
31 A.a.O., 666–667.

umfasst deutlich mehr und ist deutlich persönlicher als eine wissenschaftliche Auslegungsmethode. Entscheidend für das Befragen der Bibel ist nach Barth vor allem das lebendige Verhältnis der fragenden Person zu seinem Untersuchungsgegenstand und seiner Botschaft. Dieser Bumerang macht unsere Fragen also letztlich dadurch zu ernsten, dass wir existentiell in sie einbezogen werden, so dass wir Auskunft darüber zu geben haben, wie es um unseren Glauben steht.

Overbeck gehört für Barth trotz seiner Distanz zum Christentum hier in die Reihe der ernsthaft in der Gottesfrage lebenden Menschen. Wenn Barth dann im Folgenden die Ernsthaftigkeit biblischen Fragens daraufhin zuspitzt, dass dahinter die Frage nach der Erwählung der Fragenden steht, durchbricht er die zeitliche Distanz zwischen biblischen Autoren und zeitgenössischen Leser:innen. Ernstes Fragen und die Gleichzeitigkeit der Fragenden vor Gott gehören zusammen und verbinden den heutigen Menschen mit den biblischen Autoren. Das Ergebnis von Barths Ausführungen ist eine Hermeneutik, die die „eigene Gegenwart im Lichte der biblischen Botschaft"[32] betrachtet. Der Mensch wird über seine Fragen in den Zusammenhang der biblischen Texte integriert. So entsteht eine besondere Form der „Intratextualität", wie Marco Hofheinz in Anwendung von G.A. Lindbeck auf den Aarauer Vortrag diagnostiziert:[33] „It is the text [...], which absorbs the world, rather than the world the text."[34] Wohlbemerkt: Damit der Text diese Funktion entfalten kann, muss er verstanden sein. Barth schließt also die historische Arbeit keineswegs aus. Barths Hermeneutik macht aber klar, dass eine historisch-kritische Erschließung des Textes an der Intention der biblischen Autoren vorbeigehen muss, wenn man sich durch sie der Kritik verschließt, die vom biblischen Text selbst ausgehend.[35]

---

32 So pointiert Monika Fuchs/Marco Hofheinz/Nils Neumann, Christus predigen – narrativ!, in: dies., *Unterwegs in die Fremde. Narrative Christologie im Gespräch der Disziplinen*, Stuttgart 2021, 117–168, 146 (mit Verweis auf Martin Hailer, *Götzen, Mächte und Gewalten* [BThS 33], Göttingen 2008, 62).

33 Vgl. z.B. Marco Hofheinz, Vom Praktisch-Werden der Christologie. Oder: Wie Barth und Bultmann Weihnachten feiern, in: ders., *Christus Peregrinus. Christologie auf dem Weg in die Fremde*, Leipzig 2022, 217–248, 236.

34 George A. Lindbeck, *The Nature of Doctrine. Religion and Theology in a Postliberal Age*, Philadelphia 1984, 118. Vgl. Marco Hofheinz, Vom Praktisch-Werden der Christologie (Anm. 33), 236.

35 Vgl. dazu die kritische Bündelung von Barths Hermeneutik durch Georg Pfleiderer, Hermeneutik und Konstruktion – oder: Warum man Barth antiliberal und liberal lesen kann, in: Matthias Gockel/Andreas Pangritz/Ulrike Sallandt (Hg.), *Umstrittenes Erbe. Lesarten*

2.3 Jahresrückblick im Dezember 1920: Die Lutherwendung

Am 25. Oktober 1920 markiert Barth in seinen Pfarrkalender mit wenigen, aber umso bedeutenderen Worte eine Zäsur, auf die die Ergebnisse der Jahre 1919 und 1920 zugelaufen waren. Dort heißt es lakonisch: „Gogarten fort. Begonnen: *Römerbrief II. Aufl.*!"[36]
Friedrich Gogarten, den Barth in Tambach kennengelernt hatte, war einige Tage in Safenwil zu Besuch gewesen. Die Gespräche mit ihm hatten den entscheidenden Anstoß gegeben, sich dem Römerbrief noch einmal ganz neu zu widmen. Zugleich haben sie Barth Luther, der zu den wichtigsten theologischen Referenzen Gogartens zählt, besonders ins Bewusstsein gerufen. Das wird bei seiner Arbeit an den ersten Römerbriefkapiteln ebenso deutlich wie in seinen brieflichen Reflexionen über diese Zeit gegenüber Eduard Thurneysen und Gogarten selbst im Dezember.

So schreibt er dem Freund und Mitarbeiter am Römerbrief Thurneysen mit der Übersendung seiner aktuellen Auslegung von Röm 3 am 3. Dezember 1920:

> „Überhaupt arbeite ich mit dem Eindruck einer gewissen Zwangsläufigkeit. Die Wendung von Osiander zu Luther macht sich gegenüber der ersten Auflage geltend wie eine Katastrophe, und ich frage mich oft, wie ich damals so blind sein konnte, ‚es' nicht zu sehen."[37]

Auch wenn Barth sich sehr vorausschauend dagegen verwahrt, dass „[d]iese Schwenkung [...] Anlaß zu ‚historischen' Randglossen"[38] bieten könne, ist sie von der Barthforschung für die Genese der Barthschen Theologie als Fixpunkt wahrgenommen und wiederholt diskutiert worden. Zumeist wird sie als ein Übergang Barths von einer effektiven Rechtfertigungslehre, die Andreas Osiander (1498–1552), der Reformator von Nürnberg, hier repräsentieren soll,[39] zu der mit Luther verbundenen forensischen Recht-

---

der Theologie Karl Barths, Stuttgart 2020, 175–190, 182f. Vgl. auch Michael Weinrich, *Barth* (Anm. 17), 168f.

36 Zitiert nach dem Vorwort von Hans-Anton Drewes zu Karl Barth, *Predigten 1921* (GA I), hg. von Hermann Schmidt, Zürich 2007, viii.

37 Brief von Karl Barth an Eduard Thurneysen, 3. Dezember 1920, in: Karl Barth/Eduard Thurneysen, *Briefwechsel. Band 1: 1913–1921* (GA V), bearb. u. hg. von Eduard Thurneysen, Zürich 1973, 448–450, 448.

38 Ebd.

39 Vgl. zu Osianders Rechtfertigungslehre zusammenfassend und mit ausführlichen Quellenbelegen Frederike Nüssel, *Allein aus Glauben. Zur Entwicklung der Rechtfertigungslehre-*

fertigungslehre interpretiert.⁴⁰ Das greift sicherlich zu kurz. Der weitere Verlauf des Briefes macht klar, dass hinter dieser Wendung auch eine von der Overbecklektüre ausgehende „Verwüstung" steht – der radikale Bruch Barths mit einigen zentralen theologiegeschichtlichen Referenzen, die ihm für RI ungeheuer wichtig waren.⁴¹ Es ist nicht zuletzt Luther, der beginnt, die hier entstandenen Lücken zu füllen. Das belegt nicht nur die Aufnahme eines kreuzestheologischen Grundmotivs Luthers in die Auslegung von Röm 1,16f., nämlich die „getroste Verzweiflung"⁴², sondern auch eine Postkarte vom Folgetag, die Barth an Gogarten sendet. Dort heißt es:

„[...] Ihr Besuch bei mir war auch für mich ein höchst freudiges und gutes Entdecken gründlichster Gemeinschaft [...]. Bei mir ists nun tatsächlich zur Inangriffnahme einer gänzlichen Revision des Römerbriefes gekommen. Als ich einmal anfing, fiel Alles zusammen und nun wird's totaliter aliter! Es soll das Ganze auf die Linie von Overbeck und meinem Aarauer Vortrag kommen. Das bedeutet aber, dass der starke Einfluss von Beck und Kutter zurücktreten und Luther das Feld räumen muss. Seltsame Dinge sind da schon an den Tag gekommen."⁴³

Wir sehen hier die zentralen Stationen Barths auf dem Weg zu seiner Hinwendung zu Luther markiert: Das Gespräch mit Gogarten, die Weiter-

---

re in der konkordistischen und frühen nachkonkordistischen Theologie (FsöTh 95), Göttingen 2000, 21–27.

40 Diese Position nimmt ihren Ausgang bei Barthauslegungen wie der von Gerhard Ebeling, Barths Ringen mit Luther (Anm. 11), 439–440, Tjarko Stadtland, *Eschatologie und Geschichte in der Theologie des jungen Karl Barth* (Beiträge zur Geschichte und Lehre der Reformierten Kirche 22), Neukirchen-Vluyn 1966, 28–31, und mit Bezug auf Luthers „simul iustus et peccator" Michael Beintker, *Die Dialektik in der „dialektischen Theologie" Karl Barths, Studien zur Entwicklung der Barthschen Theologie und zur Vorgeschichte der „Kirchlichen Dogmatik"* (Beiträge zur evangelischen Theologie 101), München 1987, 216–222 (bes. 219).

41 „Es wird glaub viel über uns gekopfschüttelt [sic] bei Nahen und Fernen. Overbeck hat nun wirklich einmal eine Verwüstungszone um uns geschaffen." Karl Barth an Eduard Thurneysen, 3. Dezember 1920 (Anm. 37), 448. Diese Overbecksche Verwüstung markiert den Abbruch theologischer Rezeptionslinien Barths. Sie ist das Resultat aus der grundsätzlichen Infragestellung der Möglichkeit von Theologie, die aus Overbecks nachgelassenen Schriften folgt.

42 Karl Barth, *RII* (Anm. 14), 14.

43 Brief von Karl Barth an Friedrich Gogarten, 4. Dezember 1920, in: Hermann G. Göckeritz (Hg.), *Friedrich Gogartens Briefwechsel mit Karl Barth, Eduard Thurneysen und Emil Brunner*, Tübingen 2009, 164f.

entwicklungen in Bezug auf Geschichtsverständnis und Hermeneutik, die für Barth seine das Jahr 1920 bestimmende Lektüre von Franz Overbeck und der Aarauer Vortrag bedeuteten, die daraus resultierende Überwindung der für RI so zentralen Impulsgeber Johann Tobias Beck (1804–1878) und Hermann Kutter (1863–1931) und der Blick auf Luther selbst.

3. „Ernstes Fragen" mit Paulus und Luther: Eine „Hermeneutik der Gleichzeitigkeit" für das Reformationsgedenken 1920

Unmittelbar nach dem Besuch Gogartens Ende Oktober bot Barth seine anstehende Reformationstagspredigt den entscheidenden Anlass, seine Lutherentdeckung und seine hermeneutische Entwicklung, die er auch im Rahmen seiner Predigtarbeit aktiv vorangetrieben hatte, in Synergie mit der Arbeit an RII theologisch zu bündeln.[44]

---

44 Die Predigten von 1919 und 1920 sind bereits ein wesentlicher Bestandteil von Barths Suchbewegungen, aus denen der Entschluss zu einer Neubearbeitung des Römerbriefes resultiert. Auch sie sind gemeint, wenn Barth im Vorwort von RII auf die Vertiefung seiner Paulusstudien verweist, die ihn zu einer Neubearbeitung von RI geführt hätten. Vgl. Karl Barth, *RII* (Anm. 14), 6–8 (Vorwort zur zweiten Auflage). Im Predigtjahr 1920 zeigt sich das besonders, da Barth sich bis September einer kursorischen Auslegung von 2 Kor 1–7 widmet und damit auf der Kanzel fast ausschließlich Paulus präsent ist. Vgl. die Einleitung des Herausgebers in Karl Barth, *Predigten 1920* (Anm. 13), vii–viii. Die kurze Analyse der Reihenpredigt anhand der in Barths Predigtband *Komm Schöpfer Geist!* (München 1924) aufgenommenen Predigten von Hartmut Genest, *Karl Barth und die Predigt. Darstellung und Deutung von Predigtwerk und Predigtlehre Karl Barths*, Neukirchen-Vluyn 1995, 97–100, verstärkt den Eindruck, dass die Predigtarbeit Barths hermeneutisches Nachdenken vertieft. Beide Überblicke beziehen intensiv den Briefwechsel mit Thurneysen mit ein, der für die Deutung der Reihenpredigt zentral ist. Treffend hat Hans-Anton Drewes das für die Predigten 1921 festgehalten, in denen Barth „den gleichen Ansatz einer neuen Hermeneutik [scil. wie in RII] im Genus der Gemeindepredigt" durchgeführt habe. Drewes sieht darin gar den wichtigsten Ertrag dieser Predigten für die Erforschung von RII. Man werde „in diesen Predigten, die die Arbeit am Manuskript [scil. von RII] stetig begleiten, spannendes Material zum Verständnis jener radikalen hermeneutischen Wende finden" (Vorwort von Hans-Anton Drewes zu Karl Barth, *Predigten 1921* [Anm. 36], xi). Man muss diese Beobachtung ausweiten auf die Predigten im letzten Quartal von 1920, das bereits ganz unter dem Einfluss von RII steht. Diese Einschätzung lässt sich auch auf eine Reihe von Predigten des Jahres 1920 übertragen, die um die Entscheidung zur Neukonzeption des Römerbriefkommentares angesiedelt sind.

Der Reformationstagsgottesdienst fiel auf den 7. November, der neue Römerbrief beschäftigte Barth nun seit zwei Wochen.[45]

Barth widmet seine Predigt zum Reformationsfest 1920 der diskursiven Auslegung zweier Texte, nämlich Röm 5,8 („Damit beweist Gott seine Liebe gegen uns, daß Christus für uns starb, da wir noch Sünder waren.")[46] und einem der bekanntesten Briefe des jungen Luther, den Barth zu Beginn der Predigt mit wenigen Worten einführt und dann der Gemeinde fast vollständig vorliest.[47] Es handelt sich dabei um den Brief an den Augustinereremiten Georg Spenlein (ca. 1486–1563)[48], dem Luther sich als Subprior des Erfurter Klosters in seelsorgerlicher Absicht zugewendet hatte.[49] Zur Zeit der Briefabfassung, am 8. April 1516, hielt Luther auch seine Römerbriefvorlesung, und deren Theologie spiegelt sich hier deutlich wider.[50] Der Brief ist für die kreuzestheologische Wendung „*desperatio fiducialis*" – „Getroste Verzweiflung" – bekannt geworden, die Luther hier entfaltet und die Barth von dieser Predigt an immer wieder rezipieren wird. Nach David Congdon liegt das an Folgendem: Sie ist ein Motiv,

---

45 Anders als in Deutschland und Österreich findet das Reformationsgedenken in der Schweiz immer am ersten Sonntag im November, dem Reformationssonntag, statt.
46 Karl Barth, Predigt zu Röm 5,8 (Anm. 13), 365.
47 A.a.O., 365–367. Barth leitet den Brief mit dem Verweis auf den Reformationssonntag ein und datiert ihn für die Gemeinde auf 1516, „eineinhalb Jahre bevor Luther durch die Veröffentlichung seiner Sätze gegen den Ablaß die Reformationsbewegung äußerlich eröffnete." (a.a.O., 365.). Insofern ist die Theologie des Briefes implizit in Luthers innere Entwicklungen hin zur Reformation integriert. Zudem verweist Barth auf den monastischen Kontext seiner Entstehung.
48 Der aus Basel stammende Spenlein hatte ab 1512 als Augustinereremit in Wittenberg Theologie studiert, siedelte dann in das Augustinerkloster in Memmingen über, trat 1520 zum lutherischen Bekenntnis über und wurde Pfarrer (um 1529 in Creuzburg, 1544 in Arnstadt, ab 1553 bis zu seinem Tod in Wüllersleben). Vgl. seine Lebensdaten in der GND unter https://portal.dnb.de/opac.htm?method=simpleSearch&cqlMode=true&query=nid%3D131525131 (abgerufen am 14.4.2024).
49 Vgl. den Brief von Martin Luther an Georg Spenlein, 8. April 1516, in: *WA.B* 1, 33–36 (Nr. 11).
50 So auch David W. Congdon, Desperatio Fiducialis. Barth and Bultmann on the Anthropological Significance of Revelation, in: Heinrich Assel/Bruce. L. McCormack (Hg.), *Luther, Barth, and Movements of Theological Renewal (1918–1933)* (Theologische Bibliothek Töpelmann 118), Berlin/Boston 2020, 125–144, 127.

„that points us away from ourselves to Christ, in whom we hear God's yes to us. If there is any consistent theme throughout the entirety of Barth's dialectical theology, it is this pointing away from ourselves to God's action in Christ."[51]

Die Theologie des jungen Luther erweist sich also von der Reformationstagspredigt aus als ideale Bündelung, Interpretationsschlüssel und weiterführende Gesprächspartnerin für die Paulusdeutung Barths. Der hermeneutische Schlüsselgedanke der Predigt: Paulus und Luther werden hier zu Gesprächspartnern auf „prophetisch-apostolischer" Augenhöhe.

Die Safenwiler Gemeinde hört dazu zunächst Paulus, dann Luther völlig unkommentiert. Aus den Ausführungen des Reformators zu Spenleins Ringen um Gottes Gerechtigkeit ragt eine Prolepse lutherischer Rechtfertigungslehre hervor:

> „Darum, mein lieber Bruder, lerne Christum, und zwar den Gekreuzigten. Lerne ihm lobsingen und an Dir selbst verzweifelnd zu ihm sagen: Du, Herr Jesus, bist meine Gerechtigkeit, ich aber bin deine Sünde, du hast das Meine an dich genommen und mir das Deine gegeben; du hast genommen, was du nicht warst, und mir gegeben, was ich nicht war. Hüte dich, mein Bruder, jemals einer solchen Reinheit nachzutrachten, daß Du dir nicht mehr ein Sünder scheinen, ja gar kein Sünder mehr sein willst. Denn Christus wohnt nur unter Sündern. [...] Denn wenn wir durch eigene Mühe und Plage zur Ruhe des Gewissens hindurchdringen sollten, wozu ist Christus dann gestorben? Darum wirst Du nur in ihm, durch getroste Verzweiflung an Dir und an Deinen Werken, Frieden finden; [...]."[52]

Barth bietet in den meisten Abschnitten seiner Predigt nahezu keine explizite Kommentierung des Briefes. Er lässt ihn zunächst ganz für sich selbst sprechen und verwendet ihn vor allem als beispielhaftes Zeugnis für die großen theologischen Antworten, die jemand wie Luther auf ein echtes und ernstes Fragen habe erhalten und vermitteln können. Erst am Ende der Predigt mehren sich Zitate aus dem Brief, wenn Barth mit Paulus und Luther nach den ethischen Konsequenzen christlichen Lebens fragt. Es ist aber zunächst vor allem die Fragehaltung, um die es ihm geht.

Vermittelt durch das ernste Niveau ihrer beider Fragen kann Barth Luther neben Paulus stellen, beiden dieselbe Suchbewegung zuschreiben und

---

51 A.a.O., 128. Congdon hat ebd. (in der dortigen Anm.16) die Belegstellen der zentralen Bezugnahmen auf die Wendung *desperatio fiducialis* in Barths Œuvre zusammengetragen.

52 Zitat nach der Übersetzung von Martin Rade bei Karl Barth, Predigt zu Röm 5,8 (Anm. 13), 365f.

sie darüber gleichsam in die Gegenwart holen. Denn heute muss auch so gefragt werden. Man hat den Eindruck, als gewönne Luthers Brief durch die Parallele mit dem paulinischen Römerbrief geradezu apostolische Qualität. Die ganze Predigt ist so komponiert, dass Paulus und Luther mit gleicher Autorität nebeneinandergestellt werden. Ihre christliche Existenz beschreibt Barth als von einer ernsthaften, d.h. radikal auf ihre existentielle Dimension zugespitzten Fragehaltung bestimmt. Zunächst die Reformationsbewegung,[53] dann aber jedes gelungene Christenleben wird davon ausgehend unter dem Anspruch eines Bewegtseins durch derartiges Fragen beschrieben. Der Apostel und der Reformator stehen dabei als gleichwertige Zeugen ernsthaften Fragens auf einer Ebene, die sich zwar von der Gegenwart qualitativ abhebt, aber wegweisend in sie hineinklingt. Die historischen Texte werden so über die zeitlichen Distanzen hinweg zu aktuellen: Im Predigtraum stehen Paulus und Luther unmittelbar vor Barth und der Gemeinde. Dies gelingt Barth dadurch, dass er aus Römerbrief und Luthertext letztlich dieselben zugrundeliegenden Fragen ableitet, diese als Grundfragen des Glaubens und damit auch als die Fragen seiner Gemeinde und aller Christinnen und Christen verstanden wissen will. Parallel dazu kann er anhand der vorbildhaften Zeugen Paulus und Luther aufzeigen, was es bedeutet, sich ganz von diesen Fragen bestimmen zu lassen. Daraus entsteht nicht weniger als eine skizzenhafte Einführung in christliche Spiritualität und Lebenshaltung. Sie dominiert den Hauptteil der Predigt, in dem Barth vier konkrete Fragen konstruiert, als hätten sich Paulus und Luther ebendiese gestellt, um mit ihren Briefen Antworten darauf geben zu können. Die ersten drei Fragen bilden eine Einheit und lauten: 1. „Wie *fängt man's* denn an ein *Christ* zu werden?"[54], 2. „Wie werde ich, was ich noch nicht bin?"[55], 3. „Was soll ich denn werden?"[56] bzw. „Was bin ich denn jetzt?"[57] Barth schließt diese Abschnitte immer gleich: Die Antwort auf die ersten drei Fragen verweist auf Christus und sie wird mit der Bedingung verknüpft, dass, „wer diese Antwort *haben/hören* will, […] vor-

---

53 Im zweiten Teil der Predigt, der eigentlichen Einleitung nach dem Verlesen des Briefes, erklärt Barth ausgehend von dem diesem Sonntag gebührenden Reformationsgedenken das ernsthafte Fragen zum eigentlichen Ursprung der Reformationsbewegung. Vgl. a.a.O., 367–368.
54 A.a.O., 369.
55 A.a.O., 370.
56 Ebd.
57 Ebd.

her so *gefragt* haben"⁵⁸ muss. Daran kann dann die vierte Frage anknüpfen: „[…] [*w*]*as soll ich denn tun?*"⁵⁹ Dieser Katalog ähnelt einem theologischen Pendant zu den vier Grundfragen der Philosophie nach Immanuel Kant, insofern sie ausgehend vom menschlichen Erkenntnisvermögen die anthropologische Grundsituation und eine damit verbundene Ethik entwickeln helfen.⁶⁰ So wird aus den hermeneutischen Grundlagen zu Paulusexegese und Reformationsgedenken eine Predigt mit konkreten spirituell-katechetischen Inhalten in ihrem Zentrum. Dieses Zentrum ist Christus. Dementsprechend fasst Barth vor der Rekonstruktion der Fragen auch die ganz analogen Antworten zusammen, die Paulus und Luther gehört hatten, indem er aus Röm 5,8 zitiert: „Christus starb für uns, da wir noch Sünder waren!" und parallel aus Luthers Spenleinbrief: „Christus wohnt nur unter Sündern!"⁶¹

So wird nicht zuletzt unterstrichen, wie eng für Barth Reformationsgedenken und die Frage nach der gelebten konfessionellen Identität verbunden sind. Das Reformationsgedenken seiner Gegenwart, letztlich also den Predigtanlass, sieht Barth dadurch motiviert, dass diese von einer starken Sehnsucht nach Neugestaltung und Erneuerung geprägt sei, wie man sie in der Reformation verwirklicht sähe. Im Unterschied zur Reformationsbewegung fehle der Gegenwart aber eine sie in gleicher Weise bestimmende Frage.⁶²

„*Die damalige Bewegung* war eine wirkliche Bewegung, sie hat darum in ihrem Auftreten so erschütternd und umwälzend gewirkt, weil es damals Menschen gab – und Martin Luther war ein solcher Mensch –, die mit ihren *Fragen weit gingen*, bis auf den Untergrund und Hintergrund des Lebens, so weit als Menschen überhaupt gehen können."⁶³

Barth entfaltet diese Fragehaltung in zwei Richtungen weiter. Erstens beschreibt er sie als unglaublich radikal und konsequent.⁶⁴ Ihre Charakteristika

---

58 A.a.O., 370–371.
59 A.a.O., 372.
60 Immanuel Kant fragt in *KrV*, A 805/B 833: Was kann ich wissen? Was soll ich tun? Was darf ich hoffen? Er ergänzt diese Reihung später in Log, AA 9, 25, um die Frage: Was ist der Mensch?
61 Karl Barth, Predigt zu Röm 5,8 (Anm. 13), 369 mit Röm 5,8 und Martin Luther, Brief an Spenlein 1516 (Anm. 49), WA.B 1,35.
62 Vgl. Karl Barth, Predigt zu Röm 5,8 (Anm. 13), 367: „Wir werden umsonst auf eine Bewegung der Erneuerung warten, solange nicht eine Frage, und zwar eine unruhige, eine brennende Frage, eine Frage, die aufs Höchste und Letzte geht, in uns ist."
63 Ebd.
64 Vgl. a.a.O., 367f.

sind demnach eine starke Zwanghaftigkeit, die Infragestellung von Sicherheit und Zuversicht des Lebens, Kompromisslosigkeit und die Absage an etwaige vorläufige Wahrheiten oder bloße Erwägungen. Ihr Ziel wäre demgegenüber eine echte Gewissheit. Die Reformatoren erschienen Barth von diesem ersten Zugang aus betrachtet in ihren Fragen „von einer *unendlichen Unruhe* umgetrieben"[65], die etwas Schreckliches an sich habe und in die sie sich gehorsam ergeben hätten.

Der zweite Aspekt des reformatorischen Fragens, den Barth hervorhebt, besteht darin, dass die Reformatoren tatsächlich Antworten erhalten hätten.[66] Das Erhalten solcher Antworten sei aber „wenigstens für uns, etwas *Unsichtbares, Ungreifbares*"[67]. Damit markiert Barth bereits einleitend ein Differenzkriterium zwischen der Gegenwart und den in ihren Antworten mit Paulus verbundenen Reformatoren. Das wird die Predigt bis zum Schluss bestimmen und stellt einen Bruch in der „Hermeneutik der Gleichzeitigkeit" dar: Die Qualität des Fragens und Redens von Apostel und Reformatoren ist demnach zwar etwas, das wir heute hören, aber nicht einfach nachahmen können. Barth entlastet damit in seelsorgerlicher Verantwortung in seiner Predigt von der spirituellen Überbeanspruchung, der aus einer „Hermeneutik der Gleichzeitigkeit" resultieren könnte.

Barth fasst zusammen: An den Ereignissen der Reformationszeit und der Zeit des Paulus werde ersichtlich, welche Antworten ein ernsthaftes Fragen nach sich ziehen könnten. „Aber was ernsthaftes Fragen ist, das müssen wir, obwohl unsere Zeit scheinbar voll Fragen ist, wohl erst lernen."[68] Mit diesem Lernen ist die Zielperspektive markiert, auf die die Predigt zusteuern helfen will. Denn die Fähigkeit ernsthaften Fragens in der Linie von Paulus und Luther ist die Verstehensvoraussetzung der Antworten, die sie in ihren Schriften überliefert haben. Zugleich ist sie aber die Basis für eine echte christliche Existenz und das Fundament der Hoffnung darauf, dass in der Gegenwart wieder Menschen auftreten, die tatsächlich so fragen und ihre Zeit neu gestalten helfen.[69]

---

65 A.a.O., 368.
66 Vgl. ebd.
67 Ebd.
68 Ebd.
69 Vgl. ebd.

4. Folgen der Lutherhermeneutik von 1920 „Zwischen den Zeiten"

Mit der in der Reformationstagspredigt entfalteten Anwendung seiner „Hermeneutik der Gleichzeitigkeit" auf Luther ebnet Barth den Weg für eine spezifische Rezeption der Reformatoren in der Dialektischen Theologie, die darauf abzielt, deren Theologie zu aktualisieren und in die Gegenwart hinein sprechen zu lassen.[70] Davon zeugt nicht nur die Lutherhermeneutik Friedrich Gogartens, sondern z.b. auch die vielfache Aufnahme unkommentierter Lutherübersetzungen in „Zwischen den Zeiten". Die Predigt dokumentiert zugleich einen wesentlichen Schritt von Barths „Wendung von Osiander zu Luther", hinter der sich neben der rechtfertigungstheologischen auch eine kreuzestheologische Rezeptionsbewegung („Getroste Verzweiflung") verbirgt.

Die Übertragung der von Barth für seine Paulusauslegung entwickelten Hermeneutik auf Lutherrezeption und Reformationsgedenken darf freilich in der Gesamtschau von Barths Œuvre ausgehend von RII nicht überbewertet werden. Sie steht unter dem Vorbehalt einer klaren Distanznahme Barths gegenüber Luther, die immer wieder zum Vorschein kommt. Bereits im September 1917 kam Barth von der Arbeit an Röm 5 her und mit Blick auf die Rätselhaftigkeit, ehrfurchteinflößende Tiefe und Kraft des Paulus zu der Überzeugung: „Die Reformatoren, auch Luther, reichen doch *lange* nicht an Paulus heran [...]."[71] Diese Lutherskepsis bestätigt sich für Barth in verschiedenen Phasen seiner theologiegeschichtlichen Arbeit. Weder steht Luther in RII in derselben Weise neben Paulus wie in der Reformationstagspredigt, noch entwickelt sich aus der in ihr aufblitzenden Parallelisierung von Apostel und Reformator für Barth der einzige Zugang zu Luther. Sein Lutherbild changiert vielmehr im Verlauf seiner theologischen Entwicklung.[72] Im

---

70 Vgl. zu der Lutherhermeneutik der Dialektischen Theologie, in der sich der 1920 eingeschlagene Kurs Barths eindrücklich fortsetzt, Eberhard Busch, Getroste Verzweiflung, Dialektische Theologen und Martin Luther, in: ders., *Barth – Ein Portrait in Dialogen. Von Luther bis Benedikt XVI*, Zürich 2015, 13–37.

71 Brief von Karl Barth an Eduard Thurneysen, 27. September 1917, in: Karl Barth/Eduard Thurneysen, *Briefwechsel. Band 1: 1913–1921* (Anm. 37), 236–237, 236.

72 Diese Beobachtung bestätigten auch Gerhard Ebeling und Henning Theißen in ihren Studien. Vgl. Henning Theißen, Barth's Explicit Reception of Luther. An Auxiliary Tool for the Study of Karl Barth, in: Heinrich Assel/Bruce L. McCormack (Hg.), *Luther, Barth, and Movements of Theological Renewal (1918–1933)* (Theologische Bibliothek Töpelmann 118), Berlin/Boston 2020, 77–91, 85–87, mit den entsprechenden Verweisen auf Gerhard

Rahmen der konfessionellen Orientierung, zu der Barth das Profil seiner Göttinger Professur nötigt, intensiviert sich z.B. seine Lutherrezeption in einer kritischen Konfrontation mit Zwingli und Calvin. Aber trotz aller Kritik, die Barth letztlich über seine gesamte theologische Entwicklung hinweg immer wieder Luther gegenüber artikulieren kann, ist der Reformator in entscheidenden Aufsätzen, Vorlesungen und Vorträgen dadurch geadelt, dass er von 1920 an in eine Linie mit den Propheten und Aposteln gestellt und als ein Paulus gleichwertiger Offenbarungszeuge behandelt werden kann. Was in Barths Römerbriefauslegungen und der Predigt von 1920 begonnen hat, schlägt sich z.B. in der Göttinger Calvinvorlesung (1922) oder dem Vortrag „Das Wort Gottes als Aufgabe der Theologie" als ein hermeneutischer Schlüssel zur Theologiegeschichte nieder. Die Paulushermeneutik des ernsten Fragens wird über Luther letztlich zum Fundament derjenigen theologischen Linie, von der aus Barth sich zu Beginn der 1920er Jahre selbst verstanden wissen will, nämlich einer Linie von den Propheten (Jeremia) über die Apostel (Paulus) hin zu den Reformatoren und existentiell denkenden Christen wie Kierkegaard.[73]

Die Ambivalenz Luthers für Barth wird aber besonders prägnant, wenn man auf die NS-Zeit blickt. Völlig nachvollziehbar wird von Barth im Rückblick auf die Entstehung des Nationalsozialismus und die Rolle, die ein konservatives Luthertum in ihr spielte, die historische Linie von Luther zu Hitler beschworen[74], wird Luther mit Obrigkeitsgehorsam, einer engeführten Zwei-Reiche-Lehre und Missinterpretation von Gesetz und Evangelium verbunden. 1933 setzt Barth jedoch in Luthers Theologie große Hoffnung. Mit Luther ringt er um den Kurs der kirchlichen Opposition und bringt seine Reformationshermeneutik in den Kirchenkampf ein.

Ebeling, Barths Ringen mit Luther (Anm. 11), 444f. (zur Göttinger Zeit) und 492 (zu KD IV/1). Vgl. zu KD I/1 und 2 a.a.O., 454–469.

73 Vgl. zu der Selbstdeutung Barths mit dieser Linie z.B. Karl Barth, Das Wort Gottes als Aufgabe der Theologie (1922), in: ders., *Vorträge und kleine Arbeiten 1922–1925* (GA III), hg. von Holger Finze, Zürich 1990, 144–175, 157–159: Diese Linie repräsentiere eine Tradition, in der sich der Frage nach der Existenznot des Menschen mit Ernst gewidmet werde. Barth stellt ihr sodann eine negative Linie von Erasmus, Melanchthon und Schleiermacher bis zur liberalen Theologie seiner Zeit gegenüber.

74 Vgl. Karl Barth, Ein Brief nach Frankreich (Basel, im Dezember 1939), in: ders., *Eine Schweizer Stimme*, Zollikon-Zürich 1945, 108–117, 113. Vgl. zu dieser Geschichtsdeutung konzis Andreas Pangritz, *Die Schattenseite des Christentums. Theologie und Antisemitismus*, Stuttgart 2023, 187–192.

5. Luther zur Mobilisation der kirchlichen Opposition: „Reformation als Entscheidung" (1933)

Der Berliner Pfarrer Gerhard Jacobi (1891-1971) hatte Barth brieflich am 21. Oktober im Namen oppositioneller Pfarrer und des sich konsolidierenden Pfarrernotbundes zu einem Vortrag anlässlich des Reformationstages eingeladen. Dieser Reformationstag stand im Schatten des „Deutschen Luthertages", einem von den DC völlig vereinnahmtem Luthergedenken anlässlich des 450. Geburtstags des Reformators. Der allgegenwärtige „Luther-Rummel" und die „haarsträubende Verfälschung der Reformation" schreien, so die Einladung, nach einer Korrektur der Antworten auf die Frage: „Was ist Reformation". Barth möge diese Themenstellung nutzen, um die kritische Situation der Kirche 1933 vom Reformationsgedenken aus zu betrachten. Warum man Barth einlade? „In Berlin" genügten keine „kleinen Handgranaten", man brauche Barth als „Mörser".

Barth geht die Aufgabe unter dem Titel „Reformation als Entscheidung" an.[75] Er ruft einleitend und gegen die dominanten Stimmen im Luthergedenken von 1933, konkret gegen die Vereinnahmung Luthers als völkisches oder nationales Symbol bei den DC, gegen die Fixierung auf Persönlichkeit oder Biographie des Reformators und gegen einen Luther der Innerlichkeit in der Holl-Schule,[76] in Erinnerung, dass Reformation zuvorderst ein Akt der Kirchenbegründung gewesen sei.[77] Kirche konstituierte sich daraus, dass die Reformation wieder Anschluss an die „reine Lehre christlicher Wahrheiten"[78] finden konnte. Diese reine Lehre habe Luther gegen die verwässerte Lehre seiner Zeit wieder in Kraft gesetzt. Die Reinheit der Lehre aber verweist uns zurück auf den Kern der Lutherhermeneutik von 1920. Sie basiert auch in

---

75 Vgl. für Interpretationsansätze und eine Einordnung in Barths Lutherrezeption 1933 gegen die DC grundlegend Michael Hüttenhoff, Ein Lehrer der christlichen Kirche. Karl Barths Kritik am Lutherbild der Deutschen Christen, in: ZThK 103 (2006), 492–514.
76 Vgl. Karl Barth, Reformation als Entscheidung (Anm. 15), 525–528. Barth entlarvt hier verfehlte Formen protestantischer Erinnerungskultur, die er in drei Kategorien bündelt, Erstens kritisiert er die Fixierung auf den kulturellen, politischen oder nationalen Gehalt Luthers und der Reformation, zweitens eine Konzentration auf die Persönlichkeit der Reformatoren und drittens die Entfaltung einer reformatorischen „Innerlichkeit" und „Metaphysik des Herzens".
77 Barth, a.a.O., 524f., fragt, worauf die notwendige und allgemeine Bedeutung der Reformation für die Kirche über alle Epochen hinweg eigentlich beruhe und kommt zu dem Schluss, dass Reformation als (Neu-)Begründung der Kirche zu verstehen sei.
78 A.a.O., 529.

„Reformation als Entscheidung" auf nichts anderem als ihrer „prophetisch-apostolischen Art".[79]

Eine Wahrnehmung von Luther als Prophet im Geiste Elias oder Johannes des Täufers, als echten Offenbarungszeugen, führt Barth zurück auf die frühesten Deutungen der Reformation durch die erste Generation evangelischer Christen.[80] Das Element, das Luthers Lehre mit Propheten und Aposteln verbindet, gilt es zu bestimmen. Während Barth 1920 die echte Fragehaltung als ein solches Element hatte betonen können, ist es 1933 das für den Vortrag titelgebende Moment der Entscheidung[81]. Mit der Entscheidung nimmt Barth einen Begriff der Lutherrezeption innerhalb der Dialektischen Theologie für sich in Anspruch, den insbesondere der nun den DC angehörende Friedrich Gogarten viel verwendet hatte.[82] Diese Entscheidung zentriert kompromisslos auf einen einzigen Kern, hat „nur *eine* Dimension, nur *ein* Anliegen, nur *eine* Absicht"[83]. Barth spitzt in der Situation des Kirchenkampfes Reformation auf eine solche „Entscheidung" zu: „Reformation ist Entscheidung und da und nur da ist die Kirche der Reformation, wo Entscheidung ist."[84] Weil eine solche Entscheidung alle Alternativen ausschließt, wird sie ihm zu einem Nein gegen die natürliche Theologie völkischen Den-

---

79 A.a.O., 530–532 (Zitat 531).
80 Barth verweist a.a.O., 530f. auf Zeugnisse von Andreas Fabricius nach Wilhelm Gaß (*Geschichte der protestantischen Dogmatik* [...], Berlin 1854).
81 Vgl. a.a.O., 532.
82 Barth versteht diese Entscheidung als absolute „Bindung", die Reformatoren als „gebundene Menschen" (a.a.O., 533). Sowohl „Entscheidung" als auch „Bindung" sind auffälligerweise in den 1920er Jahren Schlüsselbegriffe der Theologie Friedrich Gogartens gewesen, dessen autoritärer Kurs in der politischen Ethik ab spätestens 1930 und dessen Annäherung an die DC 1933 zum Bruch mit Barth geführt hatten. Barth ringt sie hier im Rahmen einer eigenen Lutherdeutung dem gerade für seine Lutherstudien bekannten Kollegen ab. Gogartens Bezugnahmen auf das Motiv der Entscheidung, das freilich in der Weimarer Republik weit über die Theologie hinaus durchaus *en vogue* war (z.B. bei Ernst Jünger, Carl Schmidt oder Martin Heidegger), können hier nicht umfänglich aufgeführt werden, so dass exemplarisch auf Friedrich Gogarten, Die Entscheidung, in: *ZdZ* 1 (1923), 33–47, und dessen Sammelband, ders. (Hg.), *Die religiöse Entscheidung*, Jena 1921, verwiesen sei. Vgl. zu Gogartens dezidiert subjektivismuskritischer und antimoderner Deutung von „Bindung" bereits ders., *Religion weither*, Jena 1917, und zu Bindung als Grundmotiv seiner Lutherauslegung ders., Protestantismus und Wirklichkeit, in: ders. (Hg.), *Glaube und Wirklichkeit*, Jena 1928, 13–43.
83 Karl Barth, Reformation als Entscheidung (Anm. 15), 533.
84 Ebd.

kens, die im Deutschtum und im Volksnomos einen Offenbarungsort sehen will:[85]

„Eine nicht aufzuhebende Entscheidung, also eine solche, in der der Mensch sich unwiderruflich binden, in der er seine Freiheit nun wirklich opfern würde, müsste zugleich eine solche sein, auf Grund deren er keine Zeit mehr – jedenfalls zu einer Revision dieser Entscheidung schlechterdings keine Zeit mehr hätte. Diese Entscheidung kann aber [...] keine andere sein als die Entscheidung zum christlichen Glauben. In dieser Entscheidung hat sich der Mensch unwiderruflich gebunden [...]. Ist es anders, ist er weniger streng gebunden, so war seine Entscheidung sicher nicht *diese* Entscheidung."[86]

Barth bestimmt diese Entscheidung als eine „für *Gott* als den Herrn des Menschen."[87] Insofern hat sie auch Bekenntnischarakter. Mit Mt 6,24 schließt Barth von der Entscheidung her alles, was noch zusätzlich neben Gott treten könnte, also jede Form natürlicher Theologie, radikal aus: „‚Ihr könnt nicht Gott dienen *und* dem Mammon' [Mt 6,24]. Man bemerke, dass es nicht heißt: Ihr sollt nicht! sondern: Ihr *könnt* nicht!"[88]

Die Bindung an den Glauben macht eine Geisteshaltung unmöglich, die sich eine Freiheit vorbehält, „im Glauben [...] ein anderes Mal nicht zu glauben."[89] So wird seine Lutherhermeneutik zum Kompass im Kirchen-

---

85 Vgl. dazu auch Michael Hüttenhoff, Im Kampf gegen die Einheitsfront der natürlichen Theologie. Karl Barth und seine Gegner 1932–1935, in: *ZDTh* 53 (2010), 12–44.
86 Karl Barth, Reformation als Entscheidung (Anm. 15), 534–535. In seiner Einführung in Karl Barth, *Reformationstag 1933. Dokumente der Begegnung Karl Barths mit dem Pfarrernotbund in Berlin*, hg. u. eingel. von Eberhard Busch, Zürich 1998, 78–34, 10f., zeigt Eberhard Busch die Wichtigkeit der Rede von Bindung im Dialog mit dem Pfarrernotbund für Barth auf: Sie mache für ihn den entscheidenden Unterschied zu den DC aus, den die kirchliche Opposition noch nicht verstanden habe, wenn sie sich mit den politischen Umständen arrangieren könne. Man müsse die „‚Quelle' stopfen, aus der alle deutsch-christlichen Irrtümer hervorkommen." Das geschehe nur durch die ausschließliche Bindung an Gott, die auch die theologische Legitimation anderer Quellen ausschließt, z.B. mittels der „angeblich gebieterischen Größe eines Gesetzes oder einer ‚Ordnung' Gottes", die aus einer Quelle abgeleitet sei, die sich vom Wort Gottes unterscheide.
87 Karl Barth, Reformation als Entscheidung (Anm. 15), 535.
88 Ebd.
89 Ebd.

kampf, zu einem expliziten Aufruf des Widerstands mit politischer Dimension[90]

In der Gegenüberstellung mit den Lutherbildern der DC wird dann deutlich, dass Barths Lutherhermeneutik keineswegs „antihistorisch" wirkt, sondern ein fulminantes Gegenmittel gegen die ideologische Überformung des historischen Luther und seine vereinnahmende Stilisierung zum völkischen Symbol ist. Zugleich wird sie zu einem Kompass der Quellenarbeit, zu dem sie durch den Fokus auf Luthers Lehre einladen muss. Sie aktualisiert mit der Gottesfrage das Kernanliegen des Reformators und hat das Potential, als Impuls zum Widerstand in den Gesellschaftsdiskurs eingespielt zu werden. Barths Hermeneutik ist aus einem antihistoristischen Ansatz heraus entwickelt, ihrem Wesen nach dadurch aber nicht antihistorisch. In der Krise von 1933 erweist sie sich vor allem als antifaschistisch.

---

90 Barth fordert abschließend dazu auf, mit der Reformation nicht zu scherzen und ganz ernsthaft zu fragen, ob die Kirchenbegründung, die auf der reformatorischen Entscheidung fußt, nicht eine Überforderung und ein allzu hohes Risiko gewesen sei, „weil die europäische Menschheit diesem Wagnis nicht gewachsen war." (A.a.O., 547). Das reformatorische Erbe erweise sich dann als „untragbare Zumutung" (ebd.). Damit steht und fällt allerdings auch die Frage, ob die Kirche eine reformatorische sein könne. Denn wer für sich entscheide, dass die Bindung an die alleinige Fokussierung auf den Glauben an Jesus Christus nicht leistbar sei, „der stehe dazu als ein ehrlicher Mann und baue die Kirche statt mit den Reformatoren auf den einen Grund Jesus Christus [vgl. I.Kor. 3,11] auf den besseren Grund von Offenbarung *und* Vernunft, Glaube *und* Wissen, Evangelium *und* Volkstum." (ebd.)

Verzeichnis der Autorinnen und Autoren

Prof. Dr. Michael Basse, Professor für Kirchen- und Theologiegeschichte am Institut für Evangelische Theologie an der TU Dortmund, michael.basse@tu-dortmund.de

Dr. Kai-Ole Eberhardt, z.Zt. Vertretungsprofessor für Systematische Theologie am Institut für Evangelische Theologie an der TU Dortmund, kai.eberhardt@tu-dortmund.de

PD Dr. Margit Ernst-Habib, z.Zt. Vertretungsprofessorin für Systematische Theologie mit dem Schwerpunkt Ethik am Fachbereich Theologie der Goethe-Universität Frankfurt, ernsthabib@gmail.com

Prof. Dr. Dirk Evers, Professor für Systematische Theologie, Martin-Luther-Universität Halle-Wittenberg, dirk.evers@theologie.uni-halle.de

PD Dr. Raphaela Meyer zu Hörste-Bührer, z.Zt. Vertretungsprofessorin im Bereich Systematische Theologie, Ethik und Religionsphilosophie am Institut für Evangelische Theologie der Universität Paderborn, rmzhb@mail.uni-paderborn.de

PD Dr. Emmanuel L. Rehfeld, Privatdozent am Institut für Evangelische Theologie an der TU Dortmund, emmanuel.rehfeld@tu-dortmund.de

Prof. Dr. Christopher Southgate, Professor of Christian Theodicy an der University of Exeter, c.c.b.southgate@ex.ac.uk

Prof. Dr. Dr. Günter Thomas, Professor für Systematische Theologie, Ethik und Fundamentaltheologie, Ruhr-Universität Bochum, systheol-thomas@rub.de

Prof. Dr. Matthias Wüthrich, Professor für Systematische Theologie, Theologische Fakultät der Universität Zürich, matthias.wuethrich@theol.uzh.ch

Ulrich H. J. Körtner
Vergängliche Schöpfung
Schöpfungsglaube und Gottvertrauen in der Klimakrise

144 Seiten | 12 x 19 cm | Paperback
ISBN 978-3-374-07634-5
EUR 18,00 [D]

Umweltschutz und Klimaschutz sind eine praktische Weise, den Glauben an Gott den Schöpfer zu bekennen. Christliche Umweltethik verliert aber ihre geistliche Ausrichtung, wenn sich der Schöpfungsglaube auf moralische Appelle beschränkt, deren theologische Substanz zunehmend diffus wird. Die umweltethischen Herausforderungen unserer Zeit erfordern nicht nur eine theologische Klärung des Schöpfungsbegriffs, sondern auch eine vertiefte Auseinandersetzung mit der Gottesfrage. Darum geht es im vorliegenden Buch. Der Einsatz für Klima- und Umweltschutz als praktischer Ausdruck christlichen Schöpfungsglaubens und christlicher Schöpfungsfrömmigkeit gilt der Welt in ihrer Vergänglichkeit. Diese Vergänglichkeit zu akzeptieren – auf Hoffnung hin und nicht etwa resignativ – entspricht dem Glauben an den Schöpfergott und seine Verheißung. Man kann es auch nennen: Mut zum fraglichen Sein.